C·H·Beck

AF131086

Hilal Sezgin

Artgerecht ist nur die Freiheit

Eine Ethik für Tiere oder
Warum wir umdenken müssen

Verlag C.H.Beck

Originalausgabe

4. Auflage. 2014

© Verlag C.H.Beck oHG, München 2014
Satz: Druckerei C.H.Beck, Nördlingen
Druck u. Bindung: Pustet, Regensburg
Umschlagentwurf: Geviert, Grafik & Typografie, Conny Hepting
Umschlagabbildung: © Stiftung Hof Butenland
Printed in Germany
ISBN 978 3 406 65904 1

www.beck.de

Inhalt

Einleitung

Meine Beschäftigung mit der Tierethik begann 1982. Es war eine Zeit von Zukunftsangst und Sonnenblumen. Kurz zuvor hatte sich die Partei der Grünen gegründet, und Ronald Reagan beschwor das Schreckensszenario von sowjetischen Mittelstreckenraketen herauf, die es kaum abwarten könnten, Europa zu verwüsten. Ganz generell begann man zu ahnen, dass die Menschheit im Zuge von Industrialisierung und Technologisierung einige, sagen wir es höflich, recht unbedachte Entscheidungen getroffen hatte.

Von dieser allgemeinen Stimmung untergründig getragen, aber im Konkreten davon anscheinend unbeeinträchtigt, spazierte ich zwölfjährig an einem Sommertag auf eine Weide (wir lebten in einer Kleinstadt im Vordertaunus) und verbrachte mehrere glückliche Stunden damit, die schwarzweißen Kühe dort zu zeichnen. Als Vegetarierin kehrte ich am Abend nach Hause zurück.

Daran ist zweierlei erstaunlich: Erstens konnte und kann ich kein bisschen zeichnen. Weder einen Menschen noch eine Katze noch eine Kuh. Die Kühe ihrerseits taten nicht besonders viel, als in der Sonne herumzuliegen und wiederzukäuen. Und das ist das zweite Überraschende: dass ich an jenem Nachmittag zu einer neuen Überzeugung gelangte, obwohl die den Anstoß gebenden Kühe weder außergewöhnlich waren noch die ersten Kühe, die ich je zu Gesicht bekam. Auch vielen anderen Tieren hatte ich bereits beim Herumliegen zugesehen oder ihnen in die Augen geblickt; aber vielleicht war es das ausdauernde Beobachten während des Zeichnens, das mir plötzlich klar werden ließ: So etwas kann ich nicht weiterhin essen.

Hier, bei der Sprache, fangen die Probleme bereits an. Dachte ich wirklich: «so etwas» könne ich nicht essen? Auch wenn ich nicht glaube, durch neue Sprachgewohnheiten allein lasse sich die Welt verändern, stolpere ich über diese Formulierung. Tatsächlich ist ein Tier doch eher ein «Jemand», ein Individuum. Allerdings klänge auch das irgendwie merkwürdig oder gestelzt: «so jemanden» kann ich nicht essen. Am nächsten kommt man dem Gedanken vielleicht mit dem Satz: Diese Kuh ist gar kein «Etwas», sondern ein «Jemand»; also will ich keine Kühe mehr essen. Meine Mutter, die Köchin in unserer Familie, war übrigens gar nicht so entsetzt, wie man meinen könnte; wenig später wurde auch sie zur Vegetarierin, zwei Jahre darauf mein Vater.

Was ich damals nicht wusste: Auch in der Philosophie hatte bereits eine Debatte darüber begonnen, ob man Tiere essen, töten oder Tierversuchen unterziehen dürfe. Wegweisend waren vor allem Bücher aus dem angelsächsischen Raum wie *Animal Liberation* (1975) von Peter Singer, *Animals and Why They Matter* (1983) von Mary Midgley und *The Case for Animal Rights* (1983) von Tom Regan. Das erste bedeutende deutschsprachige Werk folgte 1990 mit *Das Tier in der Moral* von Ursula Wolf. Neben diesen akademisch-philosophischen Herangehensweisen gab es zahllose Diskussionen der beginnenden Tierrechtsbewegung, diverser Initiativen gegen Tierversuche und eben solcher Kuh-auf-Weide-Vegetarier wie mir. Es ist phänomenal, wie sich der Zeitgeist bisweilen in eine bestimmte Richtung zu bewegen beginnt, ohne dass die Einzelnen, die von ihm erfasst werden, überhaupt voneinander wissen.

Ich erfuhr von diesen frühen tierethischen Ansätzen erst Anfang der 1990er Jahre während meines Philosophiestudiums, und seitdem hat sich die Lage ohnehin deutlich gewandelt: Wer heute über unseren menschlichen – oder meist ja doch unmenschlichen – Umgang mit den Tieren nachdenkt, steht nicht mehr allein auf weiter Flur. Vorbei die Zeiten, als die Tierethik eine eher exotische Teildisziplin der Philosophie war; vorbei die Zeiten auch, als sich nur Vegetarier oder Veganer für das Innere der Mastställe interessierten. Längst gibt es auch bei der breiten Bevölkerung Westeuropas Interesse an der Thematik und einen enormen Zuwachs an Wissen. Und deswegen muss dieses Buch nicht ganz vorne anfangen: also bei Berichten von federlosen Hühnern, die im eigenen Kot hocken, von Milchkühen mit entzündeten Eutern, von Schweinen, die nicht richtig «abgestochen» wurden und daher im kochend heißen Brühbad einen langsamen, qualvollen Tod erleiden.

Wir alle haben Artikel darüber gelesen und Reportagen im Fernsehen gesehen, jeder von uns kann furchtbare Bilder vor seinem inneren Auge abrufen, was alles mit Tieren in der modernen Landwirtschaft gemacht wurde und wird. Hervorragende Bücher wie Jonathan Safran Foers *Tiere essen*, Karen Duves *Anständig essen* und Andreas Grabolles *Kein Fleisch macht glücklich* zeigen den hässlichen Weg vom Tier zum Fleisch, zur Milch, zum Ei auf.

Doch mir scheint, als wüssten wir – als Individuen wie auch als Gesellschaft – immer noch nicht recht, was wir mit diesem Wissen anfangen sollen. Ich nehme an, die wenigsten von uns möchten, dass der Verzehr ihrer Lieblingsspeisen gesetzlich verboten wird – aber wir wollen auch nicht in einer Welt leben, in der der «Lieferant» der Lieblingsspeise nie Tageslicht gesehen und seine letzten Stunden während des Transports in Angst und Panik verbracht hat. Weder wollen wir ständig Gruselbilder von malträtierten Puten mit gebrochenen Flügeln sehen, wenn wir den Fernseher einschalten, noch wollen wir wissen oder dunkel ahnen, dass derlei ständig passiert, auch wenn niemand es filmt.

Irgendwie stecken wir in einer Sackgasse, weil das, was derzeit offenbar legal ist oder am Rande der Legalität als Routine geduldet wird, so gar nicht unseren moralischen

Vorstellungen und unserem Bild von einer zivilisierten Gesellschaft entspricht. Denn eine zivilisierte Gesellschaft heißt ja auch: eine relativ gewaltfreie Gesellschaft. Eine, in der physische Gewalt und das Zufügen von Leid auf ein Minimum reduziert sind. Damit müsste auch die Gewalt gegenüber Tieren gemeint sein, aber gerade diese Art von Gewalt ist keineswegs gezähmt, sondern höchstens versteckt: Sie findet hinter geschlossenen Fenstern und Türen statt, damit sie der empfindsame Normalbürger nicht täglich sieht.

Vor allem nicht in der Stadt. Ich selbst zog 2007 aufs Land, übernahm von den Nachbarn eine kleine Schafherde und wurde so unvermittelt von der Theoretikerin («Ich mag Tiere!») zur Praktikerin («Wo ist die Klauenschere? Halt still, Schaf!»). In meiner Umgebung lernte ich Landwirte kennen, Jäger, Tierärzte; ich schaute in Hühnerställe und in Schweinebuchten; ich sprach mit Agrarwissenschaftlern, Rinderzüchtern und Tierschützern. Ich besuchte Biohöfe und insbesondere einen eigentlich vorbildlichen mittelgroßen Hof, von dem ich bisher immer Milch und Joghurt gekauft hatte. Das sollte ein ganz normaler Ausflug werden, ich wollte einfach nur wieder einmal Kühe angucken – aber was ich dort sah, hat sich mir auf unangenehme Art ins Gedächtnis eingebrannt. Auch dort wurden die Kälber nämlich ihren Müttern weggenommen, standen in kleinen Hütten aus Plastik, schrien die Mütter vom Stall her nach ihren Kindern. Dieses Bild stand in so deutlichem Kontrast zu den agilen Schafen und lebensfrohen Lämmern auf meinem eigenen Hof. Mir wurde plötzlich klar, dass man einer Säugetiermutter im Grunde nichts Schlimmeres antun kann, als ihr das Kind wegzunehmen (und umgekehrt), und dass unser heutiger Milchkonsum genau das zur Voraussetzung hat.

Während mich diese Bilder immer stärker beschäftigten, stieß ich mich immer öfter an eigenen Überzeugungen, Annahmen und «Lösungen», die ich seit langem unhinterfragt beibehalten hatte, die aber genau besehen nicht mehr passten – so zum Beispiel der Vegetarismus. Auch als Vegetarierin nämlich kaufte ich ja noch die Milch der unglücklichen Kuh von jenem Bauernhof. Das hieß in der Konsequenz wohl, dass ich noch einen Schritt weiter gehen musste. Aber wie weit, und wo würde ich da hinkommen? Ich nahm meine Beschäftigung mit der Tierethik wieder auf und wollte mit ihrer Hilfe mehr Stimmigkeit und Klarheit in meine Gedanken bringen.

Die Philosophen und Philosophinnen, die in den 1970er und 1980er Jahren über unsere Pflichten gegenüber Tieren nachzudenken begannen, mussten sich oft noch rechtfertigen: Warum sollten Tiere moralisch überhaupt zählen? Zu viele Jahrhunderte der europäischen Geistesgeschichte hatten Tiere wie selbstverständlich außerhalb unseres moralischen Verantwortungsbereichs gestanden. Die Philosophie der Aufklärung – also etwa die von Hobbes, Rousseau und Kant – hatte Moral als etwas angesehen, das nur vernunftbegabte Wesen anderen vernunftbegabten Wesen schulden. (Tatsächlich dachte man vornehmlich an erwachsene und ökonomisch selbständige Bürger.) Auch in der Biologie wurden, allem Darwinismus zum Trotz, bis weit ins 20. Jahrhundert hinein Tiere als das ganz Andere des Menschen beschrieben: entweder als seelenlose und von blinden Instinkten gesteuerte Organismen oder gewissermaßen als unvollkommene Vorstufe zum Menschen, der vor allem das fehle, was uns auszeichne, also Sprache und Denken.

Seither hat sich viel von dieser großen Kluft, die sich zwischen vernunftbegabten Menschen und vermeintlich unvernünftigen Tieren aufzutun schien, geschlossen. Ein Philosoph, der im Jahr 2014 behaupten würde, dass das Los der Tiere völlig irrelevant sei, würde mit einer Mischung aus Staunen, Entsetzen und vermutlich Bedauern angesehen. Anders als manch frühere Generationen von Biologen beschreibt auch die aktuelle Verhaltensforschung Tiere nicht vorrangig als Mängelwesen, die bloß weniger vermögen als

Menschen, sondern als Lebewesen mit eigenen Fähigkeiten, eigenen Kommunikationsformen, eigenen Problemlösungen – und eigenem Wert. Tiere sind empfindungsfähige Wesen mit eigenen Bedürfnissen und biologischen Kompetenzen. Als solchen steht ihnen offenbar ein Platz innerhalb der Moral zu; nur wissen wir nicht genau, welcher.

Doch selbst der Schweinebaron, der Ställe für 40 000 Tiere plant, und der Vertreter einer Bürgerinitiative für bäuerliche Landwirtschaft, selbst die radikale Tierrechtlerin, die nicht einmal eine Stechmücke erschlägt, und der Fleischesser, der dennoch nicht gerne die Rüssel an den Lüftungsschlitzen der Tiertransporte auf der Autobahn sieht – sie alle sind sich in einem Punkt einig: Ihnen ist das Wohl der Tiere nicht völlig egal. Die allermeisten Mitglieder unserer Gesellschaft meinen heute, dass man das Wohl von Tieren mitbedenken muss.

Daher lautet die wirklich interessante Frage der Tierethik eben nicht mehr wie in den 1980er Jahren: Sollen wir Tiere überhaupt in unsere ethischen Überlegungen einbeziehen?, sondern: Wie und wie weitgehend sollen wir sie berücksichtigen? Nicht: Haben sie Interessen?, sondern: Worin bestehen ihre Interessen, wie sieht ein vollständiges oder gutes Leben für Tiere aus, und inwieweit dürfen wir dies beeinträchtigen oder gar beenden? Wenn Tiere schließlich Rechte haben (sollen), heißt das, dass dies exakt dieselben Rechte wie die der Menschen sind, und kann man bei Tieren von einem Recht auf Freiheit sprechen?

Jeder, dem eine Sendung über leidende Puten auf den Magen schlägt, nimmt Tiere ernst und misst ihren Leiden moralische Relevanz bei. Vielleicht vergisst er das Gesehene bis zum nächsten Morgen; aber vielleicht erinnert er sich auch und fragt sich, was für ein Bild sich ergäbe, wenn er die Interessen der Tiere im Verhältnis zu seinen eigenen fairer, mitfühlender oder angemessener gewichten würde. Dieses Gewichten ist das Geschäft der Moral, das gründliche Nachdenken darüber nennt sich Moralphilosophie; und genau das will ich dem Leser und der Leserin mit diesem Buch anbieten: nämlich einmal nicht von den kleinteiligen Vorgaben der Realpolitik her – wie viele Quadratmeter stehen einer Sau zu? – über diese Dinge nachzudenken, sondern sich von der Philosophie und ihrer Unterdisziplin Tierethik helfen zu lassen, ein vollständigeres Bild zu entwerfen. Gesucht wird also eine moralische Sichtweise, die unsere menschlichen Ansprüche und die von Tieren verbindet, sprich: die uns ermöglicht, vertretbare Entscheidungen gegenüber allen Beteiligten zu treffen.

Ich habe mich bemüht, dieses Buch sowohl allgemeinverständlich zu schreiben als auch so, dass seine Inhalte mit der fortgeschrittenen akademischen Tierethikdebatte auf Augenhöhe bleiben. Einiges an Beweislast habe ich daher in die Anmerkungen verschoben, die die Leserin und der Leser nach eigenem Gusto ignorieren können. Die Wörter «Moral» und «Ethik» werde ich gleichbedeutend verwenden, so wie wir es auch in der Alltagssprache zumeist tun. Gemeint ist damit jenes Denken und Handeln, bei dem wir die Interessen von anderen in unsere Entscheidungen miteinbeziehen, weil wir anerkennen, dass auch sie Empfindungen und Bedürfnisse haben und dass auch sie «zählen».

Dabei verstehe ich Tierethik nicht als eine Art Spezialwerkzeug für selten auftretende Sonderprobleme, sondern als Teil einer Ethik, deren Grundsätze sich auf das Leben von Menschen und Tieren anwenden lassen. Schließlich leben Menschen und Tiere in einer gemeinsamen (äußeren) Welt, und nun nehmen wir Tiere hinein in eine bisher uns Menschen vorbehaltene moralische Welt, deren Begriffe wir kennen, deren Regeln wir untereinander beherzigen, deren Ideale uns vertraut sind. Wer einem solchen Gedanken-Parcours folgt, setzt sich natürlich dem Risiko aus, einige liebgewonnene Überzeugungen über Bord werfen zu müssen. Übrigens nicht unbedingt die, von denen man das bereits vorher ahnte. Ich selbst habe während der Arbeit an diesem Buch einige langgehegte Überzeugungen ablegen müssen und neue dazugewonnen. Insbesondere war ich überrascht zu sehen, dass man oft nur von recht simplen und weithin anerkannten ethischen Grundüberzeugungen auszugehen und ihnen zu folgen braucht, um zu recht weitreichenden Tierrechten zu gelangen. Das ist im Grunde der Hauptertrag dieses Buches, den ich mir zu Beginn der Arbeit so gar nicht vorgestellt hätte. Doch ich hoffe, zeigen zu können, dass diese Schlüsse zumindest plausibel sind.

Ich glaube, wir sollten es hier mit Mary Midgley halten, die 1983 in ihrem Klassiker *Animals and Why They Matter* (man sieht, dies war noch in den Anfängen der Tierethik – man musste belegen, warum Tiere überhaupt zählen!) schrieb: «Wir wissen, dass eine Moral, die niemals jemanden vor den Kopf stößt, zur bloßen Etikette verkommt. Die Geschichte früherer Reformen, wie der Abschaffung der Sklaverei, beweist das. Gleichzeitig sind Ideale, die niemand in Handlungen überführen kann, zu nichts nutze. Diese Spannung stellt eigentlich eine grundsätzliche Schwierigkeit im Leben dar. (Man könnte es auch anders sehen: Sie ist ein allgemeiner Faktor, der das Leben interessant macht.)»[1] Ja, eine Moral darf nicht zu anspruchsvoll sein – und gleichzeitig muss sie anspruchsvoll sein! Denn sonst hat sie nichts beizutragen zu diesem schwierigen und interessanten menschlichen Unterfangen, ein friedlicheres Zusammenleben, auch mit Tieren, zu gestalten.

Erstes Kapitel

Was heißt hier Ethik?

Die Empfindungen anderer • Um welche Tierarten geht es? •
Der Vorwurf des Anthropomorphismus • Die Asymmetrie des
moralischen Universums • Von Rechten und Pflichten • Gleichheit versus Speziesismus • Zusammenfassung

Manchmal meint man, anderen aufgrund ihrer deutlichen
Körperhaltung und Mimik direkt ins Herz blicken zu können; ein solches Erlebnis hatte ich auf einem vegetarischen
Straßenfest in Berlin. Eine Tierrechtsgruppe hatte einen Monitor mit einem Video aufgebaut, das die Vorgänge in einem
Schlachthof zeigte: Eine Kuh wird herbeigezerrt, bekommt
das Bolzenschussgerät an den Kopf gesetzt, und so fort. Ich
wandte mich sofort schaudernd ab.

Wenig später sah ich eine Frau, die etwa zehn Meter vor
diesem Bildschirm wie in der Bewegung erstarrt stehenge-
blieben war. Sie war modisch angezogen, vielleicht Mitte
zwanzig, und auch wenn es streng genommen nichts zur
Sache tut, fiel sie doch auch deswegen auf, weil sie ausgesprochen schön war, mit einem makellosen mediterranen
Teint und langen dunklen Locken. Ihre Augen waren weit
geöffnet und auf den Bildschirm gerichtet. Offenbar war
sie gerade vom Einkaufen gekommen, hatte zufällig den
Alexanderplatz mit den vegetarischen Ständen überquert,
den Bildschirm passiert und sich vom Anblick der Schlachtung gefangen nehmen lassen.

Sie war sichtlich entsetzt, hatte dergleichen möglicherweise noch nie gesehen. Doch am bewegendsten war eigentlich, was sie *nicht* tat: Sie ging nicht weiter. Sie wandte die
Augen nicht ab, nicht einmal kurz; sie hielt auch nicht die

Hände in einer Mischung aus Erschrecken und Selbstschutz vor den Mund. Sie stand einfach nur da und schaute. Ich glaube, ich habe keinen erwachsenen Menschen je dermaßen ungeschützt und vorbehaltlos schauen sehen. Als das Video nach zwei, drei Minuten zu Ende war, gab sie sich nicht etwa einen Ruck, um das Gesehene abzuschütteln, sondern setzte ihren Weg langsam und sichtlich mitgenommen fort.

Natürlich weiß ich nicht, was diese Frau genau dachte, und vor allem: wie lange sie es dachte. Ob sie Konsequenzen für ihr Handeln zog, wie schnell sie zu vergessen suchte. Und doch denke ich, dass uns das Erleben dieser Frau, das sich so ungefiltert an ihrem Gesicht ablesen ließ, den Ausgangspunkt von Moral bildhaft vor Augen führt: die Erkenntnis, dass es da einen anderen gibt. Einen Gegenüber, der fühlt, leidet, wünscht – vielleicht verzweifelt –, lebt. Und dass sein Erleben, obwohl weder sein Schmerz noch seine Freude unsere eigenen sind, auch uns etwas angeht und uns nicht gleichgültig sein darf.

Mehr ist es zunächst nicht, und doch ist eines entscheidend: dass hier Befindlichkeit und Interessen eines anderen Wesens in die eigenen hineingenommen werden. Das, was es will, fühlt und braucht, wandert gleichsam in das ein, was auch ich will, was ich überlege und entscheide. Moral beginnt da, wo ich zulasse, dass die Interessen eines anderen meine Interessen und Handlungen mitformen; wo ich darüber nachzudenken bereit bin, in welchem Verhältnis seine oder ihre Interessen und meine gewichtet und wie sie miteinander abgestimmt werden sollen.

Die Empfindungen anderer

Im Folgenden will ich ein wenig detaillierter betrachten, was Ethik motiviert, und Grundbegriffe wie Empfindungsfähigkeit, Anthropomorphismus, Rechte und Pflichten, Speziesismus diskutieren. Leserinnen und Leser, die primär an konkreten tierethischen Fragen interessiert sind, können gleich zum nächsten Kapitel – über Tierversuche – oder zur Zusammenfassung am Ende dieses Kapitels springen.

Gegenüber den anderen sei eingeräumt: Das Beispiel der Frau auf dem vegetarischen Straßenfest zeigt natürlich nur eine Möglichkeit von vielen, wie moralische Prozesse in Gang gesetzt werden können. In diesem speziellen Fall hat vermutlich ein Gefühl, nämlich im buchstäblichen Sinne Mit-Leid, den Ausschlag gegeben. Vermutlich hätte die Frau diese Minuten vorrangig als gefühlsintensive Minuten beschrieben: «Es war schrecklich. Die Kuh tat mir leid.»

Doch es gibt viele Menschen, deren emotionale Reaktion auf solche Bilder und überhaupt auf Tiere deutlich kühler ausfällt. Dafür lassen sie sich bisweilen rein rational motivieren, ihren Umgang mit Tieren zu überdenken. So kenne ich Leute, die aufgrund einer Internet-Diskussion mit völlig Unbekannten innerhalb kurzer Zeit zu Veganern geworden sind. Sozusagen «rein über den Kopf». Ich war ziemlich überrascht, als mich eine von ihnen, eine Freundin aus Berlin, auf meinem Hof besuchte und sich den Schafen näherte, hinkauerte, sie zu streicheln begann – und mir nachher sagte, dass dies die ersten größeren Tiere seien, die sie je angefasst habe. Sie habe sich eigentlich nie für Tiere interessiert, nicht einmal als Kind. Aber sie hatte sich schon lange gegen Rassismus engagiert, und bei einer Internetdiskussion sei ihr klar geworden, dass unser derzeitiger Umgang mit Tieren ja auch eine Form von Rassismus sei – «Rassismus gegen Tiere», wie sie es ausdrückte. Wenige Wochen nach jener Diskussion hörte sie mit dem Konsum von Fleisch, Milch und Eiern auf. Und erst seitdem sie dadurch mehr über Massentierhaltung und ähnliche Themen liest, interessiert sie sich auch zunehmend für «reale» Tiere.

Bei ihr hat also kein Gefühl, kein Mitleid, keine Tierliebe, sondern eine rationale Einsicht am Anfang des moralischen

Umdenkens gestanden. Im Grunde ist das nichts anderes, als wenn wir für Menschen in fernen, uns unbekannten Ländern spenden oder unsere Wählerstimme einer Partei geben, deren Politik für uns selbst vielleicht wenig Unterschied machen würde, aber auf mehr Gerechtigkeit für andere hoffen lässt. Man muss nicht jeden mögen und auch nicht mit jedem mitfühlen, für den man sich moralisch oder politisch engagiert.

So besitzt der Ausgangspunkt der Moral sowohl eine emotionale als auch eine kognitive Komponente. Das exakte Mischungsverhältnis von «Verstand» und «Gefühl» ist dabei nicht wichtig, denn beide führen zu einer zentralen Einsicht sozialer Art: dass andere ähnliche Empfindungen haben wie wir. Auch wenn wir ihre Empfindungen und Gedanken nicht unmittelbar «in uns selbst» spüren, wissen wir: Auch diese anderen sind ein Ich, auch sie sind Subjekte ihres Lebens.[1] Die anderen sind auch «Jemand», ein Alter Ego, das ich nicht ignorieren darf.[2]

Dieser Einsicht folgt ein weiterer, nun tatsächlich eher rationaler Gedanke. Und zwar wissen wir oder verstehen irgendwann, dass es keine absoluten, übergeordneten Gründe gibt, warum «Ich» wichtiger sein sollte als «Du» – denn auch Du bist ein eigenes Ich. Wir können aus uns selbst nicht heraus. Doch wenn es, hypothetisch gesprochen, die Möglichkeit gäbe, einmal aus uns herauszutreten, einmal kurz über allen zu schweben, würden wir sehen: Da gibt es keine unterschiedlichen Wertigkeiten, da ist ein Ich nicht realer, nicht zentraler, nicht ausschlaggebender als das andere. Gewiss steht man sich selbst meist näher; man fühlt selbst, was man fühlt, während man es bei anderen eher «über Bande» nachvollzieht. Aber rational müssen wir doch anerkennen, dass alle Ichs, unser eigenes und die der anderen, gleichrangig sind. Jeder von uns ist der Nabel seines eigenen Universums, das mit etwas Abstand betrachtet eben unser gemeinsames Universum ist.[3]

Bisher bin ich recht zwanglos zwischen Beispielen mit Kühen und Menschen hin- und hergewechselt. Denn das, was Moral in Gang setzt, was jemanden veranlasst, andere mit zu berücksichtigen, ist ja dasselbe: Ob Mensch oder Tier, jeder von uns ist ein Zentrum bewusster Wahrnehmungen, besitzt seine subjektiven Empfindungen, Wünsche und Interessen. In der konkreten Ausgestaltung gibt es natürlich Unterschiede: Kühe wollen meistens am liebsten Gras fressen, Menschen können sich manchmal minutenlang nicht zwischen den Optionen einer mehrseitigen Menükarte entscheiden. Kühe schlecken einander mit der Zunge Kopf und Körper ab, verwenden einen sparsamen «Wort»schatz; wir Menschen hingegen gehen zusammen kegeln, treffen komplizierte Absprachen bezüglich der gemeinsamen Kinder, schreiben Romane und Gedichte.

Diese Unterschiede zwischen dem vermeintlich Simplen und dem eher Komplexen beschreiben jedoch keine Wertigkeiten. Jemand, der stark verfeinerte Vorlieben hat und diese sprachlich gut ausdrücken kann, genießt gegenüber jemand anderem, der «schlichter gestrickt» ist, keine moralischen Privilegien. Tatsächlich würden wir sogar sagen, dass es zu allererst die Grundbedürfnisse nach Nahrung, Schlaf, Gemeinschaft und Sicherheit sind, für die moralisch zu sorgen ist; weitere Details der Lebensart folgen erst später. Dass wir aber jeder ein Lebewesen mit eigenen Wünschen und Zwecken sind und dass wir nicht primär auf der Welt sind, um jemand anderem zu Nutzen zu sein, sondern mit vollem Recht unseren eigenen Interessen folgen – das gilt für Alte und Junge, Gesunde und Kranke, Schlauere und weniger Schlaue, Menschen und Tiere.[4]

Um welche Tierarten geht es?

Wenn wir also auch Tiere moralisch berücksichtigen sollen, sind dann wirklich alle Tiere gemeint, Angehörige jeder Tierart? Wie sich eine Kuh fühlt, wenn sie sich an der Stallwand schubbert, kann man sich ja noch halbwegs vorstellen; es besteht jedenfalls kein Zweifel daran, dass sie es genießt. Aber eine Ameise? Die Muschel an der Kaimauer, die Schnecke im Garten? Wenn man sich auf eine einzelne Ameise konzentriert, wie sie sich auf dem Küchentisch mit einem Zuckerkörnchen abmüht (und überall anstößt, schließlich verbaut ihr der Zucker ja den Blick!), kann es einem vorkommen, als sei dies sozusagen ein winziger Mensch mit einem viel zu großen Paket. Aber stimmt das?

Die Frage ist nicht nur: Wie fühlt es sich für die Ameise an?, sondern: fühlt sie überhaupt etwas Bestimmtes? Ist da «jemand»? Überlegt die Ameise, wo es nun lang gehen soll, und ist sie genervt, wenn da schon wieder ein Hindernis ist? Wir wissen es nicht. Weder biologisch noch philosophisch ist bisher geklärt, ob diese Tiere kontinuierliche bewusste Empfindungen haben können. Wir wissen nicht, ob sie wirklich im vollen Sinne fühlen.⁵

Manches scheint allerdings auch eine Frage des Fokus zu sein: Wie genau schauen wir hin? Denken wir nochmals an die Ameise, die sich mit dem Zuckerkorn plagt, oder an eine Schnecke, auf die wir versehentlich getreten sind und die sich in ihrem zerbrochenen Gehäuse vor Schmerzen – wie es uns vorkommt – krümmt. In einem wunderbaren Büchlein hat die Biologin und Journalistin Elisabeth Tova Bailey, die jahrelang wegen einer schweren Krankheit ans Bett gefesselt war, beschrieben, wie sie lernte, vom Krankenbett aus die Verhaltensweisen, Gewohnheiten und, ja, individuellen Vorlieben ihres einzigen Haustiers, nämlich einer kleinen Gehäuseschnecke auf einer Topfpflanze, zu beobachten. Wenn man das gelesen hat, fällt es einem schwer, zu der Ansicht zurückzukehren, Schnecken seien einfach nur gefühlloser Glibber mit Muskeln.

Dennoch: Tierethik widmet sich den Tieren, die bewusste Subjekte ihres Lebens sind. Nach derzeitiger zoologischer Kenntnis trifft dies gesichert nur auf Wirbeltiere mit zentralisiertem Nervensystem zu, also auf Säugetiere, Vögel, Fische, Amphibien, Reptilien und einige mehr (die uns im direkten moralischen Kontext aber selten begegnen). Außerdem auf einige Tiere, die keine Wirbeltiere sind, aber Ansätze zentralisierter Nervensysteme haben, nämlich vor allem Cephalopoden (Tintenfische und Kraken) sowie Dekapoden (Krebse, Hummer etc.).[6] Für den Rest der Tierwelt gilt das Recht auf volle moralische Berücksichtigung im tierethischen Kontext nicht. Es lässt sich (noch?) nicht postulieren, dass wir Insekten, Schnecken und anderen wirbellosen Tieren dieselbe moralische Rücksicht schulden wie Mäusen, Kamelen oder Menschen. Andererseits würde auch kaum jemand behaupten, dass man mit den anderen Tieren machen könne, was man wolle – also Libellen die Flügel ausreißen, Schnecken die Fühler abschneiden … Im Zweifelsfall, heißt es meist, sollte man auch diese Tiere schonen.

So richtig befriedigend ist dieser Schwebezustand der Wirbellosen nicht. Er läuft nicht nur dem Wunsch nach Eindeutigkeit zuwider, sondern riecht ein wenig nach Vorurteil: Was, wenn wir die Insekten genauso grundlos geringschätzen wie einst die nicht-menschlichen Säugetiere?[7] Wie sähen wir die Dinge, wenn eine Schmeißfliege so groß wäre wie eine Katze? Andererseits: Die Biologie schert sich tatsächlich nicht um unsere Sehnsucht nach sauberen Begriffen. Evolutionär hat sich nun einmal eine Lebensform aus der anderen entwickelt, und die Übergänge sind langsam und fließend.

Doch wenn wir schon einmal dabei sind, die Grenzen abzustecken: Warum erstreckt sich unsere Moral nicht auch auf Pflanzen? Vermutlich jeder Vegetarier hat sich schon einmal den – eher scherzhaften – Vorwurf zugezogen, auch Pflanzen würden schließlich leiden! Doch wer das sagt, steht nun wirklich eindeutig außerhalb der Biologie. Zwar können Pflanzen chemische und physikalische Reize «wahrnehmen» und darauf «reagieren» – aber beide Wörter muss man in Anführungszeichen setzen, weil Pflanzen zwar Sinnesrezeptoren besitzen, nicht aber Nerven, die diese bündeln oder an eine mit Bewusstsein ausgestattete Zentrale weiterleiten. Es werden Reize vermittelt, aber empfunden werden sie nicht.

Vielleicht noch ein paar allgemeine Sätze zur Biologie des Empfindens: Weder sind Sinnesrezeptoren gleichbedeutend mit Nerven noch generieren Nerven immer bewusste Empfindungen – übrigens auch beim Menschen nicht! Auch bei uns Menschen sind nicht alle Nervenaktivitäten mit Bewusstsein verknüpft. Nicht einmal alles, was vom Gehirn gesteuert wird, ist uns bewusst. Die Steuerungskreisläufe von Körpertemperatur, Blutdruck, Blutzuckergehalt und dergleichen mehr vollziehen sich die allermeiste Zeit, ohne dass wir es merken. Im Magen-Darm-Trakt ist ein Komplex von Nerven angesiedelt, den man aufgrund seiner Größe und Autarkie gar als eigenes Nervensystem (Enterisches Nervensystem) bezeichnet.[8] Es gibt also nervliche Vermittlungsprozesse, die uns bewusst sind, andere, die uns nicht bewusst sind, und wiederum andere, die uns in Krisenzeiten bewusst werden können.

Es wäre ja auch schlicht verheerend, wenn wir jeden kleinen Vorgang im Darm oder Herzen bewusst wahrnehmen würden, zumal wir die beteiligten Muskeln gar nicht steuern können. Dazu muss man sich kurz die biologische Funktion bewusster Empfindungen in Erinnerung rufen: Sie konnten sich im Laufe der Entwicklungsgeschichte nur bewähren, weil sie einen bestimmten Zweck für den Organismus erfüllen konnten. So hat es sich ab einem gewissen Punkt der

Evolution als vorteilhaft erwiesen, wenn Lebewesen, die Sinneswahrnehmungen haben und ihre Aktionen entsprechend ausrichten können, mit einem negativen oder positiven Empfinden dieser zunächst nur «blinden» chemischen oder physikalischen Reize ausgestattet waren. Schmerzempfinden ist eine zusätzliche Motivationsquelle für einen Organismus, Schädliches zu meiden; Lustempfinden motiviert das Lebewesen zu vorteilhaften Aktivitäten.

Das darf natürlich nicht zu dem Fehlschluss verleiten, Schmerz und Lust seien nur für unser Weiterleben relevant. Aus der Perspektive evolutionären Überlebens mag es so aussehen, aber streng genommen besitzt die Evolution keine eigene Perspektive, handelt nicht absichtsvoll – anders als wir Tiere und Menschen. Seitdem bewusste Empfindungen in die Welt gekommen sind, existiert eine Form von Realität – die des subjektiven Erlebens und Bezweckens –, die es vorher nicht gab. Und diese Art von Realität ist für uns bewusst erlebende Wesen sogar deutlich relevanter als die Realität unserer blind agierenden Gene und Körperzellen. Solch bewusstes Wahrnehmen, Fühlen und Wünschen ist gemeint, wenn ich bei Mensch und Kuh von einem Jemand spreche.

Der Vorwurf des Anthropomorphismus

Wie genau können wir anderen nun wirklich «ins Herz schauen»? Kaum spricht man über das Gefühlsleben von Tieren, setzt man sich einem weiteren Risiko aus, nämlich dem des Anthropomorphismus. Sicher wurde jeder Tierfreund und jede Tierrechtlerin schon mit dem Vorwurf konfrontiert, sie sollten doch bitte in Tiere nicht etwas hineininterpretieren, was eigentlich rein menschlich sei. Und tatsächlich besteht die Gefahr, die Verhaltensweisen anderer Spezies entsprechend dem eigenen vertrauten Muster fehlzuinterpretieren.

Allerdings besteht die Gefahr der Fehlinterpretation in beide Richtungen – dass wir Tieren intensive Gefühle unterstellen, wo sie möglicherweise keine (oder andere) haben; und dass wir übersehen, was für Tiere bedeutsam sein mag, eben weil es in unserer Welt nicht vorkommt. Der amerikanische Philosoph Steve F. Sapontzis hat dazu einmal geschrieben: «Ein Leben, das für uns hart und langweilig aussieht (zum Beispiel das eines Bibers), kann von denen, die es leben, als freudvoll und erfüllend wahrgenommen werden.»[9] Ich finde dieses Biber-Beispiel charmant, zumal ich zwar in der Sache sehr wohl, im Fall des Bibers aber nicht unbedingt Sapontzis' Meinung bin. Gut, die eigenen Zähne in Kontakt mit einem Baumstamm zu bringen, diesen Wunsch verspüren die wenigsten Menschen. Aber das Bauen von Staudämmen? Einen Gutteil meiner Kindheit habe ich damit verbracht, Bäche zu stauen und Spazierwege zu fluten. Ich versichere, dass das auch für einen Menschen eine sehr erfüllende Tätigkeit sein kann, und ich nehme an, Wasserbauingenieure sehen es ähnlich. Und wenn man noch dazu in der Mitte des Stausees eine Burg mit einem geheimen Zugang hätte ...

Aber genau das wäre in der Tat vermenschlichend: zu denken, ein Biber empfände beim Stauen eines Baches und beim Bauen der Burg dieselbe Art kindlich-aufgeregter Freude wie ich. Sapontzis hat natürlich recht damit zu sagen, dass es für einen Biber sicherlich erfüllend ist, am Fluss nagen und fällen und schalten und walten zu können, wie er will. Dennoch ist es gewiss nicht dieselbe Art kindlicher Freude, an die ich mich zurückerinnere und die ich mit gelben Gummistiefeln assoziiere.

Doch welche Freude empfindet der Biber wohl? In einem bereits legendären Aufsatz zur Philosophie des Geistes hat der amerikanische Philosoph Thomas Nagel 1974 darüber geschrieben, warum wir Menschen nie genau werden wissen können, wie es sich anfühlt, eine Fledermaus zu sein, die sich per Echolot orientiert. Dieser Beitrag war nicht gegen Fledermäuse, sondern gegen eine gewisse Anmaßung der Naturwissenschaften gerichtet. Denn egal was die Biologie und Neurowissenschaften über Echolot und Fledermausgehirn in Erfahrung bringen werden, egal, wie sehr wir von außen in der Lage sein werden, solches Geschehen physikalisch zu verstehen – die Innensicht bleibt uns verschlossen. Dabei leugnet Nagel nicht, dass die Fledermaus eine solche Innensicht besitzt; im Gegenteil, diese Sorte mentaler Zustände ist sogar dadurch definiert, dass sie sich für das betreffende Wesen auf eine bestimmte Weise anfühlt.[10] Wir wissen von außen, *dass* sich eine Wahrnehmung per Echolot irgendwie anfühlt – aber nicht, *wie*.

Diese Erkenntnisgrenzen sind beim Echolot und überhaupt beim Fliegen ohne technisches Gerät offensichtlich. Aber was ist mit biologischen Funktionen, die uns näher sind, und bei Lebewesen, die mit uns auch näher verwandt sind? Wie es für ein durstiges Tier ist, nach langer Zeit wieder zu trinken, diese Erleichterung und Befriedigung können wir uns vorstellen. Tatsächlich bereitet es vielen Menschen tiefe Befriedigung, bedürftigen Tieren Nahrung und Wasser anzubieten. Vielleicht sind es zum Teil die vor gut zwei Jahrzehnten entdeckten Spiegelneuronen, die es Menschen und anderen Primaten ermöglichen, körperliche und seelische Zustände von anderen mitzuvollziehen; denn diese Spiegelneuronen haben ihren Namen genau darum erhalten, weil sie im Hirn aktiv werden, wenn eine Handlung bei einem anderen Wesen nur beobachtet wird. Vielleicht liegt darin nicht nur eine Quelle für Empathie mit Angehörigen der eigenen Art, sondern auch für Übersetzungsleistungen zwischen den Spezies.

Hühner und Gänse zum Beispiel können nicht wie wir saugen oder schlürfen, sondern schöpfen mit dem Schnabel aus Gefäß oder Pfütze und lassen das Wasser die Kehle hinunterrinnen. Wir wissen nicht, wie es ist, einen Schnabel und einen langen Hals zu haben, durch den das Wasser fließt; und doch dürfen wir wohl sagen, wir haben eine deutliche Ahnung davon, was der trinkende Vogel fühlt. Das, was wir dabei empfinden (spiegeln), mag nicht exakt dasselbe sein, aber es ist in der «Übersetzung» ähnlich genug.

Neulich machte ein Videoclip aus einer österreichischen Schweinezucht im Internet die Runde. Es zeigte eine kleine Truppe freilaufender Schweine, die offenbar nach Belieben Wiesen und Weiden nutzen konnten und sich an einem Hang, wo etwas Wasser floss, eine Art Rutsche «gebaut» hatten. Sie warfen sich mit sichtlichem Vergnügen oben in den Matsch, strampelten, bis sie in Bewegung kamen, rutschten den Hang hinab und rannten wieder nach oben. (Fast zeitgleich wurde berichtet, dass ein holländischer Landwirt seinen Schweinen eine gelbe Plastikrutsche vom Sperrmüll geholt und neben ihre Suhle gestellt hatte. Die dortigen Schweine – ohnehin «Ausnahmeschweine», weil sie überhaupt herumlaufen und sich suhlen können – schienen auch diese Rutsche zu mögen.)

Ich habe von «sichtlichem Vergnügen» geschrieben, weil diese Schweine sich zweifellos nicht nur suhlen, also die Haut zwecks Kühlung, Reinigung und Parasitenabwehr mit Schlamm einreiben, sondern den Kitzel des Herunterrutschens suchen und genießen. Mir fällt schlicht keine andere Möglichkeit ein, das Verhalten dieser Schweine sinnvoll zu beschreiben, ja, ich fände es geradezu albern zu leugnen, dass wir uns vorstellen können, welchen Spaß sie da haben. Wer diese Beschreibung vermenschlichend findet, müsste bitte eine plausiblere, «biologischere» Erklärung abgeben, was die Schweine da machen und warum. Pauschal den Vorwurf des Anthropomorphismus anzubringen und darauf zu verweisen, dass Schweine völlig anders seien als wir Menschen, wirkt auf mich nicht besonders aufrichtig. Gewiss, wir wissen nicht, wie es ist, vier Beine, Rüssel und Ringelschwänzchen zu haben; insofern wissen wir nicht vollständig, aber doch *in relevanter Hinsicht*, wie es ist, als Schwein einen Hang hinabzurutschen.

Um Missverständnisse zu vermeiden: Ich will natürlich nicht behaupten, dass wir allein durch Tierliebe und amateurmäßiges Zugucken ein umfassendes Verständnis anderer Spezies erreichen können. Der Verhaltensforschung stehen für ihre ethologischen Beobachtungen im Freiland (und leider auch im Labor) Methoden zur Verfügung, die Rückschlüsse auf die kausalen Ursachen bestimmter Verhaltensweisen erlauben, die anders niemals zu gewinnen wären. Umgekehrt aber gibt es auch wissenschaftliche Studien zum Verhalten, die so viel Distanz zu ihrem Untersuchungsgegenstand beweisen, dass es schon wieder absurd ist. Manchmal werden mit unglaublichem Aufwand Apparate gebaut, die Offensichtliches belegen sollen. Zum Beispiel wollten Forscher wissen, wie wichtig Hühnern ihr Staubbad ist. Sie installierten Türchen mit Gewichten, die die Hühner aufdrücken mussten, um an Erde zu gelangen.[11] Es kam heraus, dass die Hühner diese Mühe auf sich nahmen und dass ihnen das Staubbad somit sehr wichtig ist.

Nun, das hätte den Forschern jeder sagen können, der Hühner im Freien hält. Wenn Hühner aufgrund schlechten Wetters einmal ein paar Tage keinen Zugang zum Staubbad haben und man ihnen dann einen trockenen Bereich zugänglich macht, stürzen sie sich darauf und ziehen ihn sogar dem Futter vor. – Trotz aller Forschung erhalten Hühner in den meisten Ställen dennoch keine Möglichkeit zum Staubbad. Wenn überhaupt, gibt es Sandhaufen. Sand aber mögen sie nicht, sie bevorzugen feines, erdiges Material, vermutlich, weil es besser zwischen Federn und Haut eindringt. Außerdem ist der Boden der Mastanlagen und Legefarmen nach einiger Zeit natürlich vollständig von getrocknetem Kot bedeckt.

Bei Sauen hat man mit ähnlichen Versuchsanordnungen überprüft, wie wichtig es ihnen ist, vor der Geburt ihrer Ferkel ein Nest aus Stroh, Laub oder sonstigen beweglichen Materialien zu bauen. Wieder mussten Türchen aufgedrückt werden. Die Sauen taten das ebenso häufig wie beim Zugang zum Futter. Also ist Sauen der Nestbau «sehr wichtig» – wie doch bereits ihr Verhalten in Ställen beweist, wo sie immer wieder mit ihren Rüsseln den Betonboden absuchen und imaginäres Stroh umeinanderschieben. Man kann das sogar auf Filmaufnahmen aus Ställen sehen, auch ganz ohne Türchen.[12]

Im Übrigens stellt sich Nagels Fledermausfrage – wie genau kann ich in einen anderen hineingucken? – natürlich bereits beim Menschen (und hat auch da eine entsprechend lange philosophische Tradition). Wenn ich mit meiner rotgrünblinden Freundin Ute spazierengehe, gefallen uns meistens dieselben Blumen und Blüten. Dennoch ist es immer wieder erstaunlich, mit welch unterschiedlichen Farbattributen wir sie belegen. Ich sehe eine knallrote Rose, und Ute deutet auf sie und ruft: «Was für ein herrliches Orange!» Nach Jahren der Freundschaft haben wir keinen Weg zum Decodieren der jeweils anderen Farbwahrnehmungen gefunden. Dennoch gibt es keinen Zweifel daran, dass wir während eines Spaziergangs Erfahrungen miteinander teilen und uns über unsere Wahrnehmungen austauschen können.

Bei jeder Interpretation einer fremden Psyche ist also die Möglichkeit und Fülle von Missverständnissen geradezu erschreckend – doch jeder, der überhaupt mit anderen kommuniziert, weiß, dass Kommunikation eben zu einem nicht unbeträchtlichen Teil daraus besteht, Missverständnisse durchzuarbeiten. Man sollte daher nicht vorschnell behaupten, dass jede Interpretation tierischen Verhaltens zum Scheitern verurteilt ist – und nicht einmal, dass jeder Vergleich mit menschlichem Empfinden automatisch falsch sein muss. Es wäre höchst sonderbar, wenn von Spezies zu Spezies das Spektrum des Empfindens völlig unterschiedlich wäre. Das würde nämlich bedeuten, dass die Evolution praktisch mit jeder neuen Spezies die Welt der Nerven und des Bewusstseins und der Affekte neu erschaffen hätte, was ein ungeheurer Aufwand gewesen wäre und unserer sonstigen anatomischen und physiologischen Verwandtschaft vollkommen zuwiderliefe.

«Das allgemeine Argument gegen Anthropomorphismus kann in einer post-darwinistischen wissenschaftlichen Welt nicht aufrechterhalten werden», schreibt daher die Wissenschaftstheoretikerin Sandra D. Mitchell.[13] Darwin selbst zeigt in seinem Buch *Der Ausdruck der Gemütsbewegungen bei dem Menschen und den Tieren*, dass der körperliche (und mimische) Ausdruck von Gefühlen bei Menschen und anderen sozialen Tieren letztlich denselben Ursprung hat. Erst nach Darwin hat sich ein gewisser biologischer Skeptizismus durchgesetzt, der die Grenze zwischen Mensch und Tier überbetonte[14] und der seit einigen Jahrzehnten wieder abklingt.[15]

Der Vorwurf des Anthropomorphismus taugt in seiner pauschalen Form genauso wenig wie die schlichte Behauptung: «Aber ich weiß doch genau, was mein Tier fühlt!» Nein, wir wissen es natürlich nicht immer genau (ebenso wenig übrigens bei Menschen). Aber das heißt nicht, dass Verstehen unmöglich ist. Es gibt eben sehr unterschiedliche Grade und Methoden des Verstehens. Eine große Bandbreite liegt zwischen dem beinah unmittelbaren Mitempfinden – etwa beim Trinken der Vögel oder bei dem Vergnügen rutschender Schweine – und dem vollkommen abstrakten Verstehen dessen, wieso sich ein Schmetterling von bestimmten Lichtmustern einer Blüte täuschen lässt oder was es über die Rangordnung der Paviane aussagt, wenn sie einander das Fell pflegen. Keine Form des Verstehens ist besser oder schlechter als die anderen, man muss nur wissen, wo die jeweiligen Grenzen und Möglichkeiten liegen.

Die Asymmetrie des
moralischen Universums

Wir nehmen die Welt also nicht nur aus jeweils eigenen Augen wahr, wir wissen auch: Es gibt schier unendlich viele weitere Subjekte in dieser Welt. Doch nicht alle von ihnen sind sich dessen bewusst, dass sie Subjekte sind. Ein fühlendes Lebewesen muss nicht unbedingt in einem abstrakteren Sinne wissen, was es fühlt. Nicht einmal, *dass* es fühlt. Auch nicht, dass andere fühlen.

So gesehen ist meine bisherige Ausdrucksweise etwas unscharf gewesen, denn eigentlich gibt es zwei Gruppen von empfindungsfähigen Lebewesen: Die eine umfasst alle Wirbeltiere mit bewussten Empfindungen. Die zweite Gruppe ist nur eine Teilmenge davon und umfasst jene, die sich auch des Faktums bewusst sind, *dass* sie ein Bewusstsein und Empfindungen besitzen. Im Grunde rührt das Problem nur daher, dass mit den Begriffen «Ich», «Ich-Bewusstsein», «Selbst» und «Selbstbewusstsein» je nach Kontext Unterschiedliches gemeint ist.

Mit «Ich-Bewusstsein» ist hier gemeint: dass jemand weiß, dass er oder sie ein Ich ist. Meine Katze zum Beispiel weiß das wahrscheinlich nicht. Sie hat ein ausgeprägtes Gefühl für Mein und Dein (insbesondere gegenüber einem gewissen schwarzen Kater); sie weiß, was sie will und wann sie es will. Manchmal auch nicht. Dann sitzt sie halb und halb auf der Türschwelle, während vor ihren Schnurrhaaren Schneeregen vom Himmel weht, und sie «denkt»: Will ich raus oder bleib ich drinnen? Aber sie denkt dies eben auf Katzenart. Sie besitzt nicht die Sorte von Sprache, in der Sätze gebildet werden, und sie verfügt weder über das Wort noch über das distinkte Konzept «Ich» oder «Selbst». Sie besitzt Bewusstsein, aber höchstwahrscheinlich kein Bewusstsein ihrer selbst *als Selbst*. Und nicht nur Tiere, auch Säuglinge, Kleinkinder, demente ältere und geistig verwirrte Menschen besitzen nicht unbedingt in vollem Sinne ein Selbst-Bewusstsein. Sie spüren zwar die Inhalte ihrer Gefühle und Gedanken, denken aber nicht auf einer abstrakteren Ebene über sich nach und können sich auch nicht mit derselben Freiheit wie gesunde erwachsene Menschen dazu verhalten.

Moralische Verantwortung fängt jedoch erst mit dem Wissen an, dass ich jemand bin, der sich so oder anders verhalten kann – gegenüber anderen, die auch ein eigener Jemand sind. Das Recht, moralisch berücksichtigt zu werden, beginnt hingegen bereits da, wo jemand bewusste Empfindungen hat. Warum reite ich so darauf herum? Weil man die Frage, ob jemand berücksichtigt werden muss, nicht mit der anderen verwechseln darf, ob der andere selbst auch ein moralisches Wesen ist. Ein Tier, ein kleines Kind, ein dementer alter Mensch oder ein Mensch in einer extremen Krisensituation mögen nicht in der Lage sein, moralisch zu denken und verantwortlich oder zurechnungsfähig zu handeln. Trotzdem verlieren sie dadurch nicht ihren Anspruch darauf, selbst moralisch berücksichtigt zu werden. Es ist zwar sprachlich nicht besonders schön, aber von der Sache her sinnvoll, wenn in der Philosophie deswegen von moralischen Subjekten – das sind die moralischen Akteure – und moralischen Objekten gesprochen wird. Der Begriff «Objekt» bedeutet in diesem Zusammenhang nichts Abwertendes, sondern meint Individuen, auf die man Rücksicht nehmen soll.

Zum Beispiel gibt es verwirrte Menschen, denen Mein und Dein so unklar sind, dass man in ihrer Begleitung ständig achtgeben muss, dass sie nicht im Supermarkt plötzlich etwas mitgehen lassen. Vielleicht schimpft man mit ihnen, weil man genervt ist, aber im Grunde weiß man: Sie verstehen es nicht und können nichts dafür, sind in diesem Sinne also keine moralischen Subjekte. Moralische Objekte sind sie dennoch, und zwar auch in exakt denselben Bereichen.

Selbstverständlich dürfen wir einem verwirrten Menschen nichts stehlen, auch wenn die betreffende Person das Konzept «Stehlen» nicht voll versteht und vielleicht nicht einmal bemerkt, was vor sich geht. Ein moralisches Objekt muss weder Kenntnis haben von dem, was moralisch vor sich geht, noch zur Einsicht in dieses fähig sein; das hebt die Pflichten des moralischen Subjekts ihm gegenüber nicht auf.

Die Menge der moralischen Subjekte und Objekte ist also nicht deckungsgleich; die Zugehörigkeit zu der einen Menge hängt nicht von der zur anderen ab; und die Zahl der moralischen Akteure ist um etliches geringer als die ihrer potentiellen Gegenüber. Es gibt viel mehr Wesen, auf die ich Rücksicht nehmen muss, als solche, die auf mich Rücksicht nehmen müssen. Unter anderem deshalb sind auch Argumente wie «Menschen dürfen auf Löwen-Safari gehen, denn Löwen sind ja selbst Jäger», schlicht falsch: Die Menge der Subjekte und Objekte ist ohnehin unterschiedlich groß, und meine Pflicht gegenüber X hängt nicht davon ab, ob X auch dieselbe Pflicht mir gegenüber hat (oder ob er sie erfüllt).[16]

Doch verstärkt diese klare Trennung zwischen moralischen Subjekten und Objekten nicht wieder die (zu drastische) Grenze zwischen Mensch und Tier? Gibt es nicht auch im Tierreich Empathie, die Sorge der Mütter für ihre Jungen, sogar gegenseitige Hilfe zwischen Angehörigen verschiedener Spezies? Tatsächlich zeigt die neuere Verhaltensforschung – sowohl unter Laborbedingungen als auch im Freiland –, dass es bei vielen Tieren das Phänomen der Empathie gibt. Der niederländisch-kanadische Verhaltensforscher Frans de Waal berichtet von einem Affen in einem Zoo, der einen zu Boden gestürzten Vogel auf den höchsten Ast eines Baums brachte und von dort weiterfliegen ließ, von einer Elefantenkuh, die dem Jäger, der ihr nachstellte, zwar zunächst (in Selbstverteidigung) ein Bein brach, ihn dann aber in den Schatten eines Baums transportierte. Von einer Robbe, die einen alten Hund ans Ufer schob, und von einem

Buckelwal, der sich nach seiner Rettung bei dem Taucherteam bedankte.[17] Bei einer Gruppe von Laborratten konnte ein Forscherteam aus Chicago altruistisches Verhalten nachweisen: Wenn eine Ratte in einer durchsichtigen Röhre gefangen gehalten wurde, wurde eine andere Ratte, die dies von außen sah, unruhig; und wenn sich das Gefängnis der einen öffnen ließ, indem die andere einen Hebel betätigte, dann tat diese das auch (und zwar ohne Training oder Belohnung).[18]

Ein letztes und schlagendes Argument für tierische Empathie liefert die Entdeckung der Spiegelneuronen, die oft die biologischen Grundlagen der Empathie genannt werden, am Tier, nämlich an einem Makaken. Italienische Forscher kamen den Spiegelneuronen erstmals 1992 auf die Spur, als ein mit Hirnelektroden verkabelter Makake im Versuchsstuhl saß und der Experimentator nach einer Rosine griff und dabei einen Blick auf den Monitor warf, der die Hirnströme des Affen wiedergab: Die Neuronen des Affen feuerten, beinah, als hätte er selbst nach einer Rosine gegriffen. Spiegelneuronen reagieren, auch wenn das Lebewesen die dazugehörige Handlung nicht selbst ausführt, sondern tatsächlich nur bei einem anderen beobachtet oder davon hört oder sie sich vorstellt. Spiegelneuronen spiegeln Emotionen und Körperempfinden des einen Lebewesens in abgeschwächter Form bei einem anderen, und das oft sogar artübergreifend.

Allerdings habe ich es immer mindestens genauso erforschenswert gefunden, warum die Spielneuronen manchmal *nicht* feuern. Es ist ja schön und gut zu wissen, dass der Affe empfand, als hätte er selbst die Hand nach einer Rosine ausgestreckt. Aber wieso hat der Forscher nicht mitempfunden, wie es ist, mit einem an den Schädel montierten Bolzen in einem Affenstuhl fixiert zu sein? So zeigen uns viele solcher Versuche eben nicht nur, wie sich ein Tier einfühlen, sondern auch, wie sich ein Mensch der Einfühlung verschließen kann.

Die beschriebene Einfühlung ist allerdings nicht dasselbe wie Moral. De Waal beschreibt in seinem Buch nicht nur viele Beispiele für Empathie, sondern auch, dass er oft beobachtet hat, dass den Tieren eine zweite Fähigkeit fehlte: die, sich so weit in den anderen hineinzuversetzen, dass sie ihm auch wirklich helfen konnten. Also nicht nur zu erkennen, dass ein anderer in Not ist, sondern auch zu verstehen, was dieser andere braucht.[19]

Zum moralischen Verhalten im engeren Sinne benötigt man sogar noch ein Drittes: nämlich die Fähigkeit, sich bewusst zu den eigenen Impulsen zu verhalten. Natürlich verfügen auch Tiere über die Fähigkeit der Impulskontrolle, zum Beispiel reißt sich ein (entsprechend erzogener) Hund zusammen, nicht dem Stöckchen hinterherzurasen, bevor es ihm erlaubt wird.[20] Dennoch kann man nicht davon ausgehen, dass er abstrakte Überlegungen zur Gewichtung des eigenen Wunsches im Vergleich zu einem Befehl anstellt. Auch wir Menschen tun dies bei Weitem nicht immer. Große Teile unseres täglichen moralischen Verhaltens sind einfach ansozialisiert, internalisiert, routiniert. Wenn nötig, können wir allerdings die Gründe einer Handlung angeben und erklären, warum wir sie besser finden als eine andere; wir können auch anhand solcher abstrakter Gründe zu der Überlegung kommen, dass es besser wäre, sich anders zu verhalten.[21] Zwar sind viele Tiere der Empathie fähig, aber vermutlich kann sich nur ein Mensch ab einem gewissen Alter und einer gewissen geistigen Reife zu den empathischen Empfindungen und zum jeweiligen Verhaltensimpuls rational abwägend verhalten.[22]

Ist nun das, was ich als emotionale und kognitive Fähigkeit beschrieben habe, dasselbe, was man Mitgefühl nennt? Die Tierethikerin Ursula Wolf sieht in Anlehnung an Schopenhauer das Mitleid als eine Basis der Moral, gerade auch gegenüber Tieren.[23] Solch eine Aussage provoziert natürlich den klassischen Einwand, Mitleid sei nicht universalisierbar. Mitleid ist parteiisch. Es vermischt individuelles Mögen und Nicht-Mögen mit allgemeinem Sollen und Nicht-Dürfen. Wenn Mitleid nichts als ein Gefühl ist, kann man es anscheinend, wie alle Gefühle, weder fordern noch erzwingen. Viele Mitleidsethiker entgegnen darauf, dass Mitleid doch erlernbar, rational belehrbar und kultivierbar sei; dass das Mitleid selbst vielleicht nur ein erster Impuls sei, dem andere moralische Tätigkeiten folgten.

All dies mag stimmen, aber was ich im Sinn habe, ist weder Mitleid noch unbedingt Gefühl. Es handelt sich auch nicht allein um die Befähigung zur Empathie, die im Zusammenhang mit tierischem Verhalten beschrieben wurde, sondern um eine Einsicht, die so grundlegender Art ist, dass sie zur Universalisierung auffordert; sie führt von der vollständigen Wahrnehmung eines konkreten Einzelfalls zu einer allgemeineren Erkenntnis. Man könnte sogar so weit gehen zu sagen, dass dem Wahrnehmen des Eigenen das Wahrnehmen des Anderen logisch folgt. Denn um zu wissen, dass dies hier ich bin, dass dies mein Schmerz ist, muss ich verstehen, dass ich hier bin und dort jemand anderes «anfängt».[24] Ich empfinde einen Schmerz – was per definitionem ein Zustand ist, den man grundsätzlich eher verlassen will[25] –, und weiß: Der Schmerz eines anderen ist für ihn genauso real und unerwünscht wie meiner für mich. Im Grunde liegt hier schon der Keim zu einer Idee der Gleichheit aller: Es gibt keinen Grund, warum ein empfindungsfähiges Lebewesen mehr wert sein sollte als ein anderes, und damit ist auch kein anderes weniger wert als ich.

Von Rechten und Pflichten

Nicht jeder Schmerz stellt eine Herausforderung an unsere Moral dar, nicht jedes Leiden, nicht jeder Tod. Im Alltag tun wir zwar ohnehin wenig, um das unglaubliche Elend, das unter den Menschen und Tieren dieser Welt herrscht, aktiv zu vermindern; aber sobald wir abstrakter darüber nachzudenken beginnen, kriegen wir uns vor theoretischer Hilfsbereitschaft oft gar nicht mehr ein. Folglich nehmen viele Menschen an, Moral bedeute, alles Elend aus der Welt zu schaffen.

Das ist ein Missverständnis. Moral muss und kann gar nicht alles Leid beseitigen. Völlig richtig schreibt Ursula Wolf, kein Mensch habe ein absolutes Recht «auf Gesundheit oder Freiheit von Krankheiten».[26] Auch nicht auf Errettung vor dem Tod, denn Krankheit und Tod gehören zum Leben. Als Gemeinschaft entscheiden wir nur (und auch nur in gewissem Umfang) darüber, wie viel Krankheit und ein wie früher Tod zum Leben gehören.[27] Dabei entscheiden wir aber nicht so sehr über die Krankheiten selbst als vielmehr über den Zugang zu den Ressourcen, die vor Krankheiten schützen oder sie bekämpfen helfen: Wissen, Medikamente, Einrichtungen, personelle Unterstützung. Wir regeln mit der Moral nicht das Verhältnis des Menschen zur Krankheit (das tut die Medizin), sondern das Verhältnis der Menschen zueinander. Oder, wie Christine Korsgaard sagt: «Der Gegenstandsbereich der Moral ist nicht, wie wir die Welt gestalten sollen; sondern wie wir mit anderen interagieren und uns zu ihnen in Beziehung setzen sollen.»[28]

Dabei fügen wir anderen auch manch weiteres Leid zu, obwohl es vermeidbar wäre – und ohne dass dies automatisch verwerflich wäre. Denn natürlich haben wir auch ein Recht, unsere eigenen Interessen zu verfolgen und sogar zu bevorzugen. Zum Beispiel bewerben wir uns um eine Wohnung oder um einen Job und freuen uns, wenn wir Erfolg haben – selbst wenn wir wissen, dass eine Mitbewerberin Wohnung oder Job so dringend will und braucht wie wir. Moral verlangt nicht, *nur* im Sinne anderer zu handeln, sondern die Interessen anderer miteinzubeziehen und uns in adäquater Weise mit ihnen abzustimmen.

Üblicherweise verwenden wir für dieses moralische Sich-in-Beziehung-Setzen das Konzept der «Rechte» und «Pflichten», zumindest im Rahmen moderner westlicher Ethiken. Ganz alltäglich und selbstverständlich gehen wir davon aus, dass Individuen bestimmte Rechte haben, zum Beispiel auf Selbstbestimmung, auf Unversehrtheit, auf Eigentum und darauf, nicht über die Realität getäuscht zu werden. Dem entsprechen auf Seiten der moralischen Subjekte Pflichten – etwa die Grenzen des anderen zu respektieren, seine Unversehrtheit zu wahren, ihn nicht zu bestehlen oder zu belügen. Den Rechten (der moralischen Objekte) korrespondieren Pflichten (der moralischen Subjekte).

Intuitiv ist das leicht nachzuvollziehen. Das Konzept solcher Rechte philosophisch zu begründen ist bereits schwieriger. Zu Beginn der modernen politischen Philosophie im 17. und 18. Jahrhundert hat man vor allem versucht, Bürger- und Menschenrechte als Naturrechte zu begründen und damit vom rein faktischen Recht des Stärkeren abzugrenzen. Die Philosophen der frühen Aufklärung argumentierten, dass es ein Naturrecht gäbe, das dem Menschen bestimmte Güter garantiere, egal, welche konkrete Verfassung oder welcher Despot sie ihm streitig machen könnten. Allen voran die Freiheit: «Der Mensch ist frei geboren», konstatierte Rousseau. Die Idee des Naturrechts verfolgte also progressive Absichten und war zur Verteidigung der Bürger gegen absolutistische oder sonstige Willkür gedacht.

Allerdings ist die Idee eines solchen in der Natur verankerten Rechts nicht nur sympathisch, sondern auch heikel. Was Natur ist, ist zunächst einmal reine Empirie; dass etwas von Natur aus irgendwie verfasst ist, heißt noch lange nicht, dass es auch gut ist. Die natürliche Welt kennt schließlich kein «gut» oder «schlecht», sondern ob etwas gut oder schlecht ist, muss erst mit (menschlichen) vernünftigen Argumenten begründet werden. Ein Naturrecht sieht sich also diesem grundsätzlichen Einwand ausgesetzt: Wie soll etwas komplexes Gedankliches wie ein Recht oder ein Rechtsgut quasi automatisch in der empirischen Beschaffenheit eines natürlichen Zustandes liegen?

Dieses Problem hat ein theologisch begründetes Recht nicht. Wenn mit «Gerechtigkeit» eigentlich «Gottes Gerechtigkeit» gemeint ist, hat Gott die Attribute gut und schlecht in die Welt gebracht. Es liegt auf der Hand, dass theologische Begründungen wiederum ihre eigenen Probleme mit sich bringen, allen voran natürlich die Frage: Wie beweist man nun Gott? Und wie seine Verbindung zur Gerechtigkeit? Wieso sollen sich auch diejenigen Menschen ans Recht halten, die nicht an Gott glauben? Und so changierte die Idee insbesondere des Freiheitsrechts des Menschen lange (und bis in die Formulierung vieler moderner Verfassungen) zwischen einem rein naturgegebenen und einem von Gott hergeleiteten Naturrecht.

Es gehört zur epochalen Leistung des aufklärerischen Philosophen Immanuel Kant, die zuvor als natürlich oder gottgegeben geltenden Ideen in eine dem Menschen einsichtige und vernunftmäßig überprüfbare Form transformiert zu haben. Kant gab auch der Idee des Naturrechts eine neue Wendung, die ihr aus dem oben genannten Problem heraushalf. Er verlagerte – wenn ich ihn hier fast unverzeihlich grob zusammenfassen darf – die Idee des Rechts von der Natur in die menschliche Vernunft. Moral folgt nicht aus der Natur, sondern wir kommen laut Kant gleichsam zwangsläufig bei ihr an, wenn wir den Bewegungen unseres Denkens konsequent folgen.

Diese Auffassung vertreten auch viele heutige Philosophen: Die Verbindlichkeit der Moral, aber auch anderer vernünftiger Überlegungen, verdankt sich demnach der Tatsache, dass im Grunde jeder, der scharf genug nachdenkt, ihren Grundsätzen zustimmen muss. Es gibt einen gewissen Zwang oder Automatismus der Vernunft, auch wenn dies kein rein faktischer Zwang oder Automatismus wie der der

Schwerkraft ist. Vom «eigentümlich zwanglosen Zwang des besseren Arguments» spricht zum Beispiel Jürgen Habermas.[29]

Das Problem hiermit ist nun wieder, dass mit Vernunft anscheinend etwas Über-Historisches und Transkulturelles gemeint ist. Das ist einerseits ehrenhaft und naheliegend. Andererseits zeigen Ideengeschichte und Anthropologie, ja schon der Blick auf den Pluralismus in modernen Gesellschaften, dass unsere Vernunft so einheitlich und zwingend nicht ist. Wenn Philosophen eine gewisse Zwangsläufigkeit der Vernunft konstatieren, müssten sie dann nicht auch erklären können, wieso eine so große Menge von Zeitgenossen sozusagen in der «Wirrnis» anderer Meinungen befangen bleibt – sind all diese Menschen einfach «defekt»? Oder wieso hat der eigentümlich zwanglose Zwang seine Kraft bei ihnen verloren? Anders gesagt: Als je stärker und zwangsläufiger und verbindlicher man die Vernunft und die daraus folgende Moral auffasst, desto größer wird die Kluft zur Empirie der tatsächlichen Meinungsvielfalt. Man könnte sich an der Vorstellung einer wahrhaft wahren und verbindlichen Moral erfreuen – leider gäbe es aber nur wenige Individuen, die von ihr ebenfalls überzeugt wären.

Es ist also nicht so leicht zu erklären, wo Rechte ihren Ursprung haben: in der Natur, bei Gott oder in der (allgemein menschlichen?) Vernunft. Für wen sich all das verwirrend anhört, der befindet sich in bester Gesellschaft. Die britische Philosophin Mary Midgley schreibt über den Begriff des Rechts: «Das ist ein hoffnungslos unklarer Ausdruck. Wie jede Bibliografie politischer Theorie bestätigen wird, befand er sich schon in großen Schwierigkeiten, lange bevor Tiere zu seinen Problemen hinzugefügt wurden.»[30] Das ist immerhin ein Trost: Es sind nicht erst die Tiere, die alles kompliziert machen.

Die Tiere machen es allerdings insofern noch ein wenig komplizierter, als dadurch, dass wir sie in unsere moralischen Überlegungen mit einbeziehen, der Unterschied zwischen den Mengen moralischer Subjekte und Objekte noch größer wird. Ich sagte es schon: Auch im Bereich der Menschen gibt es stets mehr moralische Objekte als Subjekte. Kleine Kinder, demente Alte, psychisch Verwirrte – sie alle müssen wir berücksichtigen, ganz egal, ob sie die Sache mit der Moral selbst verstehen oder nicht.

Die Mainstream-Philosophie hat dieses Phänomen lange Zeit weitgehend ignoriert und so getan, als sei das Attribut «Mensch» gleichbedeutend mit erwachsen, autark, zurechnungsfähig. Vor allem die feministische Kritik in den letzten Jahrzehnten des zwanzigsten Jahrhunderts hat deutlich gemacht, dass das so eigentlich gar nicht stimmt. Wir Menschen sind bedürftige, verletzliche körperliche Wesen, jeder von uns.[31] Ein Teil von uns Menschen ist zudem hinreichend stark, rational und zurechnungsfähig, um sich darüber Rechenschaft abzulegen, wie wir den Bedürfnissen anderer Rechnung tragen sollen.

Und obwohl man im Allgemeinen so spricht, als seien zuerst die Rechte da und dann die Pflichten, verstehe ich es darum doch eher andersherum: Tatsächlich ist der moralische Akteur (oder die Gemeinschaft der Akteure) die Quelle moralischer Rechte. Moral entsteht erst in der Interaktion eines Subjekts mit einem potentiellen Gegenüber. Das wird besonders deutlich, wenn man den großen Kreis der moralischen Objekte einmal losgelöst von einem moralischen Akteur betrachtet. Zum Beispiel ist es doch nicht so, dass auf dieser Erde Millionen und Abermillionen von Rehen, Igeln und Pinguinen umhüllt von einer imaginären Blase namens «unveräußerliche Rechte» herumlaufen; und plötzlich stößt solch ein Reh, Igel oder Pinguin auf einen Menschen – und hat endlich jemanden gefunden, der seine Rechte respektiert. Vielmehr stellt sich die Frage von Rechten und Pflichten überhaupt erst, wenn ein moralischer Akteur auf ein anderes empfindungsfähiges Lebewesen stößt und sich fragen muss:

Wie gehe ich nun moralisch angemessen mit diesem Wesen um?

Es sind zwar die Nöte, Bedürfnisse oder Wünsche des Objekts, die die Aufmerksamkeit des Subjekts erregen bzw. zu denen es sich irgendwie verhalten muss, aber die moralische Überlegung, das Sich-in-Beziehung-Setzen beginnt eben bei dem Subjekt. Es mag die Kuh im Schlachthof sein, ihr verzweifelter Blick, wenn der Arbeiter das Bolzenschussgerät ansetzt, ihre heraushängende Zunge, ihr bedauernswertes Zusammensinken, die die vorübergehende junge Frau in ihren Bann gezogen haben. Doch es ist diese Frau, die diese Situation in eine moralische Frage transformiert: Ist es in Ordnung, wenn für das, was ich mir auf mein Brot lege, ein anderes Wesen so leiden muss?

Diese Überlegungen stellt natürlich kein moralisch Handelnder alleine an. Moral ist – wie jede Kulturtätigkeit – keine solitäre Angelegenheit. Die Überlegungen, was wir dem anderen schulden, finden auf der Grundlage etlicher weiterer Vorstellungen über recht und billig statt; wir haben ein Vorverständnis und einen breiten Konsens darüber, worauf andere ein Anrecht haben, wie weit man gehen darf, was zentrale Güter von Menschen und Tieren sind. Der Prozess moralischen Urteilens im praktischen Einzelfall ist eigentlich nur ein kleiner Ableger einer kollektiven Veranstaltung, in der zwar nicht alle ständig einer Meinung sind, in der man sich aber auf viele wesentliche Teile längst geeinigt hat. Das Recht auf Unversehrtheit, auf Eigentum, auf ein selbstbestimmtes Leben – all dies sind grundlegende Rechte, die jeder Einzelfallüberlegung vorausgehen. Die moralischen Auffassungen, die ich hier anführe, haben – über etliche Meinungsunterschiede im Detail hinaus – eine breite Basis, die selbst Ergebnis früherer Diskussionsprozesse unserer heutigen modernen westlichen Gesellschaften und ihrer Vorläufer ist.

Um noch einmal zusammenzufassen, wie man sich meiner Meinung nach den «hoffnungslos unklaren» Begriff des

Rechts vorstellen sollte: Menschen und Tiere sind bedürftige, verwundbare, von Wünschen getriebene, empfindende, Ziele verfolgende Lebewesen, die ihr Leben um ihrer eigenen Zwecke willen leben. Unsere moralische Antwort auf die sich daraus ergebende Herausforderung ist eine Art Selbst-Verpflichtung, in das Leben anderer nicht unmäßig, willkürlich und schädigend einzugreifen. Gedanklich vervollständigt wird diese Einsicht, dass wir dies nicht dürfen, von derjenigen, dass die anderen ein Recht darauf haben, dass wir dies nicht tun. Wir gestehen also einander und weiteren Lebewesen, die selbst keine moralischen Subjekte sind, Rechte zu – auf Unversehrtheit, Selbstbestimmung etc.; und sobald wir diese zugestanden haben, sind sie auch tatsächlich bindend. Wir selbst setzen diese Rechte in Kraft, die ihre Kraft damit auch uns selbst gegenüber entfalten.

Vielleicht sollte ich präzisieren, dass es in der Ethik und damit auch hier um moralische Rechte geht – also nicht unbedingt um solche, die gesetzlich festgelegt sind. Beides ist keineswegs gleichbedeutend. Wir haben moralische Rechte und Pflichten, die nicht gesetzlich reguliert sind, zum Beispiel bezüglich der Aufrichtigkeit unter Liebenden und Freunden. Umgekehrt gibt es gesetzlich festgeschriebene Rechte, die nicht der Moral entspringen; wenn ich eine Vollkaskoversicherung für mein Auto abgeschlossen habe, habe ich zwar im Schadensfall Anrecht auf Kostenerstattung – aber nur, weil ich darüber einen Vertrag abgeschlossen habe (höchstens gibt es auf einer Meta-Ebene die moralische Pflicht, Verträge einzuhalten). Außerdem gibt es Dinge, die explizit gesetzlich erlaubt und geregelt, aber möglicherweise trotzdem unmoralisch sind; je nach Weltsicht werden uns da Rüstungsexporte, die Hartz-IV-Sätze oder das Schlachten von Tieren einfallen – oder auch alle drei.[32]

Zudem ist zu betonen, dass sich diese Moralität auf empfindungsfähige Lebewesen in Form von Individuen bezieht. Das heißt im Fall des Tiers ebenso wie des Menschen: auf das einzelne Wesen, nicht etwa die Art. Bei der Tierethik geht es um das Tierindividuum – anders als in der Ökologie oder bei den Zuchtprogrammen der Zoos, wo mit dem Nutzen der Art argumentiert wird.[33] Ob aber die Population insgesamt weltweit floriert oder niedergeht, ist für das Individuum zunächst einmal nicht von Interesse. Uns Menschen ist unser täglich Brot nicht weniger wichtig, weil wir wissen, dass es noch viele andere gibt, die überleben würden, selbst wenn wir verhungerten. Umgekehrt lebt etwa der drittletzte Königstiger, auch wenn er so selten ist, darum noch lange nicht gern in Gefangenschaft. Seine Seltenheit erhöht seinen musealen Wert für den Menschen, versüßt ihm selbst jedoch die Gefangenschaft nicht. Ebenso wenig hilft es dem Schwein, das zur Schlachtung transportiert wird, dass sich neuerdings sogar große Fleischkonzerne die «Rettung» alter aussterbenden Haustierrassen auf die Fahnen schreiben.[34] Auch wenn die Rasse überlebt – das geschlachtete Schwein ist tot.[35]

Was besagt dann der Begriff der Artgerechtigkeit? Abgesehen davon, dass in der modernen Landwirtschaft die meisten Dinge, die art-gerecht genannt werden, in höchstem Maße art-ungerecht sind, sollte Artgerechtigkeit im besten Fall heißen: Gerechtigkeit *gemäß* der Art – nicht *für* die Art. Die Art ist für moralische Überlegungen zur Haltung nur insofern relevant, als viele Bedürfnisse und Verhaltensweisen artspezifisch angelegt sind. Wahre Artgerechtigkeit bedeutet daher: Gerechtigkeit für das Individuum entsprechend der in ihm genetisch verankerten Lebensweise seiner Art. Doch die Berücksichtigung solcher biologischer Gegebenheiten – dass Hütehunde viel Beschäftigung, Schweine Gelegenheit zum Wühlen und Gänse Wasser zum Baden benötigen – soll dem Wohlergehen des einzelnen Tiers dienen, nicht dem der Spezies.

Gleichheit versus Speziesismus

Apropos Spezies. In der Zeit, als ich Vegetarierin wurde, und noch viele Jahre danach war in der Tierethik ein bestimmtes Thema zentral, nämlich die Widerlegung des Speziesismus. Der Begriff «Speziesismus» ist analog zu «Rassismus» oder «Sexismus» gebildet und meint die Schlechterbehandlung von (nicht-menschlichen) Tieren allein aufgrund der Tatsache, dass sie keine Menschen sind. Somit ist Speziesismus ebenso ein Ausdruck von Benachteiligung oder gar illegitimer Herrschaft wie die anderen genannten Übel. Damit ist natürlich nicht gesagt, dass alle Spezies in ihren physischen und mentalen Eigenschaften gleich veranlagt sind – aber solche biologischen Unterschiede sind eben kein Grund, Lebewesen moralisch gewissermaßen in zwei Klassen zu unterteilen: hier wir Menschen, dort alle anderen. Vieles von dem, was uns dazu bewegt, Menschen gut zu behandeln, gilt genauso für Tiere. Und so, wie die Menschenrechte auf der Gleichheit aller Menschen fußen (zumindest vom Anspruch her), muss man sich fragen: Wenn Tiere auch Rechte besitzen, müssen wir etwa ihre vollkommene Gleichstellung mit uns realisieren? Wenn wir zugestehen, dass Tiere in das Reich unserer Moral hineingehören, lässt sich dann noch rechtfertigen, innerhalb dieses Reichs wieder eine Grenze zu ziehen zwischen uns und ihnen – oder wäre das reiner Speziesismus?

Der Begriff Speziesismus wurde 1970 von dem britischen Psychologen Richard Ryder geprägt und dadurch, dass Peter Singer ihn in seinem Buch *Die Befreiung der Tiere* aufnahm, zu einem zentralen Begriff der Tierethik und der Tierrechtsbewegung. Doch der Grundgedanke, die Erweiterung der Moral über Speziesgrenzen hinaus, fand bereits 1789 in einer Fußnote des Utilitaristen Jeremy Bentham eine bis heute berühmte Form: «Es mag der Tag kommen, an dem man begreift, dass die Anzahl der Beine, die Behaarung der Haut oder das Ende des Kreuzbeins gleichermaßen ungenügende Argumente sind, um ein empfindendes Wesen dem gleichen Schicksal zu überlassen. Warum soll sonst die unüberwindbare Grenze gerade hier liegen?» Stattdessen liege das entscheidende Kriterium ganz woanders: «Die Frage ist nicht ‹Können sie denken?› oder ‹Können sie reden?›, sondern *‹Können sie leiden?›*.»[36]

Wer etwas mehr von Bentham liest als diese Fußnote, wird merken, dass es mit seinem eigenen Antispeziesismus leider nicht ganz so weit her war, wie man sich wünschen könnte.[37] Und natürlich wirken auch seine Beispiele etwas antiquiert. Ich jedenfalls habe die Behauptung, dass das Vorhandensein eines Schwanzes oder eines Fells das zentrale Kriterium für einen moralischen Freibrief zum Quälen sei, ehrlich gesagt noch nie gehört. Bentham meint hier wohl eher das, was man heute die biologische Zugehörigkeit zu einer Spezies oder die genetische Grundausstattung nennen würde. Ohne uns darüber explizit Rechenschaft abzulegen, ziehen wir meist einfach eine Grenze bei allem, was einen doppelten menschlichen Chromosomensatz hat, und privilegieren die menschliche Spezies, indem wir sie durch umfassende moralische und gesetzliche Rechte schützen. Tierrechtler halten nun mit einem Argument, das dem von Bentham ähnelt, dagegen: Allein die Zugehörigkeit zu einer Spezies kann nicht relevant sein. Es sind nicht die Chromosomen, die uns zu Trägern bestimmter Rechte machen. Dass jemand ein Mensch ist und jemand anderer «nur ein Tier», also schlicht ein Angehöriger einer anderen Spezies, kann kein moralisch relevanter Grund sein.

Völlig richtig. Doch unsere gesellschaftliche Praxis und unsere kulturellen Traditionen handhaben das eben anders. Viele Menschen, sogar die meisten, denken, dass im Konfliktfall die Interessen von uns Menschen schwerer wiegen als die von Tieren. Und zwar so viel schwerer, dass gegenüber Tieren fast alles erlaubt scheint. Nehmen wir das Beispiel Gänsestopfleber. Ich habe noch nie welche gegessen, würde aber behaupten: So fantastisch *kann* Foie gras einfach nicht schmecken, dass der Genuss rechtfertigen würde, Gänsen bei vollem Bewusstsein, unter Zwang und über Wochen mechanisch mehr Futter in den Schlund zu pressen, als sie aufnehmen wollen. Wer dies gutheißt, dem kann man nur eine starke Voreingenommenheit zugunsten von Menschen und grobe Missachtung tierischer Interessen bescheinigen: ein krasser Fall von Speziesismus.

Oft machen wir auch unbegründete Unterschiede zwischen einzelnen Tierarten. Zum Beispiel gibt es Menschen, die aus ethischen Gründen kein weißes oder rotes Fleisch, aber weiterhin Fische essen. Doch auch Fische sind empfindungsfähige Lebewesen, und ein Schleppnetz voller Fische ist mit einem LKW voller Schlachtrinder moralisch weitestgehend vergleichbar. Hier zieht jemand offensichtlich nicht die richtigen Schlüsse, sondern denkt «speziesistisch» – wenn auch hier nicht in der Form «Mensch übertrumpft Tier», sondern «Landlebewesen übertrumpft Meeresbewohner».

Dennoch ist der Speziesismus-Vorwurf nicht immer angebracht. Es gibt in der Tat Gründe, die dafür sprechen, dass wir bestimmte Pflichten nur gegenüber den Angehörigen der menschlichen Spezies haben; schließlich haben wir auch spezifische Pflichten gegenüber Mitgliedern der eigenen Gemeinschaft oder der eigenen Familie. Das eigene Kind muss man gelegentlich ermahnen und darin unterstützen, seine Schulaufgaben zu machen; einem fremden Kind ungebeten Hilfe aufzudrängen, wäre ein Übergriff; und einer Katze überhaupt etwas vorschreiben zu wollen – na ja, man kennt ja die Katzen! Übrigens trifft jeder Tierhalter, der seine Katze entwurmt, eine Unterscheidung aufgrund von Speziesgrenzen. Ein verantwortlicher Katzenfreund entwurmt die Katze regelmäßig. Hier Wurm, da Katze. Ist ein Katzenentwurmer Speziesist?

Zum Glück nicht, insofern wir die meisten wirbellosen

Tiere oben aus dem Bereich der ethisch relevanten Tiere herausgenommen haben. Das ist also gerade noch einmal gut gegangen! Dennoch bleibt die Sache mit dem Speziesismus vertrackt, auch wenn wir sie einmal anders herum betrachten und auf der Grundlage der bisherigen Diskussion fragen: Wenn Tiere als empfindungsfähige Wesen uns gegenüber also Rechte haben – sind dies denn *dieselben* Rechte, wie wir sie auch Menschen zubilligen?

Das hängt von den Bedürfnissen ab: Ein Hund hat kein Recht auf einen guten Füller, er braucht nämlich keinen; ein Schulkind schon. Hier ist also der Inhalt des Rechts offenbar nicht derselbe. Wenn der Inhalt aber derselbe ist, sind die Rechte der beiden dann gleichrangig? Das Schulkind und der Familienhund haben Hunger, es gibt aber nur genau ein belegtes Brötchen. Haben beide dasselbe Recht darauf? (Man möge sich bitte vorstellen, das Brötchen sei unteilbar.)

Man kann sich unendlich viele solcher Situationen ausdenken, und man muss sie sich nicht einmal ausdenken. Ob beim Tierversuch, beim Milchtrinken, bei der Meerschweinchenhaltung, bei der Putenmast: In der Tierethik geht es zumeist genau darum, bestimmte Interessen von Tieren gegenüber bestimmten menschlichen Interessen zu gewichten. Weil die Frage nach dem Speziesismus ohnehin immer wieder auftaucht, muss sie hier nicht entschieden werden. Dennoch ist es sinnvoll, das Problem jetzt schon einmal präzise zu formulieren: Ist Speziesismus immer etwas Schlechtes oder manchmal auch etwas Neutrales?

Etwas Schlechtes meint der Begriff Speziesismus insofern, als er ja dem des Rassismus analog gebildet (und gedacht) ist. Wenn wir feststellen, dass in einer Situation Unterschiede zwischen verschiedenen Spezies gemacht werden, ohne dass sie in unterschiedlichen Bedürfnissen begründet sind, wenn es sich also schlicht um Bevorzugung der eigenen Spezies handelt, sprechen wir von Speziesismus.

Im neutralen Sinne könnte Speziesismus heißen, dass wir

in bestimmten Situationen Unterschiede machen zwischen den Angehörigen verschiedener Spezies, und das muss ja – siehe den Füller, das allgemeine Wahlrecht oder das Recht, Astronaut zu werden – keine abwertende, ausgrenzende Komponente haben. Nicht jede Andersbehandlung ist Schlechterbehandlung. In diesem Fall sprechen wir aber, um Missverständnisse zu vermeiden, lieber gar nicht erst von Speziesismus.

Des Weiteren kann es Situationen geben, in denen wir Mitglieder der eigenen Spezies bevorzugen, so wie wir auch Familienmitglieder bevorzugen, weil wir ihnen gegenüber besondere Pflichten haben (Besuche im Krankenhaus, telefonische Erreichbarkeit in Notfällen, finanzielle Unterstützung oder was auch immer). Auch das ist zunächst in Ordnung. Allerdings kann uns diese Art von Nähe oder Verwandtschaft eben auch dazu verleiten, andere Menschen bevorzugt zu behandeln, obwohl wir gar keine speziellen Pflichten ihnen gegenüber haben – sondern obwohl dies an sich ungerechtfertigt ist, aber vielleicht doch verständlich, nachvollziehbar, verzeihlich.

Am ehrlichsten ist daher wohl das Eingeständnis: Obwohl das Argument gegen den Speziesismus innerhalb der Tierethik schon einige Tradition hat, lässt sich seine Reichweite zumindest an diesem Punkt der Diskussion noch nicht endgültig entscheiden. So wird es im nächsten Kapitel auch darum gehen, ob es Kontexte geben könnte, in denen auch ein ungerechtfertigter Speziesismus zumindest verständlich oder verzeihlich wäre.

Zusammenfassung

Jeder von uns, der in der Lage ist, dieses Buch zu lesen, hat Empfindungen und Wünsche, kann Leid und Freude erleben. Und nicht nur er oder sie, sondern auch alle weiteren Menschen sowie Tiere ab einer bestimmten Entwicklungsstufe, nämlich die Wirbeltiere. Moral hat ihren Ausgangspunkt in genau dieser Einsicht: dass es eine Realität positiver wie negativer Empfindungen nicht nur für uns, sondern ebenso für andere gibt. Diese Einsicht hat sowohl emotionale als auch kognitive Anteile. Wir müssen daher nicht alle anderen mögen oder Mitgefühl empfinden oder Gutes für sie wollen; aber sobald wir einen Schritt zurücktreten und uns die Situation von einer übergeordneten Warte aus vorzustellen versuchen, können wir uns doch dem universalistischen Kerngedanken nicht verschließen: Das Wollen und Fühlen und Erleben der anderen ist genauso real und bedeutend wie das unsere. Der amerikanische Philosoph Thomas Nagel hat es so formuliert: «Ich muss anerkennen, dass ich objektiv nicht wichtiger bin als irgendeine andere Person – dass meinem Glück und meinem Leid keine größere Bedeutung zukommt als beliebigem anderen Glück und Leid. Und der Teil meines Selbst, der dies begreift, ist absolut zentral und nicht weniger ein Stück meines Wesens als meine persönliche Perspektive.»[38]

Nagel verwendet hier das Wort «Personen». Allerdings sind sich nicht alle, die Leid oder Freude empfinden, dieser Tatsache auch auf einer Meta-Ebene bewusst; man muss nicht «Ich» sagen (oder das Konzept verstehen) können, um bewusste Empfindungen zu haben. Bewusstsein ist nicht gleich Selbst-Bewusstsein. Doch nur wer sich seiner selbst bewusst ist, von den eigenen Impulsen etwas zurücktreten und über sein Handeln rational nachdenken kann, besitzt moralische Verantwortung. Darum ist es, auch wenn es unschön klingt, sinnvoll, moralische Subjekte von moralischen Objekten zu unterscheiden. Die ersteren sind moralische Akteure – also erwachsene, geistig gesunde Menschen, die zwischen Handlungsalternativen bewusst und unter moralischen Gesichtspunkten abwägen können.

Unendlich viel größer ist die Menge all der empfindungsfähigen Lebewesen, die zwar ein subjektives Wohl besitzen, aber nicht in der Lage sind, selbst moralisch zu agieren; diese nennen wir moralische Objekte. Weil die Menge der Objekte die der Subjekte zwar einschließt, aber unvergleichlich viel größer ist, kann man das moralische Universum als asymmetrisch bezeichnen. Ebenso wie der Demente ein Recht auf Eigentum hat, auch wenn er dieses Konzept vielleicht nicht mehr versteht, oder wie Kinder ein Anrecht auf Kindergartenplatz und Krankenversicherung haben (sollten), so können auch Tiere moralische Rechte haben, obwohl sie selbst von Moral und Rechten nichts wissen.

Doch was genau bedeuten nun «Rechte» (und die ihnen korrespondierenden Pflichten)? Ich meine, dass eine naturrechtliche Auffassung, nach der Menschen (und Tiere) Rechte einfach so «haben», irreführend und letztlich eine nur halbherzig vollzogene Säkularisierung der Idee göttlichen Rechts ist. Tatsächlich sind Rechte das Ergebnis von Selbstverpflichtungen, die wir als moralische Subjekte eingehen. Wenn wir – als Einzelne, aber zumeist doch als größere Gruppe oder ganze Gesellschaften – beispielsweise zu der moralischen Überzeugung gelangen, dass alle Menschen und Tiere ein Recht auf Unversehrtheit haben, dann verleihen wir ihnen dadurch gedanklich dieses Recht. Es ist somit ihr Recht an oder gegenüber uns. Ihren Rechten korrespondieren unsere Pflichten. Weil sie universell gedacht sind, haben diese Rechte einen Hang, sich zu verselbstständigen, ein Eigenleben zu entwickeln, und das ist gut so: Die Argumente für bestimmte Rechte bleiben überzeugend, selbst wenn die Konsequenzen manchmal unbequem werden; und wie ein einmal gegebenes Versprechen bleiben auch die Rechte bestehen.

Nun zählt einerseits die Kritik des Speziesismus, also einer Schlechterbehandlung anderer Lebewesen, nur weil sie nicht Angehörige unserer eigenen Spezies sind, zu den Kerninhalten der Tierethik. Andererseits ist damit noch nicht ganz geklärt, ob Tiere wirklich dieselben Rechte besitzen (sollten) wie wir Menschen. Dem Inhalt nach – wenn es um Schulbildung geht oder Urlaubsansprüche – gibt es offensichtliche Unterschiede, ebenso wie ja auch nicht alle Menschen dasselbe brauchen, können, wollen. Aber haben gleichlautende Rechte, zum Beispiel das auf Unversehrtheit oder Freiheit, bei Mensch und Tier das gleiche Gewicht? Menschliche und tierische Rechte dort abzuwägen, wo sie miteinander konkurrieren, bildet den Inhalt konkreter tierethischer Fragestellungen. Daher muss diese Frage nach der vollständigen moralischen Gleichheit von Mensch und Tier hier noch nicht allgemein gelöst werden. Praktisch scheint jedoch folgende Vorentscheidung zu sein: Es gibt Fälle, in denen wir zu Recht, und andere, wo wir zu Unrecht zwischen den Angehörigen diverser Spezies unterscheiden. Wo diese Unterschiede nicht gerechtfertigt, sondern Ergebnis von Voreingenommenheit oder Bevorzugung unserer eigenen Spezies sind, sprechen wir im abwertenden Sinne von Speziesismus. Ob es aber auch Fälle von verzeihlichem Speziesismus gibt, werden wir noch sehen.

Zweites Kapitel

Dürfen wir Tiere quälen?

Tierversuche und milder Speziesismus • Vitale Interessen und
gravierende Belastungen • Wie abwägen? • Der Unterschied
zwischen Tun und Lassen • Fälle von persönlicher Betroffenheit
• Zusammenfassung und mehr

Es ist eine ambivalente Freude, mit Tierschützern befreundet zu sein: Sie haben nämlich die Angewohnheit, einem ständig Protestaufrufe mit Fotos zuzumailen, die man lieber nicht sehen will. Sicher, man darf seine Augen vor moralischen und politischen Problemen nicht verschließen. Aber muss man wirklich schon am frühen Morgen gezwungen werden, sie entsetzt aufzureißen?

Ich öffne also nach dem Frühstück meinen Laptop und empfange eine Nachricht mit etwas, das wie eine Art Weihnachtsbaum aussieht. Was bei einem Weihnachtsbaum grün ist, ist hier allerdings weiß. Weiße Äste stehen von dem Stamm ab – es ist kein Stamm, es ist ein Ständer, und es sind auch keine Äste, sondern Flaschen. Es sind Flaschen, in die weiße Laborratten gestopft sind. Wenn man genau hinschaut, sieht man das flauschige Fell, gegen das Glas gedrückt, am anderen Ende zwei rote Punkte, die Augen, und das Schnäuzchen. So sind sie 90 Tage lang jeweils sechs Stunden reglos in diesen Flaschen fixiert und müssen Zigarettenrauch inhalieren. Ein Zigarettenhersteller will nämlich wissen, wie eine Rattenlunge die Geschmacksnoten Honig, Zucker, Melasse, Pflaumensaft, Limettenöl, Schokolade, Kakao und Kaffee verträgt.[1]

Warum auch nicht? Das sind völlig legitime Fragen in einer Welt, in der vom Backaroma bis zum Holzschutzmittel die Giftigkeit jeder neuen Substanz an Tieren getestet wird und in der man Doktortitel erlangen kann, indem man neugeborenen Kätzchen die Augen zunäht oder Meerschweinchenohren mit Gewehrschüssen beschallt.[2]

Nehmen wir ein paar andere Beispiele: Zwei kleine Jungen haben mit viel Vergnügen Katzenbabies stranguliert, sich dabei gefilmt und das Video auf YouTube gestellt. In dem bulgarischen Dorf Brodivolo werden jedes Jahr Straßenhunde an eine Schnur gehängt, mehrfach im Kreis gedreht und dann in den Fluss geschleudert; ein entsetzter Tourist hielt die Kamera darauf. Aus Zentralafrika erreicht uns ein grässliches Foto: Beim jährlichen Erste-Früchte-Fest der Zulu im Dezember ringen etliche erwachsene Männer gemeinsam einen Büffel nieder, quetschen ihm die Augen ein, verdrehen ihm die Hoden und bringen ihn mit bloßen Händen zu Tode.

Die Zulu nennen es Tradition, wir nennen es Tierquälerei. Denn wie vermutlich jedes Übel lässt sich Tierquälerei dort am leichtesten als solche erkennen und verdammen, wo es am weitesten von uns entfernt ist, geografisch wie biografisch. Die beiden Jungen zum Beispiel empfanden beim Katzenquälen Spaß. Allerdings tun und opfern auch Erwachsene so einiges, um Spaß zu haben – Zeit, Geld und Gesundheit. Bisweilen riskieren sie ihren Job oder ihre engsten sozialen Beziehungen für etwas Spaß – einfach um zu fühlen, dass sie am Leben sind. Und so versichern sich in gewisser Weise auch die kleinen Tierquäler ihrer eigenen Lebendigkeit. Sie wollen spüren, dass sie Macht haben; sie finden damit innerhalb ihrer Peer-Group Anerkennung, der irgendwelche von außen schwer nachvollziehbare Kriterien von Coolness und dergleichen zugrunde liegen.

Ähnliches lässt sich auch über das Hunderitual in Brodivolo sagen oder über das Erste-Früchte-Fest der Zulu, genauso übrigens über die heimische Jagd. Kaum ein Jäger würde sagen, er empfinde Spaß beim Verwunden und Erschießen von Tieren. Dennoch verbindet er anscheinend irgendeine Befriedigung mit dem Verfolgen, Überwinden und Töten anderer Wesen. Man fühlt sich lebendig, natürlich, stark; tut dies in einem sozialen Rahmen mit bestimmten Ritualen, die einem Anerkennung gewähren und das Gefühl dazuzugehören.

Am Rande des niedersächsischen Dorfes, in dem ich wohne, baut sich manchmal im Sommer ein halbes Dutzend junger Männer auf. Sie sitzen da alle zehn, zwanzig Meter, jeder auf einem Klapphockerchen, neben sich ein Kasten Bier. Sie warten auf das Wild, das andere ihnen entgegentreiben werden. Man könnte meinen, dass es für gesunde junge Männer schönere Arten geben müsste, einen gemeinsamen Samstagnachmittag zu verbringen, als angetrunken auf Rehe zu schießen. Doch sogar die Treibjagden, die für Tiere ein unglaubliches Maß an Panik und Verletzung bedeuten, gelten unserem Gesetzbuch nicht als grausam, sondern als «waidgerecht»: eine ehrwürdige Tradition.[3]

Zumindest die heimische Tradition hat im moralischen Kontext ein deutlich besseres Standing als etwas, das wir nur zum Spaß tun; weswegen es sich im Allgemeinen als günstig erweist, wenn man für den Spaß eine Tradition als Kronzeugin benennen kann. Oder etwas anderes Höheres, wie den Beruf oder den Beitrag zur Vermehrung des Wissens der Menschheit. Manchmal quälen Kinder Tiere und erklären, sie wollten halt wissen, «wie das aussieht». Abfällig nennen wir es Neugier, aber ist es nicht eventuell Wissensdurst? Gehören Neugier und Wissensdurst nicht ebenfalls zu einem erfüllten Menschenleben?

Wir Erwachsenen jedenfalls haben dafür institutionalisierte Wege gefunden. Man entfernt Goldfischen die Augen (was machen sie dann?) und enthält gefangenen Silbermöwen sechs Tage lang das Futter vor (wie lange können sie hungern?). Man amputiert Kaninchen Sexualorgane, näht sie am Rücken wieder an, findet heraus, dass sie ein fehlgeleitetes Sexualverhalten an den Tag legen, und nennt es Grundlagenforschung.

Zugegeben, etwas polemisch habe ich da Fälle von kindlichem Sadismus mit solchen des männlichen Ehrgefühls, des menschlichen Pflichtgefühls, des wissenschaftlichen Übereifers durcheinander gewürfelt. Doch sind die Trennlinien so eindeutig zu ziehen? Wollen wir wirklich behaupten, jeder dieser Zulu-Männer habe einen üblen Charakter – und umgekehrt, es gehöre nicht auch ein bestimmtes Persönlichkeitstraining dazu, einem Kaninchen giftige Substanzen in die Augen zu sprühen?

Tierversuche und milder Speziesismus

Alle diese Fälle haben gemeinsam, dass wir, um sie moralisch zu beurteilen, menschliche Interessen zu tierischen ins (moralische) Verhältnis setzen müssen. Die dahinter stehende Frage ist: Dürfen wir Tieren Qualen zufügen, wenn es unseren Interessen dient? Um diese Frage zuzuspitzen, verlassen wir den Freizeitbereich, stattdessen soll es um Tierversuche gehen. Hier werden Tiere meist enormen Belastungen ausgesetzt – *und* es steht auch auf Seiten der Menschen mehr auf dem Spiel als nur ein Hobby.

Dafür werde ich mich auf die sogenannten medizinisch notwendigen Tierversuche konzentrieren; so werden gemeinhin Versuche bezeichnet, die in näherer Zukunft einer ansehnlichen Zahl Menschen eine deutliche Verbesserung in Sachen Schmerzfreiheit, Leidensminimierung oder Lebensverlängerung bringen könnten. Ob es überhaupt solche Versuche gibt, welche Risiken die Übertragung ihrer Ergebnisse auf den Menschen birgt und welche Alternativen es gibt – all diese Fragen werde ich im Folgenden außen vor lassen. Zwar sind inzwischen so viele Informationen zu diesem Thema verfügbar, dass man sich auch als Laie eine Meinung dazu bilden kann, ebenso wie man als Laie ja auch eine Meinung zu Atomkraft oder Steuerpolitik haben kann. Doch ist dies nun einmal ein Buch, das sich auf die ethische Diskussion konzentriert, und ich möchte mich hier nicht in dem empirischen Pro und Contra verlieren. Ebenfalls «unterschlage» ich die zunehmende Zahl der Tierversuche für die Grundlagenforschung, bei denen kein direkter Nutzen für den Menschen anvisiert werden kann, sowie all jene Tierversuche, die für Stoffe in Haushalt, Landwirtschaft und Industrie durchgeführt werden.

Diese Einengung verzerrt die Diskussion zunächst natürlich deutlich zugunsten von Tierversuchen. Dennoch werde ich von einem gedanklich zugespitzten Fall, dem härtesten moralischen Konfliktfall, ausgehen, selbst wenn er so vielleicht nicht wirklich vorkommt: von medizinischer Forschung, die vitalen Interessen von Menschen dienen soll, während sie gleichzeitig mit dem Leid (und dem Tod) von Tieren einhergeht. Denn aus moralischer Perspektive ist die heikelste Frage im Zusammenhang mit der Tierqual eben genau diese: nicht, ob wir um eines rein sadistischen Kitzels (oder eines gelungenen Festtagsmenüs)[4] willen großes Leid zufügen dürfen, sondern ob wir Tieren Schmerzen zufügen dürften, wenn existenzielle menschliche Interessen auf dem Spiel stünden, zu deren Beseitigung es unvermeidlich scheint, Tieren Qualen zuzufügen.

Die Frage der Tierversuche führt also unmittelbar wieder zu der Speziesismus-Diskussion – nur jetzt viel präziser als zuvor. Es ist gut und schön zu sagen, wir sollten Tiere moralisch berücksichtigen; aber wie viel sind wir bereit, Tieren zuzugestehen, wenn es um Leben, Tod und Wohlergehen von uns Menschen geht? Wenn Speziesismus die illegitime Bevorzugung der eigenen Art ist – auf welche dieser Privilegien müssten oder sollten wir denn verzichten?

In seinem Buch *Warum man Lassie nicht quälen darf* trifft Johann S. Ach eine interessante Unterscheidung zwischen

absolutem, radikalem und mildem Speziesismus.[5] Der absolute Speziesist leugnet ganz generell, dass Angehörige anderer Spezies irgendwelche moralischen Ansprüche haben,
und damit liegt er völlig außerhalb des Argumentationsrah-
mens dieses Buches. Für diesen Menschen gibt es schlicht
keine Tierethik. (Darum würde er auch nie bis hierher lesen,
und ich erlaube mir, seine Position zu übergehen.)

Der radikale Speziesist wiederum billigt laut Ach Tieren
zwar moralische Ansprüche zu, gibt aber *immer* dem
menschlichen Interesse den Vorrang, selbst wenn ein noch
so triviales menschliches Interesse gegen das eines Tiers
steht. Die überwältigende Mehrheit unserer Mitmenschen
scheint diese Position nicht zu teilen, wenn sie zum Beispiel
Tierversuche für Kosmetika ablehnt. Was Ach nicht bedacht
zu haben scheint: Ein radikaler Speziesist müsste sogar mut-
willige Tierquälerei erlauben, wenn diese dem Sadisten Vergnügen bereitet. Damit hätte dieser Mensch ja ein «Interesse» an sadistischem Vergnügen, und die Qual des Tieres
müsste zurückstehen.[6]

Interessant ist daher eigentlich nur der Fall des milden
Speziesisten: Dieser gibt der eigenen Spezies nur dann den
Vorzug, wenn gleichermaßen vitale Interessen bei Mensch
und Tier auf dem Spiel stehen. – Doch muss es immer verwerflich sein, der eigenen Gruppe, den Familienmitgliedern
und Vertrauten eine besondere Behandlung zukommen zu
lassen? Offensichtlich gibt es auch spezielle Pflichten in Bezug auf die eigenen Kinder, Freunde und andere Naheste-
hende. Manchmal macht bereits die rein geografische Nähe
einen Unterschied: Wenn eine Nachbarin einen Wasserrohrbruch hat, sollte ich meine Hilfe anbieten; wenn Frau XY in
Hintertupfingen einen Wasserrohrbruch hat, werde ich davon nicht einmal erfahren, und es wird auch nichts von mir
erwartet.[7]

Neben diesen besonderen Pflichten oder Tugenden haben
wir aber auch eine verständliche Voreingenommenheit für

die uns Nahestehenden. Bernard Williams hat eine solche Situation einmal beschrieben und gemeint, wenn man hier völlige Unparteilichkeit anstrebe, denke man «einen Gedanken zu viel» (*one thought too many*).[8] Und zwar bat er, man möge sich einen Mann vorstellen, der bei einem Schiffbruch die Möglichkeit hat, entweder seiner Ehefrau oder einem Fremden das Leben zu retten. Dem Mann, der jetzt noch exakte moralphilosophische Überlegungen anstellen würde, wen von beiden er retten soll, würde man vorwerfen, er denke zu lange nach. Unnötig lange, vielleicht sogar schändlich lange. Ein guter Ehemann rettet selbstverständlich seine Frau, und niemand wird ihm einen Vorwurf machen.

Dieses Konzept lässt sich in gewissem Maß auch auf Menschen und Tiere übertragen. Ein Mensch, der sich für die Rettung entweder eines Menschen oder eines Tiers zu entscheiden hat, wird sich vermutlich für den Menschen entscheiden, zum Beispiel, weil er sich dem Menschen näher fühlt. Er hat die Hinterbliebenen vor Augen, die trauern würden, und er weiß vielleicht, womit dieser Mensch sein Leben gefüllt hat und gerne weiter füllen würde. Im Falle des Tieres kann er sich das vielleicht weniger gut vorstellen.[9]

Außer natürlich, man ist Patricia Highsmith. Highsmith sagte einmal, wenn sie ein hungriges Baby und ein hungriges Kätzchen auf der Straße sehen würde und sich unbeobachtet wüsste, würde sie zuerst das Kätzchen füttern.[10] Ehrlich gesagt, habe ich lange nicht verstanden, wie sie das gemeint hat: Fand sie Menschenkinder einfach unsympathisch? Erst in letzter Zeit habe ich überlegt, dass ich die Position vielleicht verstehen kann, indem ich sie auf meine persönliche Situation übertrage. Ich lebe in sehr engem Verbund mit einer Herde von vierzig Schafen. Ihr Stall ist direkt neben meinem Haus, ich füttere und versorge sie, ich kenne ihre Geräusche beim Aufwachen (sie dehnen sich ächzend wie ein morgenmuffeliger Mensch), ich erkenne ihre individuellen Eigenheiten, habe mehrere Lämmer mit der Flasche aufgezogen und schon viele Stunden damit verbracht, bei ihnen im Stroh zu hocken und diejenigen zu streicheln, die vorbei kamen und dies einforderten (am meisten der verschmuste kleine Domino). Kurzum, Schafe sind mir äußerst vertraut.

Wenn ich jetzt also übers Meer führe und einen Menschen und ein Schaf mit im Boot hätte und beide über Bord gingen – wen würde ich dann retten? Abgesehen davon, dass es bereits Tierquälerei wäre, das Tier in das Boot zu verfrachten, könnte ich mir trotz aller Schafsliebe gut vorstellen, dass ich den Menschen retten würde. Oder vielleicht doch nicht? Wenn ein fremder Mensch und mein Domino über Bord gingen, dann gälte meine Sorge intuitiv vielleicht zunächst Domino. Genau das ist die Situation, die Williams beschreibt: ein fremdes Individuum, das moralisch zu berücksichtigen ist, und eines, das mir nahe steht, unabhängig davon, ob Mensch oder Tier.

Anders wäre die Situation natürlich, wenn der fremde Insasse ein Kind wäre. Dieses Problem gilt schon für Bernard Williams. Nehmen wir an, seine Frau und ein ihm unbekanntes Kind drohten zu ertrinken – sollte er nicht allen etwaigen anderen Impulsen zum Trotz versuchen, sich zusammenzureißen und das Kind zu retten? (Vielleicht funktionieren menschliche Instinkte ohnehin so, ich weiß es nicht.) Und was, wenn ein erwachsener Mensch und ein Lamm über Bord gegangen sind?

Ich weiß nicht, wie es dem Leser geht, aber mir fällt es zunehmend schwer, mir diese Situationen auszumalen. Es ist eine schlechte Angewohnheit von Philosophen, sich Extremsituationen auszudenken, die dann leider so extrem sind, dass man mit seiner Weisheit schnell am Ende ist. Ich habe jetzt bereits mit einem Schaf eine Schiffsreise angetreten, es über Bord gehen lassen und wieder hereingeholt. In anderen moralphilosophischen Diskussionen entgleisen ganze Straßenbahnen, und zufällig steht man selbst neben dem Hebel, der die Weichen umstellt; oder eine Höhle läuft mit Wasser voll, und die Stelle, wo das Wasser eindringt, lässt sich nur mit dem Körper eines dicken Menschen stopfen.[11] Ganze Regalreihen könnte man mit philosophischer Literatur füllen, die sich von der Fantasie hat inspirieren lassen, was wäre, wenn ein isoliertes Gehirn in einem Tank ganz ohne Sinne und Körper überleben könnte.

Im Grunde sind diese Beispiele recht sinnlos, denn: Wenn Hirne in Tanks überleben könnten, dann wären Menschen ganz andere Wesen, als sie nun einmal sind. Folglich müssten wir unsere ganze Moralauffassung (und vieles Weitere an unserer Selbst- und Weltsicht) so stark verändern, dass wir mit den bisherigen Kategorien ohnehin nicht mehr weiterkämen. Die uns vertraute Moral ergibt sich genau daraus, dass Menschen und Tiere eben viel mehr – und dabei zugleich stärker und verletzlicher – sind als Hirne im Tank.

Lassen wir also Schafe und Philosophen ungestört in Oxford rudern und kommen zu den Tierversuchen und dem Speziesismus zurück. Es gibt offenbar Gründe für einen milden Speziesismus, der diese Bezeichnung insofern nicht ganz verdient, als er sich nicht bloßer Voreingenommenheit für die eigene Spezies verdankt. Ich werde die Frage des Speziesismus an späterer Stelle noch einmal aufnehmen, doch für die Frage der Tierversuche können wir auf der Basis fortfahren, es sei vorausgesetzt, ein milder Speziesismus sei zulässig.

Leider gibt Ach, von dem der Begriff des milden Speziesismus übernommen ist, nicht an, wie milde – oder doch rabiat – ein milder Speziesist nun eigentlich ist. Stellen wir uns eine Skala vor, auf der wir die Bedeutung bestimmter Interessen mit einem farbigen Balken markieren. Die Skala geht von null bis zehn. Beim radikalen Speziesismus würden menschliche Interessen vom Wert zwei bis zu dem Wert zehn reichen. Der Balken für die tierischen Interessen reicht dann nur von der Null bis kurz vor die Zwei.

Laut einer vollständig egalitaristischen Position wiederum, in der menschliche und tierische Interessen exakt gleich

gewichtet würden, begännen beide Balken an derselben
Stelle und liefen bis zum selben Wert nebeneinander. Bei
einer milde speziesistischen Position würde der Balken der
Tiere nicht ganz so weit reichen wie der der Menschen: Sagen wir, die Interessen der Menschen erreichten den Wert
zehn, die der Tiere immerhin noch neun oder acht. – Doch
dies ist nur ein Modell zur Veranschaulichung. Einmal ganz
abgesehen davon, mit welchem «Abstand» die Interessen
beider Seiten ins Verhältnis zu setzen sind: Was steht denn
überhaupt für beide auf dem Spiel?

Vitale Interessen und gravierende Belastungen

Bisher habe ich von «vitalen Interessen» gesprochen, ohne
diese zu definieren. Man denkt zunächst einmal an Bedürfnisse wie die nach Nahrung, Luft und Schlaf – alles, was für
das Leben und Weiterleben eines Organismus zentral ist, im
Unterschied etwa zu reinen Komfort- oder Luxus-Gütern.
Allerdings kann immense subjektive Qual auch zugefügt
werden, ohne dass das Überleben oder die körperliche Gesundheit auf dem Spiel stehen. Die Geschichte der Folter
führt das leider hinreichend vor, man denke an das Water-
boarding, bei dem der Gefolterte die Schrecken des Er-
trinkens wieder und wieder durchleben muss, ohne je in Lebensgefahr zu sein. Die hier gemeinten «vitalen» Interessen
umfassen also auch die Freiheit von (zumindest starken)
Ängsten und Schmerzen.[12]
    Welche Leiden erwarten ein Versuchstier bei einem medi-
zinischen oder pharmazeutischen Versuch? Häufig wird
vergessen, dass zu den akuten Schmerzen – bei einer Opera-
tion der Eingriff selbst, bei einem toxikologischen Test die
Symptome der Vergiftung etc. – noch vier weitere Belastungen hinzukommen: Erstens muss das Tier den Wundschmerz
(oder den Schmerz des zugefügten Knochenbruchs, der

Amputation oder des beschädigten Organs) noch viele Tage oder Wochen ertragen, selbst wenn die (meisten) operativen Eingriffe unter Narkose erfolgen. Oft macht man sich auch nicht klar, wie viele Eingriffe zum Beispiel die Zucht transgener Tiere erfordert, die als «Ausgangsmaterial» so vieler Versuche verwendet werden; das liegt teils schon an der nüchternen Art und Weise, mit der wir darüber sprechen oder die wir in den Zeitungen lesen. Aber: Um DNA zu «gewinnen», um Zygoten «herzustellen» und Genmaterial zu «transferieren», werden Tiere hormonell behandelt, operiert, seziert, vasektomiert und/oder bekommen befruchtete Eizellen entnommen oder Embryonen implantiert.[13]

Zweitens muss man bedenken, dass der Versuch für das Tier in fast 100 Prozent der Fälle mit einem gewaltsamen und, gemessen an der durchschnittlichen Lebenserwartung der jeweiligen Spezies, verfrühten Tod endet. Ich werde oft gefragt, was eigentlich «nach den Versuchen» mit den Tieren geschieht. Das ist recht einfach zu beantworten: Es gibt für sie kein Leben «nach den Versuchen». Sie werden nicht zunächst krank gemacht, dann geheilt und etwa in ein Altersheim gebracht. Wenn sie nicht direkt an den entsprechenden Stoffen oder Krankheiten sterben, werden sie in aller Regel getötet (bei Operationen bisweilen in der Narkose bereits eingeschläfert) und seziert.

Drittens stellt bereits die Haltung der Tiere im Labor eine gewaltige Belastung dar. Theoretisch sollten sozial lebende Tiere in Gruppen gehalten werden, aber wenn bestimmte sterile Bedingungen erforderlich sind, ist Einzelhaltung Standard.[14] Laut Tierversuchsrichtlinie steht zwei oder drei gemeinsam gehaltenen Mäusen eine Fläche von 330 Quadratzentimetern zu. Das ist doppelte Postkartengröße; die Hälfte des Käfigs muss 12 cm hoch sein. Angesichts solcher Platzverhältnisse ist es rätselhaft, welchen Wert eine Absichtserklärung wie die folgende, ebenfalls aus der EU-Tierversuchsrichtlinie, haben kann: «Alle Tiere sollten über

Räume mit hinreichender Komplexität verfügen, um eine große Palette arttypischer Verhaltensweisen ausleben zu können.»[15]

Viertens bedeuten unter Laborbedingungen auch an sich harmlose Handlungen erheblichen Stress für ein Tier. «Wissenschaftliche Untersuchungen belegen, dass allein schon das Hochheben einer Maus bei dem Tier eine Reihe von Körperreaktionen hervorruft. Stresshormone im Blut steigen, der Puls rast, der Blutdruck geht in die Höhe. Diese Symptome sind noch nach einer Stunde nachweisbar. Auf Routineeingriffe wie Blutentnahmen und Zwangsfütterung mit einer Magensonde reagieren die Tiere mit Angst und Panik.»[16] – Man möchte allerdings gar nicht wissen, in was für einer Studie das herausgefunden wurde. Es gehört zur bitteren Ironie der Tierversuchsdebatte, dass sogar die Forschungsergebnisse, die künftigen Labortieren Belastungen ersparen sollen, meist auf Kosten jetzt lebender Tiere gewonnen wurden.

Zu diesen vier teils immensen Belastungen kommen dann erst die eigentlichen Beeinträchtigungen und Schmerzen der Versuche hinzu. Auch hier neigt man oft zu einer Art Wunschdenken. Viele Menschen kennen aus den 1980er Jahren Anti-Tierversuchsaufkleber mit den Fotos von Laborkaninchen oder von Affen mit im Hirn implantierten Elektroden – und denken, diese Praktiken seien so barbarisch, das sei alles lange her. Doch all diese berühmt-berüchtigten Versuche werden hier und heute weiterhin gemacht. Der LD50-Test, bei dem eine zu prüfende Substanz mehreren Tieren in unterschiedlicher Dosis injiziert wird, ist bis heute ein Standardtest, um die mittlere tödliche Dosis von Chemikalien (für diese Tierart) zu bestimmen. Und neurophysiologische Versuche an Affen machen es zum Messen der Gehirnströme nun einmal erforderlich, dass die Tiere, denen Elektroden implantiert wurden, still sitzen; weil sie das nicht von selbst tun, wird ihnen ein Bolzen am Schädel festgeschraubt, den man wiederum im «Affenstuhl» fixiert.

Je mehr Literatur ich über Tierversuche gelesen habe, desto überraschter war ich daher, wenn in den politischen und auch philosophischen Vorschlägen, wie die Vertretbarkeit von Tierversuchen abgewogen werden soll, die «Höhe der zu erwartenden Belastung» als ein variabler Faktor angegeben wurde.[17] Geringfügig, mittel, schwer: Die Rede von unterschiedlich hohen Belastungen suggeriert, wir hätten es mit einem weiten Spielraum zu tun, der neben sehr starken Belastungen auch sehr geringe kennt. Doch geringfügige Belastungen sind extrem selten. Eine Maus unbeschadet durch ein Labyrinth laufen zu lassen *könnte* solch ein Versuch sein – vorausgesetzt, das Tier lebt ansonsten ein gutes Leben. Doch auch Labyrinthversuche werden meistens nicht mit unversehrten Tieren durchgeführt. Normalerweise hat man die Maus vorher manipuliert, zum Beispiel durch Verstopfen einer Hirnarterie einen Schlaganfall ausgelöst oder durch Injektion eines Giftes Parkinson-ähnliche Symptome. Danach will man mit dem Labyrinthversuch testen, ob die Maus den Ausweg noch genauso gut findet wie vor der Manipulation.

Ein Schimpanse, der im Zoo geboren wurde und dort ein eintöniges Leben lebt, zeigt eventuell «von sich aus» Interesse an einem Versuch, bei dem er einen Mechanismus bedienen muss, um an eine Rosine zu kommen. Dafür sind aber seine Beschäftigungsmöglichkeiten insgesamt stark eingeschränkt. – Dies wäre ein Beispiel für die wenigen kognitiven Versuche aus der Verhaltensforschung, die nicht invasiv sind, bei denen also nicht in den Körper eingegriffen wird. Von den invasiven Versuchen könnte man eventuell die einmalige Entnahme von Zellkulturen, wenn sie bei wild lebenden Tieren unter Narkose geschieht, als gering belastend einschätzen – wenn das Tier nachher wieder in die Freiheit entlassen wird, was aber so gut wie nie geschieht.

Die allermeisten Tierversuche sind natürlich nicht nur invasiv, sondern verursachen auch erhebliche Schmerzen und Stress. Ob Medikamententests oder Toxizitätstest, ob medizinische Forschung, neurophysiologische oder anatomische Forschung: Sie alle führen zu starken Belastungen. Das liegt teilweise in der Natur der Sache: Wenn Krebs nicht eine stark belastende Krankheit wäre, würden wir nicht versuchen, ihren Ursachen auf den Grund zu kommen; wenn es nicht belastend wäre, durch einen Unfall gelähmt zu sein, würden wir nicht versuchen, einen Weg zur Heilung von Lähmung zu finden. In den meisten Versuchen fügen wir Tieren daher genau das zu, was wir dem Menschen ersparen wollen – starke Schmerzen und Beeinträchtigungen.

Natürlich wissen wir nicht genau, wie sich eine Krankheit für ein Tier anfühlt – aber so weit auseinander sind die einzelnen Spezies nun auch wieder nicht! Man hat selten eine bedauernswertere Laborratte gesehen als ausgerechnet jene, deren Foto im Juni 2012 die gute Nachricht «Gelähmte Ratten lernen laufen» illustrierte. Denn das Tier, das man vorher durch einen Schnitt im Rückenmark gelähmt hatte, wurde in ein Geschirr eingehängt und gezwungen, darin die Beine zu bewegen. Wer will allen Ernstes behaupten, dass es für das Tier keine schwere Belastung darstellte, erstens nicht mehr gehen zu können und zweitens in ein Gestell gehängt zu werden? Wenn ihre Stresswerte schon hochschnellen, wenn sie eine einzige Spritze erhalten, was empfinden Ratten wohl in solch einem Gestell?

Bei anderen Versuchen ist der Zusammenhang noch offensichtlicher. Wenn Tiere ganz anders als wir empfänden, könnte man an ihnen keine Schmerzmittel, keine Narkotika, keine Beruhigungsmittel, keine Antidepressiva, nicht die Folgen von Stress und nicht die von Alkoholmissbrauch testen. (Zum Beispiel fügt man Mäusen bestimmte psychische Belastungen zu und beobachtet, dass sie danach mehr Alkohol konsumieren.) All diese Untersuchungen sind darauf angewiesen, dass es eine subjektive Seite, ein «Innenleben» der betreffenden Tiere gibt, das unserem Innenleben in relevanter Hinsicht ähnlich ist. Umgekehrt heißt dies leider auch: Wir fügen den Tieren bei dieser Forschung exakt die Leiden zu, die wir vermeiden wollen, deren Abschaffung wir anstreben, deren Intensität und Belastung wir für so dringlich halten, dass wir bereit sind, große personelle und finanzielle Anstrengungen zu ihrer Bekämpfung zu unternehmen. Wir Menschen wollen dieses Leid nicht, dafür sollen die Tiere es ertragen. Dabei sind wir den Tieren zunächst einmal schuldig, das ihnen Zugemutete als das zu benennen, was es ist: eine schwere Belastung.

Wie abwägen?

Ich gebe zu: Als ich vor einigen Jahren mit der Arbeit an diesem Buch begann, war ich noch unsicher, wie ich die Frage der Tierversuche sehen sollte. Ich war Vegetarierin, sogar Veganerin, ich liebte Tiere – und trotzdem. Bei Kosmetika achtete ich darauf, dass sie nicht an Tieren getestet waren; bei Putzmitteln verdrängte ich die Problematik; und in der Grundsatzfrage hatte ich mich – wohl aus Sorge, es «nicht zu übertreiben» – bei der mutmaßlichen Haltung der Mehrheit eingependelt, dass es zwar viele grausame und überflüssige Versuche gibt, aber auch andere, die notwendig und gleichzeitig gerade noch zumutbar sind.

Ich hatte angenommen, dass sich die Rechtfertigung von Tierversuchen und insbesondere die Unterscheidung, welche in Ordnung seien, knifflig gestalten könnte. Andererseits *müsste* es wohl gute Gründe für Forschung an Tieren geben: Schließlich haben wir Ethikkommissionen, und die Experimentatoren selbst sind ja auch keine Sadisten. Wenn ich mich nur genügend in die Materie vertiefte, würde ich diese guten Gründe finden, die Tierversuche zwar als etwas

Tragisches, aber dennoch moralisch Zulässiges, sogar Notwendiges erscheinen ließen.

Es kam anders. Ich bekam immer mehr den Eindruck, dass wir uns schlicht nicht gerne klarmachen, was für umfassende Eingriffe in Körper und Wohlbefinden und in die natürlichen Lebensfunktionen der Tiere fast alle Versuche tatsächlich verlangen. Und Tierexperimentatoren geht es anscheinend ähnlich. Vor gut zehn Jahren evaluierte der Münchener Mikrobiologe Toni Lindl die Angaben von Experimentatoren. Dabei «wurde das Leid der Tiere von der Mehrzahl der Experimentatoren als zu niedrig eingestuft. Auf den Formularen zur Genehmigung von Tierversuchen wurden ‹keine› oder ‹geringe Schmerzen› angegeben, obwohl erhebliche Schmerzen zu erwarten waren. ... Zwei Drittel der Experimentatoren setzten den Belastungsgrad zu niedrig an, kein einziger zu hoch.»[18] Wenn wir uns aber die Versuche selbst ansehen, plus deren schmerzhafte Folgen, plus das Leben in den Laboren, plus die Umstände des Todes, dann müssen wir sagen: Versuchstiere gehen nicht nur durch die Hölle, sie leben in ihr. Schon wenn man diese Ausgangsbasis betrachtet, verringert sich die Wahrscheinlichkeit sehr, dass man irgendwelche Argumente findet, die das Zufügen von Leid in diesem Ausmaß rechtfertigen.

Wie sieht solch ein moralischer Rechtfertigungsprozess überhaupt aus? Wir sprechen davon, dass hier Interessen und Rechte der einen Seite gegen die der anderen abgewogen werden müssen. In der einen Waagschale liegen jetzt also enorme Belastungen für Millionen oder Milliarden von Tieren; was kommt in die andere Schale? Und vor allem: Wie ist diese «Waage» beschaffen?

Das Bild des Abwägens und der Waagschale ist insofern etwas irreführend, als das gesuchte Gleichgewicht ja nicht rein summarisch ist. Man kann Leid und Rechte nicht in Kilogramm messen, und es ist eben nicht so, dass jeder «schwere» Nutzen einen etwas «leichteren» Schaden an an-

derer Stelle rechtfertigen würde. Um ein berühmtes philosophisches Beispiel heranzuziehen (das ganz ohne Schafe
und Philosophen auskommt): Nehmen wir an, in einem
Krankenhaus liegen fünf schwerkranke Menschen, die dringend ein neues Organ benötigen. Glücklicherweise liegt in
einem anderen Zimmer ein Patient, bei dem diese fünf Organe gesund sind. Wenn wir ihn töten und zerlegen, können
wir auf Kosten seines einen Lebens fünf andere Leben retten. Dürfen wir?[19]

Obwohl in der einen Waagschale nun fünf Leben liegen
und in der anderen nur eines, würden die meisten Menschen
eine solche Rettungsaktion vehement ablehnen. Warum?
Weil jedes Individuum ein Recht auf sein eigenes Leben hat,
das der Allgemeinheit nicht beliebig zur Verfügung steht.
Dieses Leben ist untrennbar an genau dieses Individuum
geknüpft; Menschen und Tiere sind nicht nur Behälter einer
bestimmten Summe von Leben (oder Organen), die man genauso gut beliebig auf andere Behälter verteilen kann.

Ebenso wenig ist ein Individuum ein Behälter einer bestimmten Quantität von Schmerz oder Wohlgefühl, der
gleichsam im Universum herumschwebt und nur vorübergehend und zufälligerweise Aufnahme bei dem einen oder
anderen Lebewesen gefunden hätte. Diese Vorstellung vermittelt die aus dem angelsächsischen Raum stammende
Tradition des moralischen Utilitarismus, die in der Tierethik
auch darum so einflussreich war, weil Peter Singer, einer der
ersten großen Tierethiker des vergangenen Jahrhunderts, ein
Utilitarist ist. Der Utilitarismus entstand im England des
18. Jahrhunderts und hat bis heute mehrere Spielarten entwickelt; sie alle sind geradezu fixiert auf die Inhalte mentaler
Zustände (positiv, negativ, Glück, Leid, Freude, Schmerz)
und vernachlässigen das individuelle, unaustauschbare Subjekt des Empfindens. Schmerz soll demnach verringert und
Glück vermehrt werden – das hört sich sympathisch an, bis
man versteht, dass viele Utilitaristen bei ihrer Maximierung

des Glücks nicht vor den Grenzen einzelner Personen haltmachen und manche Leben als lebenswerter (freudvoller) als andere (wegen Krankheiten beeinträchtigte) bezeichnen.

Wer nicht gerade ein philosophischer Utilitarist ist, neigt meist eher zu einer intuitiven Version der Moral von Immanuel Kant. Demnach besitzt jede Person einen Eigenwert, und es wäre unzulässig, ein Individuum nur als Mittel für die Zwecke anderer Individuen zu behandeln. Genau das würden wir tun, wenn wir seine Organe nach gesamtgesellschaftlicher Nutzenmaximierung verteilen würden. Es bedeutet eine spezifische, selbst bereits unmoralische Verengung des Blickwinkels, bei unserem Krankenhausbeispiel nur an die fünf fehlenden und die fünf anderswo vorhandenen Organe zu denken. Vielmehr haben wir es mit sechs Personen zu tun, von denen jede einzelne ihr eigenes Leben leben will und das Recht darauf hat.

Zumindest sehen wir das so, wenn es um Menschen geht. Gerade beim Thema des Tierversuchs neigen allerdings viele Menschen, die ansonsten nicht gerade dem Zerlegen von Individuen zum Wohle einer größeren Anzahl anderer zustimmen würden, unbemerkt zum Utilitarismus oder jedenfalls zum rein summarischen Aufrechnen von positiven und negativen Effekten. Würde man einen Menschen ausschlachten, um fünf zu retten? Niemals! Würde man fünf Tiere ausweiden für einen Menschen? In diesem Fall scheint alles plötzlich ganz anders auszusehen … Routinemäßig opfern wir buchstäblich unzählige Tiere für einen Menschen, ja sogar für einen nur potentiellen Nutzen.

Dabei handelt es sich allerdings nicht mehr um milden, sondern um recht drastischen Speziesismus. Wir machen hier nicht einen geringfügigen Unterschied, sondern verwenden völlig unterschiedliche Methoden, messen von vornherein mit zweierlei Maß – wenn wir nicht achtgeben. Wir sind nun einmal in einer Gesellschaft aufgewachsen, die enorme moralische Unterschiede zwischen Menschen und

Tieren macht; wir haben dieses Messen mit zweierlei Maß verinnerlicht. Aber ist es in Ordnung? Ich denke nicht. Unsere grundsätzliche moralische Sorge muss einzelnen Individuen gelten, den Zentren bewusster Empfindungen, den Subjekten ihres eigenen Lebens; da darf man nicht einfach eines opfern, ohne über dessen Rechte nachzudenken, nur weil sich seine Organe in der Waagschale der anderen so gut machen würden.

Außerdem sind wir natürlich nicht ganz unparteiisch, sondern wir Menschen haben ein gewisses Interesse an einem bestimmten Ausgang der Diskussion. Wir wollen schwere Krankheiten heilen können und hoffen – weil unsere Medizin bisher vor allem auf Tierversuchen aufbaut –, dass diese Tierversuche auch statthaft sind. Wir müssen unsere Gedanken also hin und wieder daraufhin überprüfen, ob wir denselben Sachverhalt genauso sehen würden, wenn es sich um einen Menschen, nicht um ein Tier handeln würde. Wenn wir feststellen, dass wir viel großzügiger Rechtsverletzungen zugestehen oder plötzlich zum Utilitarismus neigen, wenn es sich um Tiere handelt, dann werden wir unserem Anspruch nicht gerecht, Tiere moralisch annähernd gleich (im Sinne eines milden Speziesismus) zu berücksichtigen.

Bemühen wir nun noch einmal das Bild der Waage. Ich habe gesagt, dass es sich beim Abwägen nicht um ein rein numerisches Aufrechnen handelt. Andererseits ist klar, dass auch die Größenordnungen zählen. Wir haben bereits gesehen, dass die Verletzungen der Tiere mehr beinhalten als «nur» die Belastung mit eben jenen Krankheiten, Schmerzen oder Beschwerden, die untersucht werden sollen. Die Krebsmaus erträgt nicht nur den Krebs, sondern auch die Untersuchungen, das Leben auf engstem Raum, den frühen Tod. Damit umfasst das Leid auf Seiten des Versuchstiers bereits weit mehr als das Leid, das wir beim Menschen zu heilen versuchen. Doch von geradezu apokalyptischem Ausmaß ist die schiere Zahl der betroffenen Tiere. Es gibt Firmen, die darauf spezialisiert sind, Versuchstiere aller möglichen Spezies (teils mit bestimmten Defekten) zu züchten und «auf Vorrat» zu halten. Wie es mit Vorräten so ist – wenn die Nachfrage geringer ausfällt, wird ungenutzt entsorgt.

Auf jede Krebsmaus, die im Versuch selbst stirbt, kommen dann noch etwa zehn Mal, teils bis zu hundert Mal so viele weitere Mäuse, die bereits «verbraucht» wurden bei dem Versuch, eine Maus mit exakt dem Krebs «herzustellen», der erforscht werden soll (eine solche gentechnische Herstellung kann Jahre dauern).[20] Daher stehen hinter Tierversuchszahlen enorme Dunkelziffern. In der einen Waagschale liegen also viele, viele tote Tiere.

Eine weitere Überlegung, warum Tierversuche nicht zulässig sind, geht in eine ganz andere Richtung und gebietet dem Bild der Waage eher im Vorfeld Einhalt: Ich denke, dass die Schmerzen und Belastungen, denen Versuchstiere ausgesetzt sind, ein Ausmaß erreichen, das jenseits dessen ist, was wir als zumutbar einstufen können. Um das zu erklären muss ich kurz ausholen: Es gibt in jedem Leben Schmerzen und Leiden. Einige davon sind harmlos, andere sind schier unerträglich. Aber manche der unerträglichen, zum Beispiel die Trauer um einen sehr geliebten Menschen, gehören leider dennoch zum Leben.

Es gibt Momente im Leben, die sich so schlimm anfühlen, dass der Betroffene sich überlegt, ob er jetzt nicht lieber tot wäre. Eine Mischung aus Lebenserfahrung und rein biologischem Lebensinstinkt lässt uns dann irgendwie doch weitermachen, bis sich der schlimmste Schmerz gelegt, die schlimmsten Wolken gelichtet haben. Ein Motorradfahrer hat mir einmal erzählt, unmittelbar nach seinem Unfall, als er neben der Autobahn lag, habe er den Tod herbeigesehnt, so schlimm seien die Schmerzen gewesen.

Worauf es mir ankommt: Es gibt Zustände von Schmerzen oder seelischem Leid, die jenseits der Grenze dessen liegen, was wir anderen Menschen oder Tieren absichtlich zumuten dürfen. Wir dürfen uns und anderen gewisse Opfer abverlangen, wir sind bestimmten Risiken ausgesetzt, die zum Leben (oder zu unserer Lebensweise) gehören; und manchmal können wir zu anderen sagen: «Tut mir leid, dass ich dir das antun muss, aber da musst du jetzt durch.» Aber wir dürfen niemanden ohne Not und absichtlich an die Grenzen des Erträglichen oder darüber hinaus bringen.[21] (Das «Erträgliche» ist offensichtlich nicht wörtlich zu nehmen, denn ertragen muss es der Betreffende ja zumeist doch.)

Auf dieser Intuition, und natürlich weiteren rechtsstaatlichen Annahmen, beruht meines Erachtens auch die Ablehnung der Folter als schweres Vergehen gegen die Menschenrechte. Die Folter ist ja nicht nur eine Körperverletzung und ein Zufügen von Schmerz – bereits als solche wäre sie verboten. Sondern sie besteht zumeist darin, extreme Qualen zuzufügen, und versetzt das Opfer oft in Zustände, in denen es sich den Tod wünscht. Das absichtliche und vermeidbare Zufügen solch extremer Schmerzen ist verboten, und zwar unter wirklich allen moralischen Umständen. Es gibt eben Zustände, die sich nicht abwägen lassen, bei denen es sich verbietet. In die dürfen wir andere nicht bringen. Die sind so schlimm, dass wir sagen müssen: vielleicht bis hierhin, aber nicht weiter. Was wir mit Versuchstieren machen – die gänzliche Beraubung eines normalen Lebens plus folterähnliche Zustände beim Versuch und Drumherum –, fällt genau in diese Kategorie.

Der Unterschied zwischen Tun und Lassen

Wenn man im Zusammenhang mit Tierversuchen von einer Interessenabwägung spricht, begeht man oft – sowohl im alltäglichen wie im philosophischen Kontext – einen ganz entscheidenden Fehler. Im Stillen formulieren wir die Frage meist sinngemäß wie folgt: Wer ist uns wichtiger, Mensch oder Maus? Oder: Hier leidender Mensch, dort leidendes Tier – wer hat nun Vorrang? Diese Frage suggeriert fälschlicherweise, wir ließen zwei Individuen sozusagen auf der Nulllinie starten: Wenn ein Arzt oder Experimentator zum Beispiel die Wahl hätte, ob ein Mensch von Krebs geheilt werden soll oder eine Maus, würde er dann nicht mit vollem Recht den Menschen heilen?

Nun, wir haben aber keine Wahl zwischen einem krebskranken Menschen und einer krebskranken Maus zu treffen. Sondern die Frage ist: Wenn wir krebskranke Menschen heilen wollen, dürfen wir zu diesem Zweck gesunde Mäuse krank machen oder krank züchten und dann schmerzhaften Prozeduren unterziehen?[22] Und das ist etwas ganz anderes.[23] Der milde Speziesist sagt, dass ihm im Zweifelsfall das Überleben des Menschen mehr am Herzen liegt; doch dieser Zweifelsfall liegt gar nicht vor. Der Hauptunterschied zwischen dieser Interessenabwägung und dem oben genannten Beispiel von Bernard Williams ist: Der krebskranke Mensch und die Labormaus fallen nicht einfach aus dem Boot. Der eine fällt hinaus, aber die andere würden wir erst hinausstoßen. Noch deutlicher: Wir holen die Krebsmaus erst ins Boot, *um* sie dann absichtlich hinauszustoßen. Und die Krebsmaus ist ja an dem ganzen Geschehen nicht nur unschuldig (wie auch der Kranke), sondern zunächst sogar gänzlich unbeteiligt!

Wenn wir diese Fälle gleich behandeln, übersehen wir völlig die Unterscheidung zwischen Tun und Lassen. Dabei ist dies eine der bedeutendsten moralischen Regeln, an der wir uns tagtäglich orientieren, ohne dass sie uns unbedingt bewusst wird. In der Moralphilosophie spricht man auch von negativen und positiven Pflichten. Negative Pflichten untersagen uns Handlungen, die andere schädigen würden (nicht töten, nicht stehlen, nicht lügen etc.), während positive Pflichten von uns verlangen, aktiv zum Wohl eines anderen beizutragen. In unserer westlichen, modernen Moral stehen die negativen Pflichten ganz deutlich im Vordergrund. Unsere Moralauffassung ist im Wesentlichen um die Vorstellung individueller Rechte zentriert, die durch andere Individuen nicht verletzt werden dürfen (das Recht auf körperliche Unversehrtheit, auf Leben, Würde, Eigentum). Weniger wichtig oder häufig sind, zumal unter Fremden, Pflichten zur Hilfeleistung.

Zum Beispiel dürfen wir einem Passanten auf der Straße keine Ohrfeigen verpassen, aber wir müssen (bzw. sollten!) ihn nicht einfach so streicheln. Die Lüge, also das wissentliche Sagen einer Unwahrheit, gilt zumeist als unmoralisch, aber eine Pflicht, andere umfassend zu informieren, existiert nur in bestimmten Kontexten (im Arzt-Patienten-Verhältnis teilweise oder in engen persönlichen Beziehungen). Das Verbot des Diebstahls gilt nahezu uneingeschränkt, eine Pflicht zum Schenken nicht. Und obwohl Hilfsbereitschaft als «schöner Zug» oder «gute Charaktereigenschaft» oder auch «Tugend» angesehen wird, gibt es keine allgemeine Pflicht, großzügig und hilfsbereit zu sein.[24]

Gewiss gibt es auch Pflichten zur aktiven Hilfe, aber die sind zumeist auf drastische Fälle von Not, die wir unmittelbar mitbekommen und bei denen wir überhaupt helfen *können*, beschränkt. In einem berühmten philosophischen Beispiel sollen wir uns vorstellen, ein Professor käme an einem Teich vorbei, in dem gerade ein kleines Kind ertrinkt. Natürlich wäre dieser Professor verpflichtet, dem Kind zu helfen, auch wenn er mit dem Kind und seiner Misere gar nichts zu tun hätte. Er würde die Situation des Kindes nicht aktiv verschlechtern, wenn er weiterginge – dennoch würde er sich an dem Tod des Kindes mitschuldig machen, wenn er ihm nicht zu helfen versuchte.[25] Eine Unterlassung wäre in diesem Fall moralisch verwerflich. Dennoch: Für einen Unterschied zum aktiven Töten spricht der Umstand, dass derjenige, der aktiv ein Kind ins Wasser schubsen würde, etwas noch Schlimmeres getan hätte als einer, der «nur» vorbei-geht.[26] Im einen Fall sprechen wir von versuchtem Mord, im anderen von unterlassener Hilfeleistung.

Vielleicht sieht man diesen Unterschied zwischen einem Übel, das wir geschehen lassen, und einem, das wir herbei-führen, an einem weniger dramatischen Beispiel noch deut-licher. Nehmen wir an, wir gehen auf dem Bürgersteig an einem Lieferwagen vorbei, zwei Studenten ziehen um, und sie heben viel zu schwer an einem Sofa. Nun wäre es sicher nett, wenn wir helfen würden, das Sofa hochzutragen. Aber niemand könnte uns einen Vorwurf machen, wenn wir wei-tergingen. Weil es sich nicht um einen Fall von großer Not oder Lebensgefahr handelt, haben wir nicht die Pflicht zur Hilfe.

Die beiden Studenten hingegen absichtlich bei ihrem Tun zu behindern, oder, während sie sich unten mit dem Sofa ab-plagen, im Treppenhaus hoch zu laufen und eine mühsam hochgeschleppte Kiste wieder herunterzutragen, wäre zwar nicht gerade das, was man ein Kapitalverbrechen nennt, aber moralisch eindeutig nicht in Ordnung. Auch hier dürfen wir, obwohl keine Lebensgefahr entstünde, die Situation anderer nicht verschlechtern; das zeigt die zentrale Bedeutung dieses moralischen Gebots.

Zugegeben, wie die meisten begrifflichen Unterscheidun-gen ist auch die zwischen Tun und Lassen oder zwischen ne-gativen und positiven Pflichten nicht absolut. Es gibt Grenz-fälle und fließende Übergänge. Oft ist Lassen eben auch Tun, zum Beispiel wenn wir weghören oder wegsehen; und es kann gut sein, dass wir zum Beispiel gegenüber den Hun-gernden in anderen Teilen der Welt viel mehr Verantwortung haben, als unser bürgerliches Verständnis von Diebstahl uns weismachen will (Hauptsache, du nimmst ihnen das Geld nicht direkt aus der Tasche!). Doch die entscheidende Kon-sequenz aus der Unterscheidung zwischen Tun und Lassen ist nicht etwa, dass wir niemals helfen müssten, sondern dass wir in noch viel stärkerem Maße und gegenüber einem viel breiteren Kreis von anderen verpflichtet sind, deren Situation zumindest nicht zu verschlechtern.

Tierversuche sind geradezu ein Musterbeispiel für diesen Unterschied zwischen negativen und positiven Pflichten. Am Beispiel der Krebsforschung: Auf der einen Seite steht ein schädigender Prozess innerhalb eines lebenden Organismus selbst, nämlich das bösartige Wuchern von Krebszellen; dieser Prozess wird nicht absichtlich von außen in Gang gesetzt, sondern gehört gewissermaßen zur Tragik biologischen Lebens und Sterbens von uns allen, Mensch und Tier. Auf der anderen steht ein wissenschaftlicher und auch ökonomischer Apparat, in dem gänzlich unbeteiligte Individuen herangezogen und krank gemacht, teilweise als Knock-Out-Mäuse mit einem bestimmten Gen-Defekt gezüchtet oder als «vormontierte» Tiere verkauft werden, denen Sinnesoder Organfunktionen wegoperiert wurden.

Im einen Fall fragen wir uns also: Inwieweit können wir Menschen helfen, die von dem schmerzhaften und tragischen Geschehen einer schweren Krankheit betroffen sind? Und im anderen: Wie viele Rechte gänzlich unbeteiligter Tiere[27] dürfen wir um unserer menschlichen Interessen willen beschneiden? Und es handelt sich eben um immense, aktive Eingriffe in sämtliche Rechte von Tieren (auf Leben, Unversehrtheit, Schmerzfreiheit etc.). Selbst wenn man einem milden Speziesismus folgt, demzufolge Tiere doch «etwas weniger Rechte» haben, muss man zugeben, dass die Rechtsverletzungen bei Tierversuchen schlicht gewaltig sind.

Die Inhalte beider Waagschalen unterscheiden sich also eklatant. Gewiss dürfen wir von jeder Gesellschaft, jedem Staat ab einem gewissen Kenntnisstand und Wohlstand den Schutz vor Krankheiten und die Heilung erwarten. Wo vorhanden, muss dieser Schutz allen Mitgliedern der Gesellschaft gewährt werden. Aber dies ist ein Recht, das in seinem Umfang stark von den praktischen Möglichkeiten und Nebenkosten abhängt; wie Ursula Wolf richtig sagt, gibt es kein absolutes Recht auf Gesundheit. Hingegen ist das Recht, nicht unschuldig gequält zu werden und nicht anderen Mitgliedern der Gesellschaft geopfert zu werden, ungleich fundamentaler und nahezu absolut.

Dieses Recht darf im Grunde nur in Notwehr verletzt werden, und die Suche nach neuen Therapieformen ist keine Notwehr. Denken wir noch einmal an das Beispiel der schwerkranken Patienten im Krankenhaus. Eine Art Notwehr wäre es, dringend benötigte Blutkonserven zu stehlen, die in einem benachbarten Krankenzimmer lägen und die irgendein Gesundheitskommissar aus Geiz nicht herausrücken will. Doch einen vollkommen Unbeteiligten auf der Straße zu kidnappen, ins Krankenhaus zu verschleppen und dort ausbluten zu lassen, ist keine Notwehr, sondern eine drastische Überschreitung seiner Rechte.

Fälle von persönlicher Betroffenheit

Aber haben wir nicht vielleicht doch etwas vergessen? Haben wir nicht übersehen, dass in einer konkreten moralischen Entscheidung eines Einzelnen all diese Gründe zurücktreten könnten, und sogar verständlicherweise zurücktreten würden, wenn wir in der Situation wären, das Leben eines Fernstehenden (einer x-beliebigen Maus) zugunsten eines Nahestehenden (des eigenen Kindes) opfern zu müssen? Wird nicht in jeder Tierversuchsdebatte früher oder später der Satz laut: «Diese Argumente mögen gut und schön sein, solange man nicht betroffen ist, aber wenn es mein Kind wäre, würde ich sogar tausend Mäuse dafür morden»?

Zunächst einmal gilt natürlich für alle «harten» moralischen Entscheidungen, die dem Betroffenen etwas abverlangen, dass es leichter fällt, abstrakt darüber zu reden, als die Härte auszuhalten, wenn man der Betroffene *ist*. Allerdings sind moralische Überlegungen genau dafür da, uns Orientierung und Entscheidungshilfe zu geben, wo etwas auf dem Spiel steht.

Befinden sich die Eltern eines kranken Kindes aber nicht in genau solch einer Williams'schen Situation, wo jeder es verstehen würde, wenn ein anderer einfach das (oder denjenigen) verteidigt, der ihm oder ihr am liebsten ist? Möglicherweise, aber es ist nun einmal ein entscheidender Unterschied, wie sich ein Einzelner in einer Extremsituation verhält und welche Regeln sich die Gesellschaft als Ganze gibt.

Erinnern wir uns an die Entführung und Ermordung Jakob Metzlers im Jahr 2002. Der Täter wurde gefasst, gestand die Entführung, nicht aber den Ort, an den er den Entführten verbracht hatte. Es sah so aus, dass es von seiner baldigen Auskunft zum Verbleib des Jungen abhängen könnte, ob man diesen lebend finden würde. (Unglücklicherweise war er zu dem Zeitpunkt bereits ermordet.) In dieser Situation ließ der damalige Frankfurter Polizeipräsident Daschner dem Täter durch einen Kommissar Folter androhen. Das war ein Rechtsbruch, für den er milde verurteilt und seines Amtes enthoben wurde. War sein Handeln moralisch dennoch «in Ordnung», oder nicht zumindest verständlich?

Tatsächlich war sich Daschner selbst darüber im Klaren, eine «unverzeihliche» Rechtsverletzung begangen zu haben, und kooperierte bei deren Aufklärung. Man wird der Situation wohl nicht gerecht, wenn man sie eindeutig als falsch oder richtig zu beurteilen versucht; vielmehr wurde Daschner Opfer eines tragischen Dilemmas. Manchmal bringt einen das Leben in eine Situation, in der jede Lösung irgendwie falsch ist. So kam Daschner in eine extreme Situation, in der er tun «musste», was eigentlich falsch war, und später die Konsequenzen trug. (Wohlgemerkt: Er hatte nicht gefoltert, sondern dies nur angedroht.) Daher ist es nicht unlogisch, Verständnis für Daschners einmalige, ausnahmsweise getroffene und zugegebenermaßen rechtswidrige Entscheidung zu äußern und dennoch weiterhin am absoluten Folterverbot im Rechtsstaat festzuhalten.

Medizinische Tierversuche jedoch sind keine extremen, seltenen Ausnahmesituationen, in denen uns tragische Umstände zwingen, ein einziges Mal das Recht zu beugen. Wenn wir über Tierversuche sprechen, beurteilen wir nicht die Tat eines Einzelnen, sondern wir sprechen darüber, ob sich eine Gesellschaft als Ganze Institutionen schaffen soll, in der regulär und ganz legal größte Schmerzen zugefügt werden. Es ist eben nicht die eine Mutter oder der eine Vater im Versuchslabor, der sich überlegt, eine Maus zu töten, um das kranke Kind im Nebenzimmer zu heilen. Es ist zudem ein Unterschied, ob man dieser Vater respektive diese Mutter *ist* – oder jemand Drittes. Es wäre – hypothetisch gesprochen – völlig selbstverständlich, wenn die Mutter eines kranken Kindes auf die Leiterin eines Universitätslabors zuginge und diese auf Knien anflehte, doch bitte eine Ausnahme zu machen und Tierversuche im Dienste der Bekämpfung der Krankheit ihres Kindes zu machen.

Tatsächlich bitten Eltern andauernd professionelle Vertreter von Institutionen um Ausnahmen, und ob es statthaft ist, solch einer Ausnahme zuzustimmen, hängt vom jeweiligen Fall ab. Nur: Regeln, Gesetze und moralische Gebote sind natürlich genau dazu da, den sehr persönlichen und verständlichen Wunsch eines Betroffenen in seiner Wirkung einzudämmen, ihm Grenzen zu setzen – dort, wo die Rechte anderer verletzt wären.

Und wenn wir selbst es sind, die in einer bestimmten Situation zu entscheiden haben, ob wir um der eigenen Gesundheit willen von Tierversuchen profitieren wollen? Wenn wir Medikamente nehmen, für die Firmen bezahlt werden, die ständig weitere Tierversuche durchführen? Ich denke, dass diese Situationen geradezu lehrbuchartige Versuchungen darstellen – und wie immer ist das Einwilligen in die nicht rechtmäßige Handlung umso verständlicher, je größer die Versuchung ist. Bei Arzneimitteln haben wir ja zumeist gar keine Wahl, im Sinne eines Konsumboykotts die tierversuchsfreie Marke zu wählen. Der politische Effekt einiger weniger (zudem nicht-öffentlicher) Konsumverweigerer, die gänzlich auf Medikamente verzichten, fällt wohl angesichts des riesigen Pharmamarkts insgesamt nicht ins Gewicht.

In diesem Fall, denke ich, sollte sich der Einzelne nicht zu viel abverlangen. Es ist bedauerlich, sogar tragisch, dass wir in einem System leben und von ihm profitieren, das auf solchen Qualen aufbaut; aber richtiggehend vorzuwerfen haben wir uns die einzelnen Entscheidungen, durch die wir von Tierversuchen profitieren, nicht. – Aber vielleicht redet man sich die eigene Verantwortung auch nur auf diese Weise klein: Immerhin könnte man ja nach der Einnahme jeder Arznei der entsprechenden Firma oder dem Gesetzgeber einen Brief schreiben und wenigstens zum Ausdruck bringen, dass einen die Vorstellung entsetzt, was für diese Arznei alles geschehen ist. Oder man spendet für einen Anti-Tierversuchs-Verein, um Schritte zu einer besseren medizinischen Forschung zu unterstützen, in der Alternativen zu Tierversuchen zum Einsatz kommen. Denn die Alternative zu einer im Tierversuch entwickelten Arznei ist ja nicht: keinerlei Arznei. Sondern eben eine, die auf anderem Wege erforscht und gewonnen wurde.

Darüber hinaus gibt es nach wie vor einige wenige diagnostische Verfahren, in deren Verlauf Tiere infiziert und getötet werden; manche Medikamente werden «von» Tieren gewonnen. Und bei der Xenotransplantation ist ja exakt Sinn der Sache, dass unfreiwillige tierische Organ«spender» eingesetzt werden. Sie werden für diese Transplantationen gezüchtet – und getötet.[28] In diesem Fall ist die Linie zwischen Verursacher und Leidtragendem recht direkt: Das Schwein zum Beispiel, dessen Herzklappe man bekommen soll, wird extra für einen selbst getötet, und ein langes Leiden liegt bereits hinter ihm. Ich nehme an, dass es in einem solchen Fall moralisch korrekt wäre, sich in den eigenen Tod zu schicken, ahne aber: Wenn ich selbst in einer solchen Situation wäre, würde ich wohl eine Menge Rabulistik aufbieten, um mir zu «beweisen», dass ich die Herzklappe des Schweins trotz allem annehmen kann ... Das allerdings bestätigt eher die grundsätzliche Überlegung: Gesetze sind eben auch dazu da, um solch extreme Situationen von vornherein auszuschließen bzw. Individuen davor zu schützen, in solche moralischen Extremsituationen zu geraten – und vielleicht die moralisch falsche Entscheidung zu treffen, weil die richtige zu fällen in diesem Moment subjektiv zu schwer wäre.

Abschließend noch eine Bemerkung zu Ethikkommissionen und Genehmigungsverfahren, die ja das genaue Gegenstück zu solcher durch Nähe begründeten Parteilichkeit darstellen sollen. Nach dem deutschen Tierschutzgesetz sind nicht alle Tierversuche genehmigungspflichtig, sondern 14 Prozent der Versuche sind sogar gesetzlich vorgeschrieben. Andererseits ist es auch laut der EU-Tierversuchsrichtlinie so, dass ein bestimmtes Maß von Schmerzen nicht überschritten werden sollte. Zumindest heißt es in deren einleitender Darlegung von Gründen: «Aus ethischer Sicht sollte es eine Obergrenze für Schmerzen, Leiden und Ängste geben, die in wissenschaftlichen Verfahren nicht überschritten werden darf. Hierzu sollte die Durchführung von Verfahren, die voraussichtlich länger andauernde und nicht zu lindernde starke Schmerzen, schwere Leiden oder Ängste auslösen, untersagt werden.»[29] Doch trifft nicht genau das für die meisten Tierversuche, einschließlich der Vorbereitungen und Haltung der Tiere, zu? Könnte es sein, dass die Belastungen der Tiere von Gutachtern einfach zu gering eingeschätzt werden?

Die bereits erwähnte Untersuchung des Münchener Mikrobiologen Toni Lindl weist ebenso in diese Richtung wie eine Studie des Psychologen Hal Herzog, der in den USA im Auftrag der National Science Foundation erforscht hat, wie sicher die Entscheidungen der Bewilligungskommissionen sind, also wie verlässlich sie in denselben Fällen zu denselben Ergebnissen kommen.[30] Es war eine umfangreiche Studie mit 500 Wissenschaftlern, die sich einverstanden erklärten, 150 verschiedene Tierversuche mit insgesamt 50 000 involvierten Tieren zu beurteilen. Man bildete dazu jeweils zwei Kommissionen und legte ihnen dieselben Fälle vor. «In etwa 80 Prozent der Fälle hatte die zweite Kommission anders entschieden als die erste. Unsere statistische Analyse zeigt, dass die Kommissionen ihre Entscheidungen im Grunde auch per Münzwurf treffen könnten.»[31] Das wirft ein bedenkliches Licht auf die üblichen Modelle zur Abwägung, wie sie in den diversen Fachbüchern zu Tierversuchen abgebildet sind. Die Listen und Grafiken suggerieren, dass es feste Parameter gäbe, die nach klar erkennbaren Prinzipien gegeneinander abgewogen werden könnten. Doch tatsächlich scheint es sich beim Beurteilen von Versuchen eher um eine Art Roulettespiel zu handeln (dessen Ergebnisse zudem vor der Öffentlichkeit geheim gehalten werden).

Und zwar ist die Beurteilung von Tierversuchen meines Erachtens nicht etwa deshalb ein Roulettespiel, weil sich die Menschen in den Entscheidungspositionen zu wenig Mühe gäben, sondern weil bereits die Ausgangssituation so verengt ist und keinen Spielraum für vernünftige Entscheidungen lässt. Eine halbwegs unparteiische Abwägung, die milde speziesistisch den Interessen der Menschen Vorrang gibt, aber dennoch zugesteht, dass auch Tiere vor vermeidbaren Verletzungen eines gewissen Grades geschützt werden müssen, würde in so gut wie allen Fällen zu einer moralischen Ablehnung führen.

An dieser Stelle ist es gut, sich daran zu erinnern, dass ich mehrere empirische Bedenken außen vor gelassen hatte, um die Frage nach der Zulässigkeit von Tierversuchen so stark zuzuspitzen. Und zwar dürfen wir nicht vergessen, dass Tierversuche nicht einmal garantierten Nutzen bringen; genau genommen werden sie in viele verschiedenen Richtungen angestellt in der Hoffnung, eine davon könnte sich schließlich als hilfreich erweisen.[32] Übertragen auf das Beispiel des unfreiwilligen Organlieferanten hieße das, dass wir einen Unbeteiligten töten (und genau genommen nicht nur töten, sondern vorher bereits gefangen halten und qualvollen Voruntersuchungen unterziehen) dürfen in der bloßen Hoffnung, er besitze zufällig genau jene Blutgruppe und sonstigen Parameter, die eine Organtransplantation aussichtsreich erscheinen lassen. Welche Moral könnte das gestatten?

Zusammenfassung und mehr

Weil davon auszugehen ist, dass das Quälen von Tieren aus reinen Hobby- oder Traditionsgründen ohnehin weitestgehend abgelehnt wird, habe ich die Frage dieses Kapitels auf den heikelsten Fall zugespitzt: Wie viele Qualen dürfen wir Tieren zumuten, wenn vitale Interessen des Menschen wie der Schutz vor qualvollen oder tödlichen Krankheiten auf dem Spiel stehen? Für diesen Prozess der Abwägung habe ich zugestanden, dass wir möglicherweise einem milden Speziesismus anhängen, der zwar auch von elementaren Rechten der Tiere ausgeht, zum Beispiel dem auf Unversehrtheit und Freiheit von vermeidbarem Leid, der aber beim Nebeneinander der exakt selben Interessen von Mensch und Tier doch denen des Menschen Vorrang geben würde.

Allerdings haben sich einige entscheidende Einwände gegen die Zulässigkeit medizinischer Tierversuche ergeben. Zunächst einmal ist das Leid der involvierten Tiere zu groß. Es erreicht bezogen auf die Zahl der eingesetzten Tiere und auch im Hinblick auf jedes einzelne Tier ein Ausmaß, das nicht akzeptabel ist. Tiere erdulden ja nicht nur die Belastungen der Versuche selbst, sondern auch die der ihnen dafür zugefügten oder bereits angezüchteten Krankheiten; sie leben ein stark verarmtes Leben und erfahren deutlichen Stress bereits bei Routineuntersuchungen. Dabei müssen wir auch an die vielen Tiere denken, die zwar eigens für einen Versuch gezüchtet wurden, dann aber doch nicht geeignet waren und in den offiziellen Tierversuchstatistiken nicht auftauchen. Schon aus diesen Gründen sollten wir Tierversuche ohne Rücksicht auf ihre etwaigen positiven Nebeneffekte gesetzlich verbieten, aus ähnlich grundsätzlichen Erwägungen wie die Folter. Zudem ist auf einen Denkfehler hinzuweisen, der uns sowohl in der philosophischen als auch in der alltagsweltlichen Diskussion über Tierversuche leicht unterläuft: Wir haben hier keineswegs zwischen dem gefährdeten Leben eines Menschen und zum Beispiel dem einer Maus abzuwägen oder zu wählen. Denn die Mäuse, über deren Interessen wir hier reden, sind am Entstehen des Problems völlig unbeteiligt und werden von uns absichtsvoll in einen leidvollen Zustand gebracht. Die ethische Frage des Tierversuchs ist nicht, wen von beiden wir retten sollen, sondern ob es, um dem einen Leid zu ersparen, zulässig ist, einem unbeteiligten anderen großes Leid zuzufügen.

Nun ist die Unterscheidung zwischen Tun und Lassen, also zwischen Leid-Ersparen und Leid-absichtlich-Zufügen oder zwischen positiven und negativen Pflichten, ein zentrales Merkmal unserer Moral. Negative Pflichten sind grundlegender und reichen deutlich weiter. Ich habe dies an dem (hypothetischen) Beispiel eines vollkommen unbeteiligten Menschen demonstriert, der auf der Straße gekidnappt, in einem Krankenhaus gefangen gehalten und dann zugunsten von fünf schwer kranken Patienten ausgeweidet wird, die auf seine inneren Organe angewiesen sind. Ja, es gibt eine Pflicht zur Hilfe, aber sie kommt da an ihre Grenze, wo wir die elementarsten Rechte unschuldiger anderer verletzen.

Selbst wenn wir also zugestehen, dass wir die Interessen von Menschen ein wenig schwerer gewichten wollen als die von Tieren, bleibt die Bilanz eindeutig, dass wir Tieren ein Leid dieses Ausmaßes (wie bei invasiver medizinischer Forschung oder Toxizitätstests etc.) nicht absichtlich zufügen dürfen. Aus einer solchen Ablehnung von Tierversuchen folgt natürlich nicht, dass es keine medizinische Forschung mehr gäbe, und empirisch treffen viele der Unterstellungen, die ich im Dienste meiner Zuspitzung eingangs gemacht habe, ohnehin nicht zu. Tatsächlich lehnen einige Ärzte Tierversuche nicht primär aus tierethischen, sondern aus humanmedizinischen Gründen ab: Es gibt bei der Übertragung von Spezies zu Spezies einfach furchtbar viele Fehlerquellen.[33] Tierversuche können nicht nur überflüssig, sondern sogar irreführend und daher gefährlich sein. Für viele Tierversuche gibt es inzwischen Alternativen, so dass ihre Abschaffung kein Ende des medizinischen Fortschritts bedeuten würde.

Selbst wenn die Menschheit niemals auf Descartes' barbarische Idee verfallen wäre, Tiere seien gefühllose Maschinen, die man ungerührt bei lebendigem Leib sezieren könne, hätten wir vielleicht dieselben medizinischen Fortschritte gemacht. Vielleicht sogar andere, weiterreichende? Letztlich kann man ja nur verstehen und heilen, was man mit der eigenen Weltsicht und dem vorgegebenen Bezugsrahmen in den Blick bekommt; wenn unsere medizinische Wissenschaft in ihren Ursprüngen nicht ein gar so mechanistisches und auch irgendwie hartherziges Bild vom lebenden Körper verfolgt hätte – hätten wir dann vielleicht auch mehr über die biologischen Zusammenhänge verstanden?

Wie kommen die Experimentatoren selbst damit überhaupt zurecht? Während ich an diesem Kapitel schrieb, rief eine Bürgerinitiative in einem kleinen Ort in der Nähe von Hamburg zu einer Demonstration auf. Am Rande des Orts befindet sich ein Tierversuchslabor, und man kann von außen die Zwinger mit den Beagles sehen und die Hunde ununterbrochen bellen hören. Anscheinend hatten die Anwohner, die das Bellen von zu Hause aus hörten, viele Jahre lang gedacht, es handele sich einfach um eine Hundezucht. Als sie herausfanden, was wenige hundert Meter entfernt passiert, engagierten sie sich in einem Verein.

Mit ein paar Bekannten fuhr ich zu diesem Labor, um es von außen zu fotografieren. Wir parkten das Auto auf einem Feldweg und gingen an dem Stacheldraht entlang. Schon von weitem ließen sich per Teleobjektiv Dutzende Zwinger ausmachen, jeder mit etwa fünf Beagles. Keine Welpen, aber doch junge Tiere, sie bellten ohne Unterlass und sprangen immer wieder an den Gittern ihres Zwingers hoch. Vermutlich verschafften sie sich einfach ein bisschen Bewegung, stachelten einander zu einer gewissen Aufregung an. Junge Hunde eben, aber leider keine, die man jemals im weiten Bogen über einen Strand oder eine Wiese rennen sehen wird.

Wir gingen um die Gebäude herum, kamen zu einem Parkplatz, und ich erkannte ein Phänomen wieder, das mir schon einmal aufgefallen war: In einem Schweinetransporter hatte ich einmal ein Plüschschwein am Rückspiegel hängen gesehen, quasi als Talisman. Ich fand es etwas sonderbar, hielt es aber für Zufall. Nun standen auf dem Parkplatz etwa zwanzig Autos, und etliche hatten Plüschtiere auf dem Armaturenbrett: einen großen Marienkäfer, eine lebensgroße Schildkröte, ein anderes ein Schaf und einen blauen Plüschfisch. (Sind Plüschfische eigentlich häufig? Ich stutzte, weil diese Firma auch mit Fischen experimentiert.)[34] In einem Auto saß doch tatsächlich unter einer Windschutzscheibe ein Plüschhund, und auf einem anderen klebte ein humoriger Aufkleber mit der Aufschrift «VIP DOG». Das verblüffte mich nun wirklich. In einem Viertel der zwanzig Autos saßen jeweils ein bis drei Plüschtiere; und zwei von zwanzig Menschen, die jeden Tag zu einer Arbeitsstätte fuhren, wo man seine Ohren buchstäblich nicht vor dem Ge-

bell eingesperrter Hunde verschließen kann, hatten hunde-
freundliche Utensilien im und am Auto.

Vielleicht gab es einen Zusammenhang zwischen «har-
tem» Berufsalltag und «kindlichen» Plüschtieren. Schließlich wählen viele Menschen den Ausbildungsberuf des Tier-
pflegers, weil sie Tiere lieben und sich vorab nicht klar
machen, dass es viel wahrscheinlicher auf eine Stelle im Labor als in einem Streichelzoo hinauslaufen wird. Waren die
Plüschtiere ein Versuch, das ganze Dilemma vor sich selbst
umzudeuten? «Ich liebe Hunde. Bei der Arbeit sehe ich jeden Tag welche.» Vielleicht wollte auch der LKW-Fahrer
nicht sagen (oder von sich selbst denken) müssen: «Ich fahre
Schweine in den Tod», sondern: «Ich mag Schweine, und ich
arbeite mit ihnen.» Etwa so? Ich weiß es nicht. Doch eines
zeigen die Plüschtiere klar: dass diese Menschen nicht ganz
unberührt sind von dem, was sie jeden Tag tun oder was um
sie herum vorgeht. Es scheint sie mental (wenn auch nicht
unbedingt bewusst) zu beschäftigen. Es ist sogar übliche
Praxis, jedem Experimentator ein Tier zuzuteilen, das nicht
in die Versuche einbezogen wird, sondern um das er sich wie
um ein Heimtier kümmern kann. Anders wäre die Labor-
situation schwer auszuhalten.[35]

Bei der Firma, zu der dieses «Labor und Sammellager»
gehört, handelt es sich um ein Auftragslabor. Sie testet im
Auftrag anderer Firmen alle möglichen Substanzen. Verwendet werden der Firmenwebsite zufolge Mäuse, Ratten,
Hamster, Meerschweinchen, Kaninchen, Hunde, Affen,
Katzen, Schweine, Fische und Vögel, und zwar mit folgenden Methoden: oral, intraperitoneal (Injektion in die Bauch-
höhle), intravenös, per Infusion, dermal, per Inhalation, in-
travaginal, intrathekal (ins Rückenmark), rektal und per
Eingabe in den Augenlidsack.

Diese Aufzählung ist nicht leicht zu lesen, sie klingt ein
wenig nach Folterkammer. Viele der Menschen, die dort
arbeiten, lässt anscheinend der Anblick von Hunden, Fi-

schen, Schafen und Schildkröten nicht kalt. Die Frage ist nun: Wollen wir, dass diese Menschen überhaupt erst lernen, es über sich zu bringen, Tieren intravenös, rektal, vaginal und ins Rückgrat diverse Gifte zu applizieren? Zwei der Angestellten hatten Kindersitze im Auto. Welche Vorstellung behagt uns eher: dass sie ihren Kindern, nach ihrem Beruf befragt, die Wahrheit sagen – oder doch besser eine Lüge?

Möchten wir, dass jemand, der sein Leben der Suche nach einem Heilmittel widmet, als allererstes lernt, andere krank zu machen, leiden zu lassen und ihr Leiden zu ignorieren? Wollen wir eine Wissenschaft, die von ihren Studenten und Wissenschaftlern verlangt, sich erst einmal durch das Nadelöhr solch prekärer ethischer Situationen zu zwängen (und dabei Augen und Ohren zu verschließen), um danach die «Geheimnisse des Lebens» (so heißt es oft über die Biologie) oder die unserer Körper (Humanmedizin) zu erforschen? Und wollen wir eine Gesellschaft sein, die in diversen Institutionen Tausende und Abertausende von fühlenden Wesen bevorratet, um sie je nach Auftrag zu malträtieren?

Die Tests der Firma mit den Beagles dienen übrigens verschiedenen Zwecken, die ebenfalls auf der Website angegeben sind: Es geht um Verträglichkeit und Giftigkeit von pharmazeutischen Stoffen (für die Verwendung in Human- und Veterinärmedizin), von Industriechemikalien, von Chemikalien aus dem Agrarbereich, von Nahrung und Nahrungsmittelzusätzen. Kurzum, diese Firma testet alles, was man bei ihr in Auftrag gibt. Tierversuche sind ein lukratives Geschäft. Werden solche Firmen von sich aus entscheiden, umfangreich in neue Methoden zu investieren, die ohne das auskommen, was ihre bisherige Wirtschaftsgrundlage ist? Wenn ein solcher Verbund aus Pharma- und sonstiger Industrie sagt: Wir brauchen Tierversuche, und wir machen sie in akzeptabler Form – glauben wir das?

Dieses Kapitel enthält in seinen letzten Abschnitten viele Fragen, doch es sind nicht nur rhetorische Fragen. Ich habe bereits gesagt, dass ich zu Beginn meiner Arbeit an diesem Thema unsicher war, wie kategorisch mein Nein zu Tierversuchen schließlich ausfallen würde, ob es nicht doch welche gäbe, die man vertretbar finden könnte. Und mit dem einmaligen Stellen und Beantworten dieser Fragen ist es nicht getan. Die Realität sieht so anders aus! Kann es wirklich sein, dass unsere gängige, durch demokratische Gesetze legitimierte Praxis ganz falsch ist? Ich fürchte aber, so ist es. Gleichzeitig renne ich selbst immer und immer wieder gegen mein eigenes Staunen, ja Entsetzen, an. Da ist diese Hoffnung, dass die Realität doch bitte nicht ganz so schlimm sein möge.

Es ist unglaublich schwer, sich von dem eingeübten Blick auf diese Missstände zu lösen, aber ich denke, wir müssen es tun. Wir müssen das, was wir ausblenden, immer wieder in unser Bewusstsein, unser Gewissen zurückholen. Wir müssen dem Plüschtier in unserer Fantasie das Bild realer, leidender Tiere entgegenhalten. Wir müssen uns klarmachen, dass ein milder Speziesismus vielleicht verständlich – aber diese brachiale Ausbeutung nicht zu rechtfertigen ist, und zwar genauso wenig wie all die Formen von Qual, von denen ich eingangs erzählt habe. Wir müssen uns durchringen zu sagen: Versuche an Tieren sind moralisch einfach nicht in Ordnung.

Drittes Kapitel

Dürfen wir Tiere töten?

Ist Tiere töten natürlich? • Am Leben sein • Zukunftspläne und Lebenswille • Vom Wert des Lebens • Konsequenzen für unser Handeln • Euthanasie und Paternalismus • Zusammenfassung und mehr

Vor einiger Zeit besuchte mich ein befreundetes Paar aus Hamburg. Naturfreunde, die vernünftiges Schuhwerk tragen, keine Scheu vor meinen Gänsen und Schafen haben, jede Menge Vogelstimmen und Wildpflanzen unterscheiden können und mit anpacken, wenn irgendwo ein Zaun heruntergerissen ist. Als umweltbewusste Grüne kaufen sie biologisch-dynamische Lebensmittel, buchen keine Kurzstreckenflüge und wechseln nicht jedes Jahr das Handy.

Allerdings essen sie Fleisch. Bereits das kann verblüffen: wenn Menschen, die ansonsten sehr auf ihren Energie- und Wasserverbrauch achten, Fleisch essen, obwohl dessen Produktion doch viel mehr Energie verbraucht als zum Beispiel Autofahren.[1] Und mehr Wasser als Duschen: Für die Herstellung eines Kilos Rindfleisch wird ein durchschnittlicher Wasserverbrauch von 15 000 Litern angegeben[2] – so lange kann man mit normaler menschlicher Haut ja niemals duschen! Allerdings stellt sich da gleich eine andere Frage: Ist es überhaupt richtig, bei Fleisch, das ja wächst und lebt, von «Produktion» und «Herstellung» zu sprechen, wie ich es gerade getan habe – als ob es sich um unbelebte Ware handelte, die auf dem Fließband liegt und nichts empfindet?

Wir saßen also auf meiner Terrasse, und die Freunde erzählten von ihrem Sommerurlaub, einer Reise nach Oregon. Dort waren sie an einem Fluss entlang gewandert und einem alten Mann begegnet, der angelte. Er hatte einen großen Fisch am Haken. Der Fisch riss an der Leine, der alte Mann seinerseits an der Angel; dabei schwankte er bedenklich. Es sah fast so aus, als ob ihn der Fisch ins Wasser und in die nicht unbeträchtlichen Stromschnellen ziehen würde. Meine Freunde fürchteten schon um das Leben des Alten. «Das war das erste Mal in meinem Leben überhaupt, dass ich ein Duell zwischen einem Menschen und der Natur gesehen habe», sagte meine Freundin. «Es war ein Kampf auf Leben und Tod.»

Wir begannen zu diskutieren, ob diese Formulierung passte. Hatte der Fisch den Mann etwa angegriffen, wollte oder konnte der Fisch den Mann schädigen? Keineswegs. Der alte Mann brachte den Fisch in Lebensgefahr, nicht umgekehrt; und während der Fisch an der Angel hing, hätte der Angler selbst nur die Angel loslassen müssen und wäre in Sicherheit gewesen. Was den Angler in Gefahr brachte, war nicht der Fisch, nicht einmal der Fluss, sondern allein die eigene Sturheit. Dagegen schwamm der Fisch einfach nur in seinem normalen Lebensraum herum, bis er auf einen tödlichen Köder hereinfiel. Und in dem vermeintlichen «Kampf auf Leben und Tod», der dem Fisch aufgedrängt wurde, herrschte keineswegs Waffengleichheit: hier zahnloses Maul, dort Hightech von der Rute bis zum Köder. War das also überhaupt eine «Natur-Szene», und spielte sich hier etwas Bewegendes, fast Erhabenes ab – oder einfach nur etwas Grausames?

In der Art, wie diese Freunde die Angelszene erlebten, zeigt sich eine typische Ambiguität, mit der wir modernen, städtisch geprägten Menschen uns dem Tod gegenüber verhalten. Dass sich der Tod unter den Lebenden keine Freunde macht, ist klar. Verständlicherweise fürchten wir ihn und verbannen ihn daher so weit wie möglich aus unserem Leben und aus unserem Blickfeld. Auch den Tod von Tieren wollen wir eigentlich nicht von Nahem sehen: Nicht grundlos haben sich Schlachthöfe immer weiter von den Städten entfernt. Auch will niemand genau mitbekommen, wie städtische Angestellte Tauben, Kaninchen und kleine Nagetiere dezimieren. Wenn wir es am Ende einer Krankheit oder eines langen Lebens dennoch nicht vermeiden können, dem eigenen oder fremden (menschlichen) Tod zu begegnen, nehmen wir ihn zumeist als ein außergewöhnliches Ereignis wahr, als eine Katastrophe oder zumindest als einen Fehler im Getriebe.

Gleichzeitig neigen wir dazu, den Tod zu romantisieren, wenn er fern von uns stattfindet, wenn er ein namenloses Tier ereilt und ihn der Nimbus des Natürlichen, Ursprünglichen, Wilden umgibt.[3] So schwer wir uns ansonsten tun, den Tod als Teil des Lebens zumindest zu akzeptieren, so leicht fällt es uns in anderen Situationen, vom «Zyklus der Natur» zu sprechen und den Tod als Teil des Lebens zu verklären. Wir bewundern große Greifvögel und Raubkatzen im Fernsehen, obwohl oder gerade weil wir sehen, dass ihre Lebensweise für andere einiges Unheil birgt. Wenn in der Savanne Beute geschlagen wird, wollen wir das auf unserem Bildschirm in Großaufnahme sehen. Auch in einer Szene wie der jenes Anglers erscheint der Todeskampf des Fisches geradezu als Beweis von Lebendigkeit, wird der Tod fast zum Siegel des Lebens.

Doch das ist ein Missverständnis. Ja, der Tod gehört zu jedem Leben; doch er beendet es nun einmal. Es ist nichts Schönes oder Romantisches an dem Tod eines Fisches – für den Fisch. Der Geangelte freut sich nicht, Teil einer Nahrungskette mit dem Endziel Mensch zu sein. Auch die Antilope, deren Tötung durch einen Leoparden wir im Fernsehen in Zeitlupe sehen, wohnt keiner erhabenen Erfahrung bei. Sie denkt nicht: «Herrlich, welch mächtige Großkatze mich in ihren Pranken hält – und von BBC Nature wird dieser Moment sogar für die Ewigkeit fixiert!» Die Antilope will einfach nur entkommen. Sie will leben, aber sie leidet und stirbt.

Worauf beruht dann der Charme alter Stillleben mit toten Hasen und Fasanen, oder die Glorifizierung der Virilität des Stierkampfs, oder die Reaktion eines Kindes, das ein überfahrenes Tier am Straßenrand sieht und von dem Anblick herausquellender Därme gleichzeitig abgestoßen und elektrisiert ist? Die Begegnung mit dem Tod (eines anderen) hat eine archaische Komponente, von der eine gewisse Faszination ausgeht – doch vor allem dann, wenn dieser Tod uns nichts kostet. Am fremden Tod können wir, ähnlich wie in den Horrorszenen eines Kinofilms, eigene Angst durchleben und überstehen, dem Schlimmsten begegnen und ins Leben zurückkehren. Doch das unterscheidet den Betrachter eben von dem Sterbenden. Der Tod ist für den, der ihn stirbt, eine oft schmerzhafte, in jedem Fall aber äußerst nüchterne, fast demütigend profane Angelegenheit.

Ist Tiere töten natürlich?

Dem Tod von Tieren begegnen wir vor allem während unserer Mahlzeiten. Wenn er also nicht schön ist, nicht romantisch, nicht erhaben – ist der Tod der Fische oder Rinder, die wir essen, dann wenigstens natürlich? Fressen und gefressen werden. Der Lauf der Welt. Irgendetwas muss man ja essen. Der Mensch ist ein Allesfresser, Fleischessen gehört zur Geschichte der Menschheit, unsere Spezies hat schon immer gejagt und getötet.

Egal ob das empirisch stimmt oder nicht: Diese Antwort ist dürftig. Dass etwas schon immer so gemacht wurde, hat in einer moralischen Debatte für sich genommen kein Gewicht. Menschen haben immer wieder vergewaltigt, andere versklavt, Kriege geführt. Trotzdem besteht heute ein denkbar breiter Konsens, dass erzwungener Sex und Versklavung verabscheuenswert sind. Dass steinzeitliche Stämme auf ihre Nachbarn neidisch wurden, sie überfallen und ganze Sippen im Schlaf vernichtet haben, kann die heutige Menschenrechtskonvention nicht außer Kraft setzen.

Zugegeben, wenn ein Übel in der Geschichte der Menschheit immer wieder aufgetreten ist, erscheint es nicht allzu wahrscheinlich, dass ausgerechnet wir heute es abstellen können. Andererseits: Haben nicht früher bereits Menschen bestimmte Formen von Brutalität geächtet und versucht, einander davon abzuhalten? Wären viele Kapitel der Menschheitsgeschichte vielleicht noch düsterer, wenn es nicht schon früher die Frage gegeben hätte: Dürfen wir dieses oder jenes tun – oder ginge es auch anders, zum Beispiel mit weniger Gewalt? Die entscheidende Frage ist daher nicht: Haben Menschen dies schon immer gemacht?, sondern: Dürfen wir es denn (heute) tun? In welchen Situationen ist ein Verhalten, das andere physisch oder psychisch verletzt, eventuell doch gerechtfertigt, und wann nicht?

Das Argument, dass etwas «schon immer» gemacht wurde, kann jedoch auch eine etwas andere Form annehmen, nämlich: Gehört es nicht einfach zum Wesen des Menschen zu jagen, zu töten, zu essen? Nehmen wir dadurch vielleicht einfach Teil am natürlichen Kreislauf dieser Erde, der eben auch das Prinzip Fressen und Gefressenwerden beinhaltet, etwa so wie das Bedürfnis nach Sexualität oder die Unausweichlichkeit des Todes? So plausibel dieser Gedankengang auf den ersten Blick ist, so irreführend ist er doch: Wir können nicht sagen, was ein Mensch als reines Naturwesen tun würde, weil dieses Naturwesen nicht existiert; es ist den Menschen als Spezies wesentlich bestimmt, Kulturwesen zu sein.

Gewiss, als körperliches Wesen muss und will der Mensch essen. Doch was er isst, was ihm schmeckt, was als normal oder luxuriös, als essbar oder unappetitlich gilt, das ist menschheitsgeschichtlich unglaublich variabel. Prähistorische Menschen haben auch Artgenossen gegessen, vor allem Gefangene anderer Stämme, die sie anscheinend extra zu diesem Zweck überfallen haben; sie haben auch, je nach Nahrungsangebot, verendete Tiere oder Beutereste, die andere Tiere übrig gelassen hatten, verzehrt.[4] Frühere Menschen haben im Übrigen auch viel gehungert, weil sie Ackerbau und Vorratswirtschaft noch nicht in unserem Ausmaß beherrschten; sie sind oft an Krankheiten gestorben, die für jeden Arzt leicht zu behandeln sind, seit es Antibiotika gibt.[5] Wer «natürlich» leben will, dürfte im Übrigen weder fernsehen noch gedruckte Mitteilungen wie dieses Buch hier lesen, denn sie verdanken sich hochspezialisierten Kulturleistungen und industrialisierten Herstellungsprozessen. Er dürfte keine Verkehrsmittel benutzen, sondern müsste zu Fuß gehen – und zwar barfuß. Doch der Mensch kämpft nun einmal für seine Bequemlichkeit, wo er kann; der kalten, anstrengenden Natur setzt er die Kultur der Zentralheizung, der ebenen Straßen, der Telefone und Rettungswagen entgegen. Es ist sonderbar, wenn er sich ausgerechnet in dem Moment auf die Natur besinnt, wo es wiederum der eigenen Bequemlichkeit dient, nämlich der Verteidigung des gewohnten Fleischgenusses.

Wenn der menschliche Fleischverzehr nicht rein natürlich ist, ist es dann wenigstens sein Gegenstand, also das Tier? Sind Tiere nicht Naturwesen, und würden sie nicht auch in der freien Natur von irgendwem gefressen? Nein, denn die Tiere, die wir in den Industriegesellschaften (und in wachsendem Maße auch in den Schwellenländern) essen, sind überhaupt keine reinen Naturwesen mehr. Nicht die Evolution, sondern der Mensch hat sie geschaffen; unsere heutigen Nutztiere sind Ergebnisse menschlicher Züchtungsanstrengungen. Wer sich einmal einen Zweig der modernen Tierzucht genauer angeschaut hat, wird mit Schaudern bemerkt haben: An den Tieren haben wir wirklich nur noch das natürlich gelassen, was wir partout nicht selbst herstellen können, also gewissermaßen das schiere Leben. Alles Weitere – Wachstum, Stoffwechsel, Skelette, Fortpflanzung – wurde so manipuliert, dass es zu unseren Verarbeitungsindustrien passt.

Die heutigen Züchtungen haben insbesondere bei Hühnern, Puten, Rindern und Schweinen so stark in die Biologie der Tiere eingegriffen, dass diese allein kaum lebensfähig sind. Ihre Skelette können das schnell wachsende Fleisch manchmal nicht tragen; ohne Schmerzen können sie sich dann nicht bewegen oder hinlegen. Moderne Hochleistungsmilchkühe leiden wegen der hohen Milchleistung unter Euterentzündungen, Gebärmutterentzündungen und Stoffwechselproblemen. Masthühner haben chronische Schmerzen, weil ihre Muskulatur aufgrund des beschleunigten Wachstums zu schwer ist für ihren Körper.[6] Am Ende der Mastdauer können die Tiere teils nicht mal mehr stehen. Masthühner, die zur Vermehrung eingesetzt werden, muss man «restriktiv füttern», also extra hungern lassen, damit sie leicht genug bleiben, dass der Begattungsakt überhaupt gelingen kann.[7] Aus demselben Grund – der zu großen Körpermasse – lässt man Puten von Menschen «absamen» und besamen.

Ohnehin sind heutige Geflügelrassen nur eingeschränkt fortpflanzungsfähig: Hühnereier werden maschinell ausgebrütet, den Legehennen hat man den Bruttrieb weggezüchtet – allein das zeigt, dass die Evolution hier völlig außer Kraft gesetzt ist. Auch der Fortpflanzungsakt und die gesamte Reproduktion der übrigen Nutztiere liegen in menschlicher Hand: Rinder und Schweine werden künstlich ent- und besamt, Eisprung und Geburten mit Hormongaben terminiert. Danach verbringen die Tiere ihr kurzes Leben auf Betonboden, fressen industriell hergestelltes Futter, schließlich werden sie in LKWs abtransportiert und am Fließband getötet. Damit erzähle ich Lesern und Leserinnen von Jonathan Safran Foer wenig Neues, ich will mit diesen Beispielen nur eines veranschaulichen: Mit Natur hat das heute verzehrte Fleisch herzlich wenig zu tun.

Aber ist mit den bisherigen Argumenten wirklich alles beiseite gewischt, was zunächst an der Intuition plausibel erschien, dass es beim Fressen und Gefressenwerden doch irgendwie um ein Faktum der natürlichen Welt geht, zu der ja auch der Mensch gehört? Es stimmt insofern, als der Mensch überhaupt etwas essen muss, und wir müssen nicht nur essen, sondern uns auch bewegen. Wir betreten Erdboden, verdrängen andere Lebewesen, gestalten Umwelt und Raum zu unserer Umgebung und unserem Zuhause um. Kurzum, wir schweben nicht als Engel über der Erde, sondern latschen als mittelgroße Landsäugetiere über die Welt, und als solche richten wir fast unvermeidlich irgendwelchen Schaden an und verbrauchen Ressourcen.

Aber genau das ist eben die Frage: Welchen Schaden? Wie viel Schaden an wem? Was und wie viel dürfen wir verbrauchen? Allein aus der Tatsache, dass es sich in einer Menschenmenge nicht immer vermeiden lässt, aus Versehen mal jemandem auf den Fuß zu treten, lässt sich ja nicht ableiten, dass ich auf eine x-beliebige Person zugehen und ihr absichtlich gegen das Schienenbein treten darf. Ebenso gibt die Tatsache, dass ich überhaupt etwas essen muss, noch keine hinreichende Antwort auf die Fragen: Was soll ich essen, wen lasse ich dafür zahlen, woher darf ich mir meine Nahrung nehmen?

Auch wir Menschen sind also in der Tat natürliche Wesen, nämlich körperliche Wesen und damit an die Empirie des Planeten Erde gebunden. Doch wir haben es hier eben mit einer ganz anderen Bedeutung von «Natürlichkeit» zu tun als der eingangs erwähnten, die suggerierte, der Verzehr Glutamat-getränkter Grill-Hähnchen sei natürlich, weil die Steinzeitmenschen schließlich auch Mammuts erlegten. «Natürlichkeit» ist ein schwammiger Begriff für ziemlich vieles. Dass wir körperliche Bedürfnisse haben, hat in der Tat Konsequenzen; unter anderem, dass wir Ressourcen aufbrauchen, die anderer Wesen Lebensraum sind. Doch dass wir

deswegen Lebewesen essen sollten, die mithilfe einer welt-
umspannenden Züchtungs-, Pharma- und Futtermittelin-
dustrie hergestellt und mittels Hightechanlagen und Com-
puterlogistik geschlachtet und verteilt werden – das folgt
nicht zwangsläufig daraus. Das ist nicht einfach «natürlich».
Das ist nicht jenseits aller Diskussion, sondern liegt an der
Schnittstelle ziemlich vieler hochentwickelter menschlicher
Kulturleistungen, unter anderem solcher aus Wirtschaft, Medizin und Ethik.

Anders gesagt: Die Moral kann weder versprechen noch
versuchen, alles Leid aus der Welt zu räumen, erst recht nicht
allen Tod. Allerdings geht es sehr wohl darum herauszufin-
den, wann es legitim ist, etwas Leidvolles (passiv) geschehen
zu lassen oder gar (aktiv) zuzufügen, und wann nicht. Und
ob wir ein Tier jetzt aus dem Leben reißen oder später (oder
nie, sondern es sterben lassen), das entscheidet nicht die Natur, sondern der jeweils involvierte Mensch. Insofern ist der
Tod, den wir zufügen, kein natürliches Geschehen, sondern
Folge einer absichtsvollen Handlung. Was aber fügen wir
dem anderen damit genau zu? Was bedeutet der Tod für den,
der ihn stirbt?

Am Leben sein

Über den Tod nachzudenken ist äußerst verwirrend und
führt von einer Ratlosigkeit zur nächsten; denn weder können wir uns vorstellen, wie es war, als wir noch nicht exis-
tierten, noch wie es sein wird, wenn wir aufgehört haben
werden zu existieren. Dieses Faktum biologischen Lebens
hat viele Philosophen in tiefste Konfusion gestürzt. Immerhin lässt sich über die Zeitspanne zwischen Anfang und
Ende relativ zweifelsfrei sagen: Während wir leben, existieren wir. Und das ist alles andere als trivial. Denn zu dem,
was sich von außen als ein chemisches und physikalisches

Ablaufen bestimmter Stoffwechselvorgänge, Wachstums-
prozesse und Muskelkontraktionen ausnimmt, gesellt sich
gleichzeitig eine Innensicht aus Selbstwahrnehmungen,
Empfindungen, Wünschen, Freuden und Schmerzen.

Auch unsere Subjektivität verdanken wir, wie im vorhergehenden Kapitel bereits angesprochen, biologischen Ursachen, und sie erfüllt lebensbefördernde Funktionen. Die
Evolution hat hier etwas in die Welt gebracht, was es vorher
nicht gab: sozusagen unzählige Innenwelten. Mit jeder Geburt (oder jedem Heranreifen) entsteht eine weitere solche
Innenwelt, um dann irgendwann wieder zu vergehen.[8]

Es ist also mehr als eine leere Tautologie, wenn man fest-
stellt: Während wir am Leben sind, sind wir. Und zwar sind
wir Subjekte unseres Lebens. Damit ist hier nun etwas anderes gemeint als die Unterscheidung zwischen moralischen
Subjekten und Objekten im vorigen Kapitel; Subjekt meint
in diesem Zusammenhang: Wir *nehmen* unsere Umgebung
mittels unserer Sinne *wahr*, wir haben ein eigenes Gefühls-
leben. Dabei lässt sich das Wertvolle am Leben nicht nur auf
die schönen Erlebnisse reduzieren, sondern wertvoll ist bereits, dass wir überhaupt etwas erleben. Wie im Falle des
schwer verletzten Motorradfahrers, der auf den Rettungswagen wartet, gibt es einige, hoffentlich seltene Situationen
oder Phasen im Leben, in denen jemand sein Leben gern gegen den spontanen Tod eintauschen würde, um Qualen zu
entkommen. Aber meistens sind wir doch schlicht froh, am
Leben zu sein. Dazu muss das Leben nicht voll spektakulärer
Glücksmomente sein, und es wäre ein Irrtum zu meinen, der
Wert des Lebens bestünde nur im gesammelten Wert der einzelnen Glücksgefühle. Leben ist an sich bereits wertvoll.

Ich würde hier gern jeglichen kulturkonservativen Unter-
ton vermeiden, bin mir aber nicht sicher, ob es gelingt, wenn
ich sage: Das Leben in relativem Wohlstand und relativer
Sicherheit verführt bisweilen zu dem hedonistischen Missverständnis, das Leben müsse eigentlich eine Aneinanderrei-

hung von Freuden oder zumindest angenehmen Erlebnissen sein. Dabei übersehen wir etwas: Zu sagen, dass das Essen in der Kantine schlecht war, impliziert, dass es in der Kantine Essen gab. Mit einem langweiligen Tag unzufrieden sein kann nur, wer überhaupt am Leben ist. Dabei ist ein Leben, wenn es langweilig oder ereignislos erscheint, in seiner Glücksbilanz immerhin neutral! Doch um am Leben zu bleiben, nehmen wir sogar enorme Belastungen und Schmerzen in Kauf, zum Beispiel im Rahmen von Krebstherapien, die oft aus einer Serie von Angst, Schmerzen, Übelkeit bestehen, aber eben auch Hoffnung auf ein Weiterleben geben.

So wie man den Wert von Nahrung oder menschlicher Gesellschaft am leichtesten wertschätzen kann, wenn man eine Zeitlang Mangel an beidem hatte, hilft es manchmal, sich den Wert des Lebens mithilfe derer vor Augen zu führen, für die ihr Leben tatsächlich keine Selbstverständlichkeit ist. Es ist erstaunlich, als wie lebenswert Menschen auch noch ein Leben empfinden, das von außen gesehen völlig verarmt zu sein scheint. Ein Psychiater hat mir einmal von den Ergebnissen einer Studie über Amyotrophe Lateralsklerose (ALS) berichtet. ALS ist eine Degenerationskrankheit der Nerven, in deren Folge es innerhalb weniger Jahre zu spastischen Lähmungen, zum Verlust der Kontrolle über alle möglichen Muskeln bis hin zur Atemlähmung kommt. Im späteren Krankheitsstadium kann der Kranke keine alltägliche Tätigkeit mehr selbständig ausführen, befindet sich also in einem Zustand von Hilflosigkeit und Abhängigkeit, der für einen gesunden, beweglichen, halbwegs autarken Menschen zu den schrecklichsten Horrorvisionen zählt. Viele Gesunde neigen daher auch dazu, lebensverlängernde Maßnahmen für sich selbst in solchen Fällen per Patientenverfügung auszuschließen oder gar aktive Sterbehilfe zu befürworten.

Um die Triftigkeit solcher Entscheidungen zu überprüfen, untersuchte vor einigen Jahren ein Neurologen-Team die subjektive Beurteilung der eigenen Lebensqualität von mehreren Dutzend ALS-Patienten.[9] Zu den erstaunlichen Ergebnissen zählte: «Die Lebensqualität von ALS-Patienten unterschied sich nicht wesentlich von gesunden Kontrollpersonen; Depressionen waren vergleichsweise selten.» Und sogar: «Zwischen physischen Einschränkungen aufgrund von ALS und Depression oder Lebensqualität ergab sich kein Zusammenhang.» Auch schwer beeinträchtigte Patienten scheinen die Erwartungen an ihre Lebensqualität an ihren derzeitigen Zustand anzupassen, und, was für unser Thema hier am wichtigsten ist: Sie sind schlicht gerne am Leben.

Dieses Ergebnis, das durch Studien zu ähnlichen Krankheitsbildern bestätigt wurde, ist für einen gesunden Menschen, der doch ständig so viel vom Leben erwartet, erst einmal überraschend. Denn wenn wir jemanden absichtlich in diesen Zustand versetzen würden, ihn unfähig machen würden, sich selbst zu bewegen, zu ernähren oder eigenständig zu atmen, wäre dies eine brutale Schädigung und Beraubung. Aber jemand, der in diesem Zustand ist, empfindet sein Leben nicht als völlig verarmt.[10]

Der Wert des Lebens, darauf kommt es hier an, ist also mehr und sogar etwas ganz anderes als die Summe des Werts all der einzelnen schönen Erfahrungen, die wir machen, machen können, zu machen erhoffen.[11] Vielleicht besteht der Wert des Lebens darin, überhaupt Erfahrungen machen zu können. Oder noch einfacher: Der Wert des Lebens besteht schlicht darin, dass wir leben.

Was folgt daraus für die Moral? Daraus folgt, dass es zwar viele verschiedene Arten von Schäden gibt, die wir anderen zufügen können – wir können ihnen Schmerzen bereiten, ihnen einen schönen Tag vermasseln, ihnen etwas Wertvolles entwenden; aber dass es eben eine davon unabhängige, eigenständige Form von Schaden ist, wenn wir ihnen «das Leben nehmen», ihre Existenz beenden. Wenn man jemanden erschießt oder ersticht, besteht das Verbrechen nicht nur darin, dass man dieser Person mit einer Waffe schwere Schmerzen zufügt; es liegt auch nicht nur darin, dass man ihr die Freude zunichte macht, ihrem kleinen Sohn am Abend eine Gutenachtgeschichte vorzulesen, ihm später beim Erwachsenwerden zuzusehen, ihre Karriere fortzuführen oder um die Welt zu reisen. Sondern man nimmt ihr all dies und noch viel mehr.

Außer in Situationen der Notwehr verstehen wir daher auch in unserer Alltagsmoral das Verbot zu töten als zentral und nahezu absolut. Es ist so tief in uns, unserem Alltag und unserer Gesellschaft verankert, dass die meisten von uns im Laufe ihres ganzen Lebens nicht einmal mit diesem Verbot in Berührung kommen, sie also nie einen inneren Konflikt zwischen Töten oder Nicht-Töten (von Menschen) austragen müssen. Dagegen kommen wir zig Mal am Tag in Versuchung, die Wahrheit zu «schönen», und fast jeder hat schon einmal im Leben fremdes Eigentum mitgehen lassen. Auch physische Gewalt ist unter Menschen, gerade unter Nahestehenden, leider weit verbreitet – aber eben nicht Mord und Totschlag. Obwohl Krimileser geneigt sind, jedes Mal, wenn eine reiche alte Dame stirbt, einen gierigen Erben als Ursache zu vermuten, kommen in Deutschland laut offizieller Kriminalstatistik nur etwa 400 Homizide pro Jahr vor (und 800 Mordversuche).

Der Wert des Lebens steht dermaßen hoch über den meisten anderen, auch essentiellen Gütern, dass wir, außer wenn wir selbst massiv angegriffen werden, gar nicht erst in Situationen kommen, in denen das Abwägen eines anderen Guts gegen den Wert des Lebens auch nur ansatzweise legitim wäre. Gerade weil das Tötungsverbot so zentral ist, muss es selten explizit gemacht werden und ist beinahe unsichtbar. Man bringt kleinen Kindern nicht als erstes bei, sie dürften nicht töten, sondern sie sollen nicht «hauen», nicht lügen, nicht stehlen und nicht «gemein sein». Man braucht ihnen das Tötungsverbot nicht erst beizubringen, denn dass wir einander nicht töten dürfen, ist die implizite Ausgangsvereinbarung unserer Gesellschaft.

Das gilt allerdings nur, soweit es Menschen betrifft. Bei Tieren haben wird deutlich weniger Skrupel. Die Tötung von Tieren ist nicht Ausnahme, sondern Regel, ob für die Kleidung oder zu Nahrungszwecken. Allein 60 Millionen Schweine und 600 Millionen Hühner werden in Deutschland jährlich geschlachtet. Und hier liegen nicht einmal essentielle Gründe vor, die gegen den Wert des Lebens abgewogen werden könnten. Gewiss, wir brauchen Kleidung, wir brauchen Nahrung. Aber nicht diese Kleidung, nicht diese Nahrung. Wir müssen keinen Pelz tragen, keine Schuhe aus echtem Leder; wir müssen Gänsen nicht die Federn ausreißen lassen,[12] sondern können unsere Winterjacken mit synthetischen Materialien mindestens genauso gut füllen; wir müssen kein Fleisch essen, keinen Fisch, müssen uns nicht von der Muttermilch anderer Spezies ernähren etc. Wenn man erneut das Bild der Waage heranzieht, sollte man ehrlicherweise sagen, dass in der einen Waagschale nicht Kleidung und Nahrung liegen, sondern Gewohnheiten, Traditionen, Vorlieben, Genuss, Geschmacks- und Modevorstellungen. In der anderen liegen Millionen Leben.

Ich hatte im letzten Kapitel ja bereits eingeräumt, dass eine leichte Voreingenommenheit zugunsten des Menschen wohl verständlich oder gar verzeihlich ist. Aber solche Voreingenommenheit wird das Abwägen nur um einen geringen Faktor verändern, und wir dürfen ihr auch nur nachgeben, wenn annähernd gleiche Güter auf Seiten des Menschen und eines Tiers auf dem Spiel stehen. Das ist bei Ernährungsgewohnheiten nicht der Fall.

Oder ist das Leben eines Tiers vielleicht doch etwas gänzlich anderes als das eines Menschen? Aber warum sollte es das sein? Ein empfindungsfähiges Wesen ist Subjekt eines eigenen Lebens, und es will leben. Ob dieses Subjekt nun hochintelligent oder eher ein Einfaltspinsel ist, ob es die Welt im Flug betrachten oder sich nur auf dem Erdboden fortbewegen kann, ob es viele Freunde und Nachkommen hat oder wenige, ob es jeden Tag tolle Abenteuer erlebt oder nur vor dem Fernseher sitzt, ob es überall gute Laune verbreitet oder eine Plage für seine ganze Umgebung ist – all das sind völlig irrelevante Kriterien um zu beurteilen, ob jemand ein Recht auf Leben hat.[13] Es gibt schlicht keine Kriterien für das Recht auf Leben, außer dass ein Individuum bewusste Empfindungen hat, dass den biologischen körperlichen Vorgängen also subjektive Wahrnehmungen korrespondieren, somit jemand «da» ist, der sein Leben lebt.

Ich habe übrigens die obige Aufzählung von Intelligenz, Fliegen-Können, Familie, Abenteuer etc. ganz ohne Hintergedanken angefangen und erst im Verlauf gemerkt: All diese Merkmale können genauso gut auf ein Tier Anwendung finden wie auf einen Menschen. Selbst *wenn* wir völlig irrig versuchen würden, erfülltere Leben gegen weniger erfüllte abzuwägen, fiele die Bilanz keineswegs immer zugunsten des *Homo sapiens* aus. Wer sieht denn zum Beispiel mehr, wer verarbeitet mehr optische Informationen: ein Fliegenauge mit seinem zeitlichen Auflösungsvermögen von 250 Reizen pro Sekunde oder ein Menschenauge mit seinen 30? Wer hat denn das aufregendere Leben: Die Inhaberin einer Edelboutique oder ein Wildschwein im Wald? Wer hat im Laufe dieses Tages mehr und intensiveres Glück empfunden und mehr geleistet: Die Schwalbe, die ihren zahlreichen hungrigen Kindern zig Mal Nahrung in den Schnabel gestopft hat, oder ich, die ich es gerade mal geschafft habe, meine Post zu öffnen, einen Artikel zu korrigieren und mir ein halbwegs passables Mittagessen zu kochen? Wer macht denn optisch eine bessere Figur, ist also eine größere ästhetische Bereicherung für diese Welt: Irgendein x-Beliebiger von uns sieben Milliarden Menschen oder einer von 500 000 Afrikanischen Elefanten?

Doch auch so herum – zugunsten des Tiers – ist die Diskussion vollkommen müßig. Es gibt keine Checkliste für den Wert des Lebens. Es gibt auch keinen Punkt im Universum, von dem aus man sagen könnte, ein seltener Elefant sei mehr (oder weniger) wert als ein Vertreter der sich üppig vermehrenden Gattung Mensch. In unserer Ethik, die ihren Ausgangspunkt darin sieht, dass jedes empfindungsfähige Wesen Subjekt seines eigenen Lebens und damit Dreh- und Angelpunkt der Berücksichtigung seiner spezifischen, gegen andere nicht aufrechenbaren Interessen ist, ist das Individuum eben auch Schlusspunkt solcher Begründungen. Der letzte Grund. Es kommt nicht darauf an, wie erstrebenswert oder bewundernswert oder wertvoll ein Leben für andere aussieht. Wie der kanadische Philosoph Will Kymlicka einmal gesagt hat: «Das Recht auf Leben beruht in keiner Weise auf dem Wert, den dieses Leben für andere hat... Tiere haben das Recht zu leben, weil ihr Leben wertvoll ist *für sie*.»[14]

Zukunftspläne und Lebenswille

Fairerweise sollen jetzt aber auch die zu Wort kommen, die anderer Meinung sind. Ich befinde mich hier in einer etwas heiklen Situation, weil ich in meiner Einleitung angekündigt hatte, dass wir uns von der Philosophie *helfen* lassen sollten, zu konsistenten Positionen in der Tierethik zu finden. Allerdings habe ich den Eindruck, dass gerade bei der Frage des Tötens und des Tötungsverbots einige akademische Philosophen unwillentlich dazu beigetragen haben, die Sache eher unklarer zu machen. Ich möchte ihre Position aber nicht aussparen, weil man ihr in tierethischen Diskussionen immer noch regelmäßig begegnet.

Das fragliche Argument geht in seiner bekanntesten Form auf Peter Singer zurück, wird aber auch von einigen anderen vertreten. Demzufolge unterscheidet sich das Töten eines

Tiers deutlich von dem eines Menschen, wird teilweise sogar als moralisch unproblematisch angesehen, weil Tiere keine in die Zukunft reichenden Pläne oder Interessen hätten. Demnach wäre das Töten eines Lebewesens darum falsch, weil man ihm etwas nimmt, auf das es als lebendes Wesen bereits bewusst Bezug nimmt.

Bei dieser Argumentation steht meist der Begriff des «Interesses» im Mittelpunkt; es sind aber wohl nicht nur einzelne Interessen gemeint. Vielmehr funktioniert der Begriff des Interesses wie eine gedankliche Brücke. Deren erster Pfeiler wäre die Frage: Warum nehmen wir Menschen etwas, wenn wir sie töten? Weil ihnen an ihrer Zukunft liegt. Dann: Woher wissen wir, ob einem Wesen an seiner Zukunft liegt? Weil es in die Zukunft reichende Interessen hat. Und schließlich: Wie steht es um Tiere ohne ein Bewusstsein ihrer selbst? Insofern sie Wesen ohne Zukunftsbezug sind, nehmen wir ihnen bei einer Tötung auch nichts.

Singer selbst folgert aus diesen Überlegungen, dass wir die allermeisten Tiere *nicht* töten dürfen; das gilt zum Beispiel für «Affen, Hunde und Katzen, Schweine, Robben und Bären» und überhaupt fast alle «von den Milliarden Fällen, in denen Menschen Jahr für Jahr nichtmenschlichen Geschöpfen den vorzeitigen Tod bringen».[15] Andere Philosophen hingegen vertreten zwar ein ähnliches Argument, meinen aber damit erklären zu können, warum sich das Lebensrecht von Tieren – wenn überhaupt – nur indirekt oder nachgeordnet begründen lässt.[16]

Es ist nicht erst die Übertragung vom Menschen auf das Tier, die ich an diesem «Zukunftsargument» so wenig überzeugend finde, sondern schon die Argumentation in Bezug auf den Menschen. Welcher Pfeiler soll diese Brücke jetzt eigentlich tragen: die Tatsache, dass es Interessen mit Zukunftsbezug gibt – oder die, dass dabei der Zukunftsbezug bewusst ist? Beginnen wir mit den Interessen, Plänen oder Wünschen. Auch wenn ein Mensch stirbt, denken wir nicht vorrangig an das, was er für die Zukunft geplant hatte – sondern dass überhaupt etwas vor ihm lag. Gewiss, manchmal kommt einem der traurige Gedanke, dass jemand «noch so viel vorhatte». Aber damit verleiht man doch eher der Tragik Ausdruck, dass es diesem Menschen zu gönnen gewesen wäre, dies oder jenes oder einfach noch eine Menge zu erleben. Wir bedauern vorrangig, dass der Mensch tot ist, und nicht, dass seine Pläne nicht mehr zur Ausführung kommen. Beim Tod von jemandem, der wenig vorhatte, sagen wir auch nicht umgekehrt: Schade, dass er unter den Bus geriet – aber na ja, er hatte für diesen Sommer eh noch nichts gebucht.

Welches Argument soll sich aus dem Vorhandensein von Zukunftswünschen überhaupt ableiten lassen? Haben ein antriebsschwacher Mensch in einer depressiven Phase oder ein Teenager, der den Sommer nach seinem Abi nur bekifft im Hobbykeller der Eltern herumhängt und null Bock auf Zukunft hat, ein geringeres Recht auf Leben? Wäre es nicht sonderbar, den Wert eines Lebens danach zu bemessen, wie viele Wünsche oder Projekte ein Wesen hat, wie intensiv er oder sie alles empfindet? Man denke allein an den ALS-Patienten, der nicht mehr sehr viel tun kann.

Die Menge oder Komplexität von Wünschen zum Kriterium für den Wert des Lebens zu machen, führt zu den absurdesten, unmoralischsten Konsequenzen und entspricht auch nicht unserer Lebenserfahrung. Gewiss, in ganz bestimmten Zusammenhängen denken wir an die «Menge» Zukunft, die jemand noch vor sich hat. Wir empfinden es als tragischer, wenn ein junges Wesen stirbt, als wenn jemand schon alt ist. Vielleicht empfinden wir es auch als tragischer, wenn eine Florence Nightingale stirbt als ein Griesgram, der all seinen Nachbarn das Leben zur Hölle gemacht hat.

Dennoch hat der Griesgram dasselbe Recht auf Leben.[17] In tragischen Situationen, etwa bei einem Hausbrand, würden wir wahrscheinlich eher das Kind zu retten versuchen;

aber tragische Situationen sind schlechte Anhaltspunkte für moralische Richtlinien, weil sie oft Situationen darstellen, in denen man nicht wirklich richtig, nicht befriedigend handeln kann. Oft versuchen wir dann nur, das weniger Schlechte zu tun, oder das, mit dem wir im Nachhinein am ehesten leben können; gewisse Faustregeln geben da nicht mehr und nicht weniger als eine notdürftige Orientierung.

Versuchen wir also, das Gewicht des Zukunfts-Arguments von dem anderen Pfeiler tragen zu lassen, dem bewussten Zukunftsbezug. Gemeint wäre also: Nur ein Wesen, das über Selbst-Bewusstsein verfügt – also weiß, dass es ein kontinuierliches Ich in Raum und Zeit ist –, kann ein Wissen von seiner Zukunft haben; und nur solche Wesen können wir auch schädigen. Also nur jemanden, der weiß, dass er eine Zukunft hat und sie bewusst erwartet. Das Kriterium des *bewussten* Wissens ist wichtig, weil ja auch das Eichhörnchen Vorbereitungen für die Zukunft trifft, wenn es Nüsse vergräbt, oder die Zugvögel, die sich ein Fettpolster anfressen, um die Reise in den Süden anzutreten. Man müsste ihnen unterstellen, dass ihnen nicht bewusst ist, dass es einen «nächsten Winter» gibt.

Ich kann nicht beurteilen, ob das überhaupt zutrifft. Doch selbst wenn es so wäre, bliebe ein Rätsel, warum das Wissen, dass man etwas hat, dafür zentral sein soll, ob man dessen beraubt werden darf oder nicht. Immer, wenn Philosophen diese Variante des Zukunfts-Arguments erörtern,[18] fällt mir ein, was mir ein Freund einmal über seinen früheren Zivildienst erzählte. Er und ein Kollege mussten die Wohnung einer dementen alten Dame aufräumen und machten dabei ihr Bett. Unter der Matratze fanden sie einen riesigen Haufen Geldscheine. Sie überlegten, ob sie zumindest einen Teil des Geldes nehmen dürften; die alte Frau war nämlich bereits gut versorgt, sie wusste nichts von dem Geld, und sie brauchte es auch nicht. Ich kann mich nicht mehr erinnern, wie sich die beiden entschieden haben; doch selbstverständlich hätte es sich um Diebstahl gehandelt, selbst wenn die alte Frau ihn nicht bemerkt hätte. Es wäre übrigens auch Diebstahl gewesen, wenn die beiden das Geld erst nach dem Ableben der Frau gefunden und auch die Erben keine Ahnung von dem Schatz unter der Matratze gehabt hätten. Man kann Menschen unheimlich viel antun, ohne dass sie es merken – sie belügen, sie bestehlen, übel über sie reden, so dass sie eine bestimmte Arbeit nicht bekommen oder Freunde sich von ihnen abwenden; sie bemerken die Handlung nicht, aber sie hat für sie Folgen.[19]

Natürlich ist das subjektive Empfinden des Schadens per definitionem größer, wenn das Wesen den Verlust auch vollständig empfindet. Der Schaden umfasst dann auch negative Gefühle des Verlusts oder des Ärgers. Das ist aber nicht das Entscheidende. Wir würden dies nicht in die Beschreibung des moralischen Vergehens aufnehmen, also nicht sagen: Er hat ihr ihre gesamten Ersparnisse genommen – und dann hat der Verbrecher sie auch noch traurig gemacht, weil sie es nämlich gemerkt hat! Das wäre eine absurde Beschreibung eines Diebstahls.[20]

Wenn jemand hingegen getötet wird, ist natürlich nachher niemand mehr da, der seines Lebens beraubt wurde. So gesehen bringt der Tod einen Menschen um etwas, dessen Verlust er danach nicht mehr bemerkt. Er merkt es nicht nur nicht, er existiert auch nicht mehr. Es gibt keinen Geschädigten. Drastischer: Sobald wir jemanden ermordet haben, gibt es niemanden mehr, den wir ermordet haben.[21]

Ich glaube, dass es letztlich diese paradoxe Feststellung ist, die so viele Philosophen ins Schwimmen bringt, wenn sie über den Tod beziehungsweise das Töten nachdenken.[22] Das liegt eben an diesem verwirrenden Faktum biologischen Lebens, dass es uns die allermeiste Zeit der Geschichte dieser Welt nicht gegeben hat, dann existieren wir kurz, und später nicht mehr.[23] Vielleicht hat dieses Paradox Philosophen dazu geführt, nach einer Brücke vom Gestern (Leben) zum Morgen (Tod) zu suchen; und diese Brücke glauben sie in den Zukunftsplänen gefunden zu haben. Aber mit dem Verweis auf bewusste Zukunftsinteressen kann der Brückenschlag nicht gelingen.

Vom Wert des Lebens

Um das Vorhergehende noch einmal kurz zusammenzufassen: Bei meinem Versuch, das Zukunftsargument zu rekonstruieren, habe ich zwei verschiedene Varianten ausgemacht. In der ersten bestünde das Lebensrecht des Menschen (nicht aber eines Tiers) darin, dass der Mensch zukunftsbezogene Pläne hat. In dieser Form ist das Argument nicht besonders belastbar, weil wir auch bei unterschiedlichen Menschen und in unterschiedlichen Lebenssituationen mal mehr, mal weniger, mal edlere, mal schäbigere, mal intensive und mal laue Pläne feststellen können. Nichts davon lässt sich auf den «Wert» dieses Lebens umrechnen. Sogar ein Mensch, der momentan keinerlei Pläne für seine Zukunft hat, hat ein Recht auf diese Zukunft. Genauso ist es auch beim Tier.

In einer zweiten Variante würde das Argument darauf beruhen, dass der Mensch *weiß*, dass er eine Zukunft besitzt. Allerdings ist das Wissen um eine Schädigung auch bei anderen Formen von Schädigungen nicht das Kriterium dafür, ob ein moralisches Problem vorliegt. Wenn ein Unternehmen seine Mitarbeiter bei der Arbeit toxischen Stoffen aussetzt, die Asthma verursachen, schädigt es diese Mitarbeiter, auch wenn jahrzehntelang niemand einen Zusammenhang zwischen Arbeitsplatz und Asthma herstellen kann. Es wäre insofern rätselhaft, warum man einem Tier das Leben nehmen dürfte, nur weil es nicht über Begriffe wie «Zukunft» oder «nächster Sommer» verfügt.

Der Wert des Lebens besteht nicht vorrangig im Ausführen von Zukunftsplänen, und jemand (ob Mensch, ob Tier) kann ein moralisches Recht auf etwas haben, ohne dass er abstrakt davon weiß. Recht pointiert schreibt der Schweizer Tierethiker Jean-Claude Wolf: «Im Unterschied zu Singer glaube ich nicht, dass rasche und schmerzarme Tötung nur Wesen schädigt, die zukunftsbezogene Wünsche haben. Vielmehr sehe ich darin eine willkürliche Überschätzung der Fähigkeiten zu planen und vorzusorgen – Fähigkeiten, die zwar für das Überleben unserer Spezies besonders wichtig sind, für andere dagegen nicht. Diese Überschätzung dient ganz offensichtlich dazu, Wesen mit Zeitbewusstsein moralisch zu privilegieren.»²⁴

Wenn die einzigen Argumente gegen das Töten auf zukunftsbezogenen Interessen aufbauen sollten, stünde übrigens das Tötungsverbot nicht nur gegenüber Tieren, sondern auch gegenüber Menschen auf wackeligen Beinen, insbesondere wenn sie Säuglinge, verwirrt, depressiv oder bekifft sind. In vielen Fällen könnte man das Tötungsverbot nur noch indirekt begründen, zum Beispiel indem man auf die Todesangst der Lebenden verwiese; deren harmonisches Zusammenleben kann nur gewährleistet werden, indem sie sich halbwegs sicher voreinander fühlen.²⁵ Das stimmt – aber ist dies der entscheidende Grund, warum wir die Lebenden nicht töten dürfen?

Das Tötungsverbot ist ein zentrales Element der Moral, und seine philosophische Erklärung muss in ihrer Form und Stärke der Bedeutung dieses Verbots entsprechen. Eine moralische «Begründung», die mithilfe etlicher Zusatzargumente nur indirekt plausibel machen kann, warum wir – Lebewesen, die den Tod scheuen wie kaum etwas anderes! – einander nicht töten dürfen, ist anscheinend nicht in der Lage, den Kern des Phänomens richtig zu erfassen. Daher stellt die gesamte Diskussion um zukunftsbezogene Interessen und Pläne in meinen Augen einen fruchtlosen Umweg dar, den ich mich nur nachzuvollziehen verpflichtet fühlte, weil er in der tierethischen Literatur oft auftauchte.²⁶ Im

Grunde haben wir es nämlich wieder mit «einem Gedanken zu viel» zu tun. Warum ist es falsch, jemanden zu töten, oder inwiefern schädigen wir jemanden, wenn wir ihn töten? Vereiteln wir etwa seine Pläne, durchkreuzen wir sein zukunftsbezogenes Denken? Ja, aber vor allem: Wir töten ihn. Das ist der Schaden.[27] Am Leben zu sein ist Bedingung für alles andere. Für jede Empfindung, jeden Wunsch, jeden Plan, jede Umsetzung, jede Handlung. Ihr Leben ist ein essentielles Gut der Lebewesen, und das nehmen wir ihnen, wenn wir sie töten.

Biologische Begründungen sind immer mit Vorsicht zu genießen, aber man sollte sich zumindest kurz vor Augen führen, dass biologisch gesehen der Wunsch zu leben oder das Interesse am Leben der basale Wunsch und das basale Interesse sind. Die Lust am Essen, am Sex, an der Ruhe, an der Bewegung – all das dient dem Weiterleben, nicht etwa umgekehrt. (Evolutionsbiologisch müsste es natürlich präzise heißen: das Interesse, so lange zu leben, bis hinreichend viele Nachkommen produziert wurden und einen lebensfähigen Zustand erreicht haben. «Hinreichend viele» bezieht sich auf die erfolgreiche Weitergabe der Gene. Diese Arithmetik ist allerdings nicht sehr präzise, und de facto heißt es daher meist: Bis auf diejenigen Spezies vielleicht, die nur einmal Nachkommen produzieren und dann sterben, wollen lebende Wesen zumeist auch unabhängig von der Anzahl ihrer Nachkommen weiterleben.)

Von der blinden Biologie nun zum Phänomen der Empfindungsfähigkeit: Die genannten Lebewesen mit ausgebildetem Nervensystem bekamen auch einen entsprechenden Lebenswunsch von der Natur «eingepflanzt». Es ist ja kein Zufall, dass alle Philosophen (oder auch Fleischesser), die die Legitimität der Tötung von Tieren verteidigen, immer wieder betonen, dies müsse dann nicht nur schmerzfrei, sondern auch angstfrei geschehen, denn jeder weiß: Todesangst ist beim Tier genauso ausgeprägt wie beim Menschen. Aber was anderes offenbaren die Todesangst und das verzweifelte Bemühen, dem Tod irgendwie doch noch zu entgehen, wenn er sich nähert, als den Wunsch zu leben?

Wenn wir dem Tier die Todesangst nehmen, bevor wir es töten, nehmen wir ihm die subjektive Belastung der Angst; wir nehmen ihm allerdings auch die Möglichkeit zu signalisieren, dass es weiterleben will. Ein Tier zunächst über den nahenden Tod zu täuschen, rückblickend aber anzuführen, man habe ihm nicht anmerken können, dass es weiterleben wollte, ist ungefähr so plausibel wie der alten Dame das Geld zu klauen, während sie im Bad ist und nichts mitbekommt, und später zu sagen, sie habe nicht widersprochen.

Der Wunsch zu leben äußert sich für den Außenstehenden dann am deutlichsten, wenn sich ein Tier bedroht sieht: nicht nur im Fluchtverhalten, sondern bei vielen Spezies auch in Angst- und Todesschreien. Das ist kein schönes Thema, aber je mehr man mit Tieren zu tun hat, also wenn Krankheiten, Unfälle, Altersschwäche auftreten, desto eindringlicher bekommt man die ungeheure Zähigkeit, mit der selbst geschwächte und verletzte Tiere noch um ihr Leben kämpfen, vor Augen geführt. Vor einigen Jahren betrat ich zum ersten Mal einen Hühnerstall, dessen 10 000 Legehennen gerade zum Schlachter gefahren worden waren. Einige jedoch, zehn von 10 000, waren entkommen. Sie hatten sich in Ecken und Ritzen versteckt und sollten später von den Arbeitern des Reinigungstrupps getötet werden.

Diese Tiere, die gerade dem einen Tod entronnen waren und nun, ohne es zu ahnen, dem nächsten entgegengingen, taten mir leid, und ich fragte den Besitzer, ob ich sie mitnehmen dürfe. Er stimmte zu und gab den Arbeitern die Anweisung, sie für mich einzufangen. Als ich sie aus der Nähe sah, fragte ich mich kurz, ob das «noch lohnte» – für die Tiere. Sie sahen erbärmlich aus, ohne Federn, blass, abgemagert. Es war Winter, und sie froren wohl ziemlich. Aber als sie dann, an den Füßen hochgehalten, in den Händen der

Arbeiter baumelten, schrien sie dermaßen gellend, dass ich wusste: Egal, wie ich ihre Überlebenschancen einschätzte – sie wollten definitiv weiterleben. Also sollten wir es probieren. Und tatsächlich zeigte sich, auch in den kommenden Jahren, in denen ich immer wieder Hühner aus der Farm abholte, dass von diesen ausgemergelten Geschöpfen zwar ungefähr ein Drittel innerhalb der nächsten Wochen starb, die anderen aber noch etliche Monate und sogar einige Jahre weiterlebten.

Abgesehen davon, dass Tiere in Gefahrensituationen ihren Widerstand gegen den Tod zeigen, beweisen sie uns ihren Willen zu leben beinah tagtäglich auf viel unspektakulärere Weise. Zum Beispiel das Eichhörnchen, das für den kommenden Winter Nüsse vergräbt, und der Zugvogel, der sich einen Fettspeicher anfrisst: Es kann gut sein, dass beide nicht wissen, was sie erwartet. Gewiss werden sie abends nicht dasitzen und ausrechnen, wie viele Monate der Winter hat und wie viele Nüsse oder wie viele Kalorien sie dafür benötigen. In diesem Sinne handeln sie nicht bewusst planerisch.

Ich bin mir nicht sicher, ob man deswegen auch das Wort «Absicht» hier nicht verwenden darf, überlasse diese Feinheit aber darauf spezialisierten Philosophen. Doch eines sollte zumindest klar sein: Das Eichhörnchen, der Zugvogel und die Angehörigen von zigtausend weiteren Spezies vollziehen bewusst Handlungen, die einem Ziel dienen, das in ihrem eigenen Interesse liegt. Oft sind es sogar recht komplizierte, vielgliedrige Handlungsketten, deren Elemente erst vereint zu dem gewünschten Ergebnis führen. Es mag zwar sein, dass das Tier nicht jede dieser Handlungen in dem Bewusstsein vollzieht, dass sie zusammen genommen diesem Ziel dienen. Aber die Tiere vollziehen die Handlungen bewusst, also «sehenden Auges», unter Einsatz ihrer körperlichen wie kognitiven Kräfte, begleitet und unterstützt von bewussten Wahrnehmungen. Wenn wir das leugnen wollten, müssten wir wieder wie Descartes behaupten, Tiere seien nur Automaten.

In diesem Sinne tun Tiere viel, und zwar täglich, für ihr eigenes Fortkommen. Sie «arbeiten» sozusagen für ihr Leben und Überleben. Sie müssen nicht wissen, dass sie soundso viel Phosphor und Calcium benötigen. Aber sie nehmen es bei Bedarf auf, durch Rinde, Erde oder Minerallecksteine, und sorgen dafür, dass ihr Körper bekommt, was er benötigt. Anders als für uns Menschen in industrialisierten und stark arbeitsteiligen Gesellschaften, die wir uns meist eher mit Computern, verspäteten Bussen oder nervenden Anrufern herumschlagen, verbringen die meisten freilebenden Tiere täglich viel Zeit mit der Anstrengung, ihr Überleben und dazu vor allem ihre Ernährung zu sichern. Und damit *zeigen* sie, dass ihr basales Interesse ist zu überleben. Ein Wildschwein, das auf einer Treibjagd stundenlang vor Menschen und Hunden flieht, hat bereits hinreichend bewiesen, dass ihm sein Leben etwas wert ist, daher ist es völlig unangebracht zu spekulieren, ob ihm oder einem Artgenossen eventuell nichts fehlen würde, wenn man es zu anderer Gelegenheit schmerzlos und angstfrei töten würde.

Damit landen wir wieder bei einem zentralen Gedanken des ersten Kapitels: Jedes empfindende Lebewesen verfolgt seine eigenen Interessen und ist als Zweck an sich zu respektieren. Die Formel vom «Zweck an sich» hat bekanntlich Immanuel Kant in die moderne Moralphilosophie eingeführt, und bis heute baut unser gesamtes modernes westliches moralisches Denken darauf auf. Selbstverständlich dachten Kant und viele andere Moralphilosophen dabei zunächst an Menschen; zeitgenössische Kantianer wie Christine Korsgaard haben aber gezeigt, dass man dieses Konzept auch auf Tiere erweitern kann oder sogar muss: Alle Wesen, *für die* etwas gut oder schlecht sein kann, sind als Zweck an sich zu behandeln.[28]

Wir haben zu respektieren, dass die anderen nicht nur für

uns da sind, sondern jeder von ihnen ein eigenes Subjekt, ein Ich, ein Wesen mit Empfindungen und Wünschen ist. Aus meiner Perspektive ist die Welt zunächst egozentrisch organisiert, aus deiner Sicht zentriert sie sich um dich – und wenn wir beide einen Schritt aus unserer Befangenheit heraustreten, erkennen wir: Im Grunde genommen ist hier keiner mehr wert als der andere, die Wünsche und Empfindungen aller zählen. Wenn wir eine moralische Entscheidung treffen, müssen wir sie alle berücksichtigen.

Darum hat dieser Respekt auch Folgen. Es reicht nicht, das Zappeln des Fisches an der Angelschnur wahrzunehmen und angesichts dieses «Kampfes auf Leben und Tod» genüsslich zu schaudern, sondern wir müssen sein Zappeln ernst nehmen als Ausdruck eines Kampfes *gegen* den Tod und *für* ein Überleben. Zu akzeptieren, dass der andere seine eigenen Zwecke hat, heißt vor allen Dingen zu akzeptieren und zu respektieren, dass er ein eigenes Leben und ein Recht auf dieses Leben hat.

Konsequenzen für unser Handeln

Doch geht das überhaupt: Können wir das Lebensrecht aller Tiere, deren Weg irgendwie den unseren kreuzt, so respektieren, dass wir ihr Leben schonen? Wenn wir Auto fahren, werden wir gelegentlich einzelne Tiere überfahren; wenn wir Häuser bauen, vertreiben und beschädigen wir auf dem Gelände ansässige Mäusekolonien; beim Holzfällen und bei jedem Gemüseanbau beschneiden wir Lebensräume, egal, wie behutsam und «nachhaltig» wir dabei vorgehen. Jedes Leben kostet Ressourcen, und das menschliche Leben kostet mit zunehmendem Wohlstand sogar besonders viele.

Ich werde auf diese schwierigen Fragen am Schluss noch einmal zu sprechen kommen, doch eins dürfte klar sein: Dass man eine Form des Schadens nicht komplett ausschließen kann, heißt nicht, dass man nicht bemüht sein sollte, diesen Schaden oder einen anderen gering zu halten. Es ist eben ein deutlicher Unterschied, ob wir wild lebenden Tieren in unserem Leben begegnen und ihnen dabei, *ohne es vermeiden zu können,* bisweilen schaden, oder ob wir Tiere extra züchten *in der Absicht,* sie – nach einem bereits extrem eingeschränkten Leben – zu töten.

Die Formulierung, dass wir die Tiere «extra dafür gezüchtet haben», wirft gleich eine andere Frage auf: Dürfen wir Tiere deshalb töten, weil wir sie auch «produziert» haben? «Ohne uns wären sie schließlich gar nicht erst am Leben!» Manche bringt diese Bemerkung zum Lachen, andere äußern sie mit vollem Ernst. Nun, der britische Philosoph Marc Rowlands hat hierauf die einzig vernünftige klare Antwort gegeben. «Ohne uns gäbe es die Tiere gar nicht. – Das stimmt. Na und? Unsere Kinder würden ohne uns auch nicht existieren. Das bedeutet aber nicht, dass man mit seinen Kindern machen darf, was man will, nur weil man sie hervorgebracht hat. Dass man etwas hervorgebracht hat, heißt im Allgemeinen nicht, dass man uneingeschränkte Rechte über es hat.»[29]

Eher das Gegenteil ist richtig: Wenn ich jemandes Existenz verursacht habe, habe ich mehr und nicht weniger Verantwortung für ihn als für jemanden, der einfach nur irgendwo auf der Welt herumläuft, ohne dass ich in seine Entstehung oder Existenz involviert bin. Und auch das widerspräche übrigens der Vorstellung eines Wesens mit einem Zweck an sich: es nur in die Welt zu bringen, um es zu töten. Wir können keinen imaginären Vertrag mit einer vorgeburtlichen Seele abschließen und sagen: «Ohne mich kommst du nie auf diese Welt. Also verhelfe ich dir dazu, und nach einigen Monaten ist dann wieder Schluss. Besser als nichts, klar?» Das wäre schlicht Erpressung – ein klassisches Beispiel für unsittliche Bedingungen, die einen Vertrag null und nichtig machen.

Daher leuchtet uns Rowlands' grundsätzliches Argument ja auch vollkommen ein, wenn wir es auf Menschen anwenden: Nur weil wir jemanden ins Leben gebracht haben, dürfen wir diesem Lebewesen nicht alle Bedingungen diktieren. Sobald es existiert, hat es seine eigenen Zwecke – und Rechte. Es gehört uns nicht.

Doch tatsächlich tun wir für die Fleischproduktion genau das: Wir lassen Lebewesen entstehen, nur um sie später zu töten. So weit wir können, verkürzen wir ihr Leben sogar noch, um sie früher töten zu können. Schweine, Puten und Masthühner wurden so gezüchtet, dass sie schneller wachsen, auf Kosten ihrer Gesundheit und ihres Wohlbefindens, nur damit wir sie früher schlachten können, also weniger Futter kaufen müssen und mehr an ihnen verdienen. Indem wir Tiere auf eine extra kurze Mastzeit hin züchten, züchten wir sie buchstäblich zum (frühen) Tod. Tiere nicht nur zu züchten, um sie später zu töten, sondern auch noch so zu züchten, dass die Tötung möglichst bald erfolgen kann: Es gibt eigentlich nichts Lebensfeindlicheres, was man mit dem Vorgang der Reproduktion anstellen kann.

Auch Vegetarier sollten übrigens über Rowlands' Argument und überhaupt das Lebensrecht von Tieren noch einmal genauer nachdenken, denn das Leben sämtlicher Nutztiere – auch das der Legehennen, der Milchkühe, der Kälber – endet mit dem gewaltsamen und, gemessen an ihrer biologisch möglichen Lebensspanne, drastisch verfrühten Tod.[30] Im gesamten Bereich tierischer Lebensmittelproduktion wird denkbar nüchtern mit dem Tod der Tiere kalkuliert. Außer den wenigen Tieren, die freigekauft werden und auf Gnadenhöfen leben, entkommt kein Nutztier dem Menschen lebend. Sofern es keine Krankheit dahinrafft, wird es geschlachtet, solange sein Fleisch noch «verwertbar» ist: das Tier nicht als Zweck an sich, sondern als Mittel zum Profit.

Was ist eigentlich mit jener einen hypothetischen Voraussetzung, die ich bisher ausgeblendet habe? Dass das Töten

angst- und schmerzfrei geschehen soll, schreiben alle mir
bekannten Philosophen, die die Ansicht vertreten, dass man
einem Tier nichts nimmt, wenn man es tötet. Diese Bedingung ist nicht zu realisieren. Die Tiere haben in den Trans-
portern Angst, sie haben im Vorraum der Schlachtstraße
Angst, sie haben in dem Moment Angst, in dem sie zur
Schlachtung getrieben, einzeln zur Betäubung per Bolzen-
schuss oder Elektrozange hervorgezogen werden. Wenn es
sich um Hühner handelt, haben sie Todesangst, wenn sie in
die Fließbänder eingehängt werden, die sie ins Elektrobad
fahren. Und die Schweine, die in einer «Gondel» in die Kohlendioxidkammer hinabfahren, empfinden ebenfalls Todesangst, während sie um Luft kämpfen, an die Decke der Gondel springen und laut schreien.[31]

Die Schlachtung im modernen Fließband-Schlachthof ist
nicht angstfrei, und wenn man alten Landwirten zuhört, die
von früheren Schlachttagen mit schreienden Schweinen und
herumflatterndem Geflügel erzählen, weiß man: Früher war
sie es auch nicht. Schmerzfrei war und ist sie natürlich genauso wenig, trotz gesetzlich vorgeschriebener Betäubung.
Von 60 Millionen jährlich in Deutschland geschlachteten
Schweinen wachen 500 000 wieder auf, weil sie nicht richtig
«abgestochen» wurden. Und zwar erwachen sie im 62 Grad
heißen Brühbad und müssen darin qualvoll ertrinken; das
können Veterinärmediziner, die die geschlachteten Tiere
untersuchen, später an dem Wasser in ihrer Lunge feststellen.[32]

Was tatsächlich geschieht, lässt die Rede von einer angst-
und schmerzlosen Tötung beinah zynisch erscheinen. Was
hilft es da zu sagen, dass das Tier nicht um seine Zukunft
und den abstrakten Wert seines Lebens wisse? Zeigt der
Todeskampf im Brühbad nicht hinreichend, dass dem Tier
sehr wohl an dem Leben liegt, das man ihm wegnehmen
will?

Euthanasie und Paternalismus

Wer mit Tieren lebt, muss bisweilen noch aus einem anderen Anlass über Tod und Lebensrecht von Tieren nachdenken: bei der Euthanasie, dem sogenannten Einschläfern. Damit ist nun tatsächlich eine nahezu schmerzlose und behutsam vollzogene Tötung gemeint – auch wenn Tierärzte immer etwas zusammenzucken, wenn man in diesem Zusammenhang von «töten» spricht. Doch trotz der guten Absichten ist es ja eine Tötung, mit der man einem schwer leidenden Tier, dem man zu keinem annehmbaren Leben mehr zurückverhelfen kann, Erleichterung verschaffen will.

Woher kommt nun plötzlich die Formulierung «annehmbares Leben» – klang das Bisherige nicht so, als ob das Leben in jeder Form ein absolutes Gut wäre? Wenn dem so wäre, dann ließe es sich nie gegen andere Güter abwägen, und es könnte nie eine Situation entstehen, in der man einem Tier das Sterben erleichtern sollte. Doch dass das Leben ein solches absolutes Gut wäre, habe ich nicht gesagt; tatsächlich gibt es nichts Derartiges, also kein Gut und auch kein Recht, das nicht unter bestimmten Bedingungen gegen andere Güter oder Rechte abgewogen werden könnte oder müsste.[33]

Wie sollen wir das aber für jemand anderen entscheiden? Wir können das Tier schließlich nicht befragen, es versteht unsere Auffassungen von Ethik nicht.[34] Insofern gibt uns die Euthanasiefrage Gelegenheit, ein grundsätzliches Problem der Tierethik aufzugreifen: Wie bestimmen wir überhaupt, was für ein Tier gut ist und worin sein längerfristiges Interesse besteht? Wie können wir das, was ein Tier jetzt will, gegen etwas abwägen, das auf Dauer gut für es ist? Wir packen eine Katze in den Transportkorb, ignorieren ihre Angst – und gehen davon aus, dass Behandlung oder Impfung dennoch in ihrem Interesse sind, so dass unser Zwang gerechtfertigt ist.[35] Nicht nur im Zusammenhang mit dem Tod, sondern bereits mit dem Leben stellt sich immer wieder die Frage des Paternalismus: Wie lässt sich von außen und mit menschlichen Worten über das Wohl eines Lebewesens entscheiden, das nicht mitreden und menschliche Konzepte von «gut» und «recht» ohnehin nicht verstehen kann?

Auch bei menschlichen Kindern entscheiden wir oft paternalistisch, aber in ihrem Falle können wir zumindest ein späteres Subjekt anvisieren, das unsere Entscheidungen billigen oder nachvollziehen könnte. Mit Kindern kann man ja auch meist verbal kommunizieren: Wir können ihnen viel besser klarmachen, wozu ein Arztbesuch gut ist, als einem Tier, und wir können es auch von dem kleinen Einstich besser mit einer Frage oder einer Geschichte ablenken als ein Tier. Bei verwirrten oder dementen Menschen können wir Patientenverfügungen konsultieren oder, wenn wir die Person in früheren, lichteren Zeiten schon gekannt haben, versuchen, uns an dem zu orientieren, was sie wohl sagen würde. Bei Tieren tappen wir noch viel mehr im Dunkeln.

Doch eigentlich ist bereits die Metapher des Im-Dunkeln-Tappens irreführend. Sie suggeriert nämlich, es liege irgendwo in der Tiefe der tierischen Seele eine Lösung oder korrekte Antwort verborgen, die wir von außen erraten müssten. Das ist aber nicht der Fall. Wenn wir vom Wohl eines Tieres oder seinem Interesse sprechen, sind dies gedankliche Konzepte von uns Menschen, mit deren Hilfe wir auch anderen Wesen gerecht werden wollen. Man könnte solche Konstruktionen anthropozentrisch nennen, insofern sie menschliche Überlegungen sind; aber sie sind nicht in dem Sinne anthropozentrisch, dass wir uns dabei nur für den Menschen interessieren würden. Sie sind also nicht im egoistischen Sinne auf den Menschen orientiert (dass wir also nur überlegten, was *für uns* gut wäre), sondern nur gedanklich (weil *wir* es sind, die überlegen müssen, was für das Tier am besten wäre). In diesem unproblematischen Sinne ist natürlich jede moralische Überlegung anthropozentrisch.[36]

Wir konstruieren hier also von außen auf paternalistische Weise das mutmaßliche Wohl und das mutmaßliche Interesse eines anderen Lebewesens. Paternalismus heißt hier: ohne ihre ausdrückliche Erlaubnis und manchmal sogar über ihren momentanen Willen hinweg. Denn oft gilt es, kurzfristige gegen längerfristige Wünsche abzuwägen; das zeigt sich bei der zu impfenden Katze wie bei dem Kind, das keine Lust hat, die Zahnspange zu tragen. «Später wirst du uns dankbar sein!», sagen die Eltern (und hoffentlich stimmt es). Ebenso setzen wir uns oft, und zu Recht, über kurzfristige Wünsche eines Tiers hinweg, wenn wir es zum Beispiel impfen lassen und davon ausgehen können, dass die Impfung in seinem Interesse wäre – sprich, dass es zustimmen würde, wenn man ihm verständlich machen könnte, worum es geht.[37] Das löscht die momentane Angst im Transportkorb und beim Tierarzt natürlich nicht aus, und solche Belastungen müssen ernst genommen und gegen den zu erwartenden Nutzen abgewogen werden.

Nicht immer also ist das, was wir momentan dringend wollen, wirklich «das Beste» für uns und in unserem wirklichen Interesse. Der verunglückte Motorradfahrer wäre lieber gestorben, als länger auf den Rettungswagen zu warten. Ich fürchte aber – um wieder auf die Euthanasie von Tieren zurückzukommen –, es kann manchmal auch umgekehrt sein. Und ich spreche hier wirklich nur von der Euthanasie von Tieren, mit denen wir ja nicht verbal kommunizieren und die sich zu keinem Zeitpunkt des Lebens derart abstrakte Gedanken über ihr Leben machen können. Von menschlichen Extremsituationen spreche ich hier nicht. Aber bei Tieren ist es leider eine schöne Legende, dass der Lebenswunsch in ihnen allen gegen Ende des Lebens von alleine verblasse; manchmal scheint es so zu sein, manchmal auch nicht.

Eine meiner Hennen – sie hieß Keira – erlitt eines Tages etwas, das mir wie ein Schlaganfall erschien.[38] Von da an blieb sie beinah reglos stehen. Sie fraß nicht, trank nicht, ging nicht umher, legte sich nicht hin. Ich dachte, es würde von allein bald zu Ende gehen. Das tat es nicht. Nach ein paar Tagen rief ich den Tierarzt zur Euthanasie. Kurz bevor der Tierarzt kam, bewegte sich Keira plötzlich wieder und fraß ein ihr dargebotenes gekochtes Ei mit Begeisterung. Ich bestellte den Tierarzt ab. Zwei Stunden später fiel Keira wieder in ihre Starre. Das ging noch ein paar Tage so weiter. Mehrmals wurde der Tierarzt gerufen und wieder abbestellt. Dann packte ich Keira ins Auto und fuhr sie zur Vogelklinik. Keira konnte nicht mal mehr allein stehen, ich nahm sie behutsam zwischen die Knie. In jeder Kurve fiel sie beinahe um.

Die Vogelärztin sah schnell, dass Keira keinerlei Reserven mehr hatte und dass sie wahrscheinlich sogar stark litt. Wir einigten uns darauf, sie einzuschläfern. Aber noch in dem Moment, als Keira die Spritze spürte, schrie sie auf, wurde plötzlich wieder lebhaft, sammelte noch einmal sämtliche ihrer Kräfte … Da flackerte er ganz deutlich auf, dieser Funke, dieser Wunsch zu leben. Dann schlief Keira ein, und die sichtlich betroffene Tierärztin flüsterte: «Jetzt hast du es geschafft.»

Obwohl Keira in diesem letzten Moment noch leben wollte, denke ich, dass es richtig war, sie zu «erlösen». Der Wunsch zu leben ist uns denkbar tief eingepflanzt, er spornt uns an, trägt uns durchs Leben. Aber wie jeder andere Wunsch, jeder andere Impuls kann auch er kurzfristig «gegen uns» arbeiten. Das zeigen ganz triviale Beispiele: Oft verspüre ich Lust auf Süßes, obwohl weniger Süßes sicher besser für mich wäre; ältere Menschen haben oft keinen Durst, obwohl sie mehr trinken sollten. Man kann das nicht alles eins zu eins übersetzen. Das heißt nicht, dass unsere Wünsche und Empfindungen nicht zu respektieren wären. Sie leiten uns im Leben und sollten andere bei ihren uns betreffenden moralischen Entscheidungen leiten. Aber bei der

Bestimmung dessen, was dauerhaft am Besten für uns oder andere und im eigentlichen Interesse ist, dürfen wir den Blick nicht nur auf den Moment richten.

Wie bei Tieren ein gutes Leben eigentlich zu bestimmen ist, darum geht es im nächsten Kapitel. Grundsätzlich können wir jedenfalls (bisher?) das menschliche Leben besser den Phasen des Verfalls und des Schmerzes anpassen als das eines Tiers. Menschen können in Krankenhäusern gepflegt werden, sie können sich zum Schmerzempfinden äußern, die Dosis der Schmerzmedikation sogar mit regulieren. Auch einige zahme Haustiere kann man vielleicht noch intensiv pflegen; aber meine Schafe als geradezu fanatische Herdentiere würden furchtbar leiden, wenn sie in ein Krankenzimmer müssten. Gelegentlich kann ich sie, wenn nötig, für kurze Zeit separieren; aber eine verlängerte Phase des Alleinseins vor dem Tod, nur mit dem Zweck, langsamer und in Ruhe zu altern, würde für sie nur Qual bedeuten, nicht positive Lebensverlängerung.

Beim Nachdenken über das, was für ein Tier das Beste wäre, dürfen wir uns also nicht nur an dem orientieren, was wir selbst (vermeintlich) gerne hätten, sondern müssen die Eigenheiten der Tiere mit berücksichtigen. Dennoch müssen wir uns von einer Vorstellung lösen: Der ideale oder «richtige» Zeitpunkt für eine Euthanasie lässt sich nicht finden – weil es nämlich kein physikalisch oder medizinisch exakt bestimmbarer Zeitpunkt ist. Man kann nur hoffen, einen Zeitpunkt zu finden, von dem man nachher nicht sagt, er sei zu spät oder zu früh gewesen.

Am Thema der Euthanasie und überhaupt des Todes eines Tiers sieht man übrigens, welches Leiden auch beim Menschen die weit verbreitete, schulterzuckende Behauptung schafft, dass es sich «nur um Tiere» handelt. Viele Tierliebhaber wissen, wie erleichternd es ist, auf andere Tierfreunde zu treffen, die verstehen, dass Trauer um ein Tier auch Trauer ist. Ein Psychoanalytiker, der selbst keinerlei Bezug zu Tieren hat, hat mir einmal erzählt, wie erstaunt er immer wieder war, wie wichtig und für wie lange Zeit bestimmend der Verlust eines Tieres in den Therapiesitzungen seiner Patienten oft war.

Dazu gehört auch ein gewisses Schuldgefühl, bevor man die Euthanasie einleitet. «Und dann sitzt du da mit dem Tier im Käfig, und einerseits wartest du, dass ihr schnell drankommt, und dann denkst du gleichzeitig, so zu denken ist auch irgendwie brutal», sagte eine Freundin. Hinzu kommt das Ungenügen, weil es oft keine angemessene Form des Abschiednehmens gibt. Größere Tiere wie Pferde, Kühe und Schafe kann man nicht einäschern lassen oder auf einem Tierfriedhof bestatten; man muss ihre toten Körper – eigentlich heißt es wohl «Kadaver» – von der Tierkörperverwertung abholen lassen. Dann wartet man auf den Abdecker, der nach einem oder auch erst mehreren Tagen kommt, je nach Auftragslage. Er fährt einen Container-LKW, dessen Gestank an einen mittelalterlichen Pestwagen erinnert, eine große Zange senkt sich herab, hebt den verdrehten, baumelnden Körper des Tieres hoch und lässt ihn zu den vielen anderen in den Container hinab.

Eine Pferdehalterin hatte ihr totes Pferd inmitten vieler Blumen aufgebahrt. Dann kam dieses baggerähnliche Gerät, das Pferd wurde hochgezogen und fiel mit einem lauten Plumps. So etwas anzusehen ist alles andere als leicht. Der Umgang mit dem toten Tier, das man so viele Jahre kannte und bis zu dessen Tod pflegte, ist schlicht würdelos. Wir gehen mit den Tieren und ihren toten Körpern um, als seien sie seelenlos und als liege uns nichts an ihnen. Doch für die meisten Menschen, die mit Tieren privat Umgang haben, stimmt das nicht; wir nehmen Tiere viel ernster, empfinden viel mehr für sie; bloß sind unsere Institutionen und auch unsere Art zu reden dem nicht angepasst.

Euthanasie beim Tier bleibt ein heikles Thema. Aber zeigt das nicht auch, dass wir im Grunde wissen, wie wertvoll das

Leben für ein Tier ist? Und so wirft das Thema Euthanasie auch ein Licht auf unseren eben viel zu sorglosen Umgang mit dem Leben von Tieren, die nicht von einem Menschen geliebt und umsorgt werden. Die meisten Menschen haben große Skrupel, geliebte Tiere zu töten, selbst wenn diese stark leiden. Demnach müsste es eigentlich noch deutlich schlimmer sein, ein Tier zu töten, das jung und gesund ist.

Dennoch scheinen viele Konsumenten zu hoffen, dass es irgendwann gelingen könne, Tiere wirklich gut und artgerecht zu halten; dann dürfe man sie auch bedenkenlos töten und essen. Doch wieso sollte die Tatsache, dass ein Tier gut gelebt hat, uns dazu berechtigen, es zu töten? Wenn wir schon bei der Euthanasie eines leidenden, kranken Tiers ein mulmiges Gefühl haben, wie viel schlimmer sollten wir uns erst dabei fühlen, ein gesundes und zufriedenes Tier aus dem Leben zu reißen!

Zusammenfassung und mehr

Wir neigen dazu, den Tod von Tieren zu übersehen, ihn zu trivialisieren oder zu romantisieren. Wir romantisieren ihn, wenn wir die Frage des Tiere-Tötens dem Bereich der blinden, doch vermeintlich auch irgendwie erhabenen und harmonischen Natur zuschlagen wollen. Auch in der Natur ist ein Tod nichts Schönes – jedenfalls nicht für den, der ihn kommen sieht und erleiden muss. Ebenso ist der industrialisierte Tod, den wir in fabrikähnlichen Schlachthöfen vor den Blicken der Gesellschaft verbergen, trotz Tierschutzgesetz, trotz Betäubung per Elektroschock oder per CO_2, von vielen Qualen begleitet, und ihm geht eine Menge Angst voraus. Diese Todesangst der Tiere hat viele «Gesichter», wie die in einem Schlachthof arbeitende Tierärztin Nicole Tschiersche beschreibt.[39]

Wenn man diese empirischen Aspekte einmal beiseite

lässt, stellt sich die Frage: Worin besteht denn eigentlich der Schaden, der einem Wesen entsteht, wenn es stirbt? Schließlich existiert das Subjekt, das sein Leben verlor, nach dem Tod nicht mehr; wurde es ermordet, gibt es nachher keinen Geschädigten mehr, keinen Kläger. Und dieses Paradox, das schlicht unserer Biologie und unserem Leben in der Zeitlichkeit geschuldet ist, hat die Philosophie lange genug verwirrt und zu abenteuerlichen Erwägungen angetrieben. In der tierethischen und bioethischen Diskussion hat lange eine Auffassung dominiert, nach der die Tötung von Menschen, nicht aber von Tieren, eine illegitime Schädigung darstelle, weil dieser seiner Zukunft beraubt würde – Zukunft verstanden als das, was man vorhat, was man erwartet, auf das man bewusst planend und hoffend als Lebender Bezug nimmt.

Doch diese Konstruktion ist unnötig kompliziert und verstellt den Blick darauf, dass der Schaden des Todes ganz einfach zu benennen ist: als ein Verlust des Lebens. Gewiss, Leben bedeutet auch die Möglichkeit künftiger Erfahrungen – aber eben nicht nur guter, sondern auch schlechter Erfahrungen, die nicht gegeneinander aufgewogen werden müssen oder können, um zu sagen, wie viel eine Zukunft «wert» ist. Leben ist ein Wert an sich, ein essentielles Gut für das jeweilige empfindende Wesen.

Wie bei allen Gütern kann es auch hier Umstände geben, die es besser erscheinen lassen, dieses Gut aufzugeben oder einzutauschen: zum Beispiel, wenn nur noch die Aussicht auf ein extrem qualvolles Leben besteht. In solch einem Fall kann der Tod bisweilen besser sein als das Leben, und in diesen besonderen Fällen sind wir als moralisch Handelnde bisweilen verpflichtet, uns anvertrauten Tieren zu einem – dann tatsächlich angst- und schmerzfreien – Tod zu verhelfen.

In allen anderen Situationen aber gilt: Außer in Notwehr oder wenn es sich gar nicht vermeiden lässt, ist das Töten anderer ein moralisches Unrecht. Es lassen sich kaum Argumente auf der Basis von Komfort, Traditionen, Eigeninteressen denken, die es erlauben würden, einem anderen Wesen das Leben zu nehmen. Denn auch wenn Tiere nicht über den Begriff des Todes verfügen, zeigen sie doch mit ihrem ganzen Leben, wie sehr sie an diesem Leben hängen: Viele Stunden am Tag gelten ihre Anstrengungen ihrem Überleben und dem ihrer Nachkommen. Ihre Todesangst beweist uns, wie dringend sie dem Tod entkommen wollen. Und sie als Subjekte eines eigenen Lebens, als Wesen mit eigenen Zwecken zu respektieren, heißt eben auch und zu allererst: ihr Recht auf Leben zu respektieren. An diesen Respekt müssen wir uns immer wieder erinnern – gerade weil wir mit der Frage von Leben und Tod in unserem Alltag so selten konfrontiert werden.

Der Sohn meiner Freunde, von denen ich eingangs berichtete, wurde durch die Szene am Fluss in Oregon angeregt, mit dem Angeln anzufangen. Meine Freunde begrüßten das, auf diese Weise lerne er Respekt vor dem Lebewesen, das sein Essen einmal gewesen sei. Damals reagierte ich leicht entsetzt, aber auf längere Sicht scheint die Strategie aufgegangen zu sein, denn heute ist er Beinah-Veganer. Jedenfalls bildet die Einsicht, dass der andere ein anderer mit einem eigenen Leben (gewesen) ist, nur den moralischen Auftakt. Wer ein klein wenig länger über die Perspektive des Fisches nachdenkt, der vormals Lebewesen war und jetzt Nahrung ist, wird zu dem Ergebnis kommen: Wenn der Fisch selbst in dieser Situation zu wählen hätte, würde er auf solch abstrakten «Respekt» pfeifen und sich für das Leben entscheiden.

Mit diesem vorzeitigen Abbruch des moralischen Nachdenkens über das Tier steht (stand) der jugendliche Angler nicht alleine da. Unsere Gesellschaft hat viele Wege gefunden – teils argumentativer Art, teils mittels Marketing –, uns von dem moralischen Missstand des industrialisierten Todes von jährlich fast einer Milliarde Tieren in Deutschland abzulenken. Dabei gibt es neuerdings einen gewissen Trend, den Tod der Tiere nicht unbedingt zu leugnen, sondern ihn zu verniedlichen, so dass er uns moralisch (zumindest auf den ersten Blick) nicht irritiert.

Das geschieht zum Beispiel in dem Werbe-Trickfilm über das Schwein Lilly, genannt «Transparenz-Tagebuch».[40] Diesem Film ist der denkbar absurdeste Text unterlegt, der Kindern Lillys Lebensweg und -ende erläutern soll: «Und dann, eines Tages, war es soweit: wie aus heiterem Himmel begann meine langersehnte Reise in ein neues Leben. Erster Stopp war der Schlachthof. Dort angelangt, bekamen wir einen kleinen Snack und wurden nochmals von einer sehr netten Ärztin untersucht. Danach wurde alles ein wenig undeutlich. Als ich wieder zu mir kam, hatte mein neues Leben als Schnitzel Lilly begonnen. Schnell fand ich neue Freunde, und im Supermarkt meines Vertrauens schließlich ein vorübergehendes Zuhause, bis mich dann eine nette Familie mitnahm und ich noch am selben Abend in ein köstliches Naturschnitzel mit goldbraun gebratenen Kartoffeln verwandelt wurde. Als ich dann zufrieden auf meinem bunt verzierten Teller lag und mein aufregendes Leben nochmals Revue passieren ließ, war ich schon etwas stolz, meine Bestimmung so gut erfüllt zu haben.»

Aber auch sich selbst reden die Erwachsenen die Sache gern schön. Zum Beispiel wirbt ein Schweinemastbetrieb, bei dem die Schweine frei herumlaufen, mit seinen angeblichen – oder tatsächlichen – tierfreundlichen Intentionen. «Ich möchte den Konsumenten … mit der Tatsache konfrontieren, dass hinter jedem Fleisch auch ein Tier steckt. Und wenn man dann bei … (uns) seiner Wurst in die Augen guckt, sollte man gedanklich ins Stolpern geraten. Ich will die Kunden wachrütteln und zeigen: Für dieses Stück Fleisch ist ein Tier gestorben.»[41] Doch die nachträgliche Einsicht allein hilft dem bereits getöteten Tier nichts.

Ähnlich schreibt ein Journalist, der sich für einen Spiegel-Artikel im Internet Wurst von einem bestimmten Schwein bestellte, die er nach dessen Schlachtung zu verzehren wünschte: «Schwein 2 und ich – wir passen gut zusammen, das merke ich am Schlachttag beim ersten Biss in die Leberwurstsemmel. Sie schmeckt würzig, nicht zu trocken und hat eine angenehme Kümmel-Note. Beim Kauen lasse ich das Leben von Schwein 2 Revue passieren, wie es mich anstupste, wie es roch, im Dreck herumschnüffelte. Wir haben uns zwar im Internet kennengelernt, und doch ist was aus uns geworden.»[42]

Was für eine Unverschämtheit, Lebewesen, für deren Tötung man bezahlt hat, fiktional wieder sprechen und für die eigene Schlachtung werben zu lassen oder die Begegnung gar als Romanze darzustellen! Gerade die vermeintliche Anerkennung der Lebenslust dieses Tiers, das «schnüffelte» und «anstupste», wird noch als Gewähr dafür angegeben, dass man es töten darf. Jetzt jedenfalls kann das Schwein nicht mehr schnüffeln und stupsen, und auch von der Bewusstheit und Dankbarkeit, die Mäster, Schlachter und Konsument angeblich besitzen, hat es rein gar nichts. Selbst wenn der Kunde mehr als im Supermarkt dafür zahlt – es bleibt Fleisch von einem namenlosen, durchnummerierten, trotz Betäubung brutal ermordeten Wesen, das sein ganzes Leben noch vor sich hatte. Und es hat dieses Leben keineswegs freiwillig aufgegeben,[43] wie es die putzige Marketing-Sprache dem Gewissen suggeriert.

Viertes Kapitel

Dürfen wir Tiere nutzen?

Tierwohl, konventionell gedacht • Empfindungen, Wünsche, Interessen • Gelebtes Tierwohl • Daseinslust und Frustration • Ein Vertrag zwischen Mensch und Tier? • Was Freiheit für Tiere bedeutet • Zusammenfassung und mehr

Auf einem alten ostfriesischen Hof in der Nähe der Nordsee betreiben Freunde von mir das Kuhaltersheim «Hof Butenland». Was mit der Rettung und Pflege von einem Dutzend Kühen begonnen hat, ist inzwischen zu einem großen Lebenshof für Angehörige diverser Tierarten herangewachsen. Soweit es ihre Sicherheit nicht beeinträchtigt, bewegen sie sich dort vollkommen frei. Die gut dreißig Kühe schaukeln gemächlich zwischen Stall, Fressplatz, Rückenschrubbbürste und Weide hin und her; die Schweine haben Zugang zu Wiesen und Bachlauf, wählen ihre Schlafplätze selbst und versuchen (teils erfolgreich), die Geheimnisse von Türen und Waschmaschinen zu knacken.

Diese Schweine beeindrucken mich auf Hof Butenland am meisten. Man ist es einfach nicht gewöhnt, Schweine frei herumlaufen oder in großen Kuschelschalen schlafen zu sehen, wie es sonst nur Hunde tun. Allerdings sind die Schweine nicht annähernd so wohlerzogen, dabei mindestens genauso intelligent und erfindungsreich – sie machen eigentlich, was sie wollen, und was für den Besucher erheiternd ist, kann für die menschlichen Hofbewohner bisweilen eine ziemliche Plage sein. Der schon etwas betagte Prinz Lui zum Beispiel weiß, dass das Gartentor zum Obstgarten einmal «Knack» macht, wenn man es öffnet, und ein zweites Mal, wenn man es wieder schließt. Manchmal vergessen Be-

sucher, die Tür richtig zu schließen, dann knackt es nur einmal. Prinz Lui hört das von seinem Ruheplatz aus, wartet
ein wenig und geht – recht unauffällig übrigens – hin und
räubert das Obst.

Wir wissen das deswegen so genau, weil sich die Hof-
herrin Karin Mück nämlich einmal versteckt und vorher die
Gartentür absichtlich offen gelassen hat. Überhaupt hielt
ich Karins telefonische Berichte, was Prinz Lui gerade wieder angestellt habe, für übertrieben – bis Beweisfotos von
Schweinerüsseln in Wäschetrommeln eintrudelten und ich
selbst auf Hof Butenland einmal vergaß, die Tür zur Futter-
kammer zu schließen. Als es mir wieder einfiel, hatte Prinz
Lui die Kammer bereits besetzt und gab sie höchst ungern
wieder frei. Die Geräusche, die ein einzelnes Schwein machen kann, um seiner Empörung Ausdruck zu verleihen,
sind abenteuerlich.

Zwei weitere Schweine, die auf Hof Butenland leben, haben ein ruhigeres Temperament: Erna und Else. Tags laufen
sie auf die Weide und grasen stundenlang. Wenn es warm
ist, gehen sie zum Bach in der Nähe, prüfen mit dem Rüssel
die Wassertemperatur und -qualität, wühlen sich behaglich
in den Schlamm. Die Schlammkruste schützt sie, wenn sie
trocknet, nicht nur vor Parasiten, sondern auch vor der
Sonne. Nachts graben sie sich in ihrem Stall in einen großen
Strohhaufen ein und schlafen nebeneinander wie Yin und
Yang. Wenn man sie dann noch einmal besucht, blinzeln sie
leicht verschlafen.

Die Schweine leben auf Hof Butenland praktisch wie ein
eigenes Völkchen inmitten der Menschen, und jedes hat seine
eigene Persönlichkeit. Aber die kann sich eben erst zeigen,
wenn Raum dafür ist. Und darum stieß ich auch rasch auf
Unverständnis, als ich einmal während einer TV-Diskussion
über Schweinehaltung sagte, dass die gesetzlich vorgeschriebenen 0,75 Quadratmeter Stallfläche für Mastschweine zu
wenig sind. «Was sollen die Schweine in solchen Ställen

tun?», fragte ich. (Anwesend waren ein Staatssekretär des Bundeslandwirtschaftsministeriums und der Berater eines holländischen Schweinebarons.) «Wenn man Schweine lässt, laufen sie Hunderte von Metern auf eine Weide, wühlen im Bach …» – Die beiden Herren lachten und unterbrachen mich. «Von was für Schweinen reden Sie da?», fragte der eine. «Vermutlich von Wildschweinen bei der Treibjagd?»

Da wurde deutlich: Diese Männer, gelernte Landwirte alle beide, mit jeweils Jahrzehnten Erfahrung in der Schweinemast, hatten noch nie ein Schwein mehrere hundert Meter am Stück laufen sehen. Schon gar nicht freiwillig, ohne mit dem Treibbrett oder dem Elektroschocker getrieben worden zu sein. Womöglich hatten diese Männer auch noch nie ein Schwein im Bach baden oder eine Wiese umpflügen sehen. Ich versicherte, dass ich von Hausschweinen spräche, aber die Herren lachten weiter. In der Welt der heutigen Agrarindustrie sind frei herumlaufende Hausschweine einfach undenkbar. Man diskutiert über Ammoniakwerte, wie viele Stunden Licht pro Tag vorgeschrieben sind und wie breit die Spalten im Stallboden sein dürfen, damit es weniger Klauenerkrankungen gibt. So entsteht die offizielle Definition von «artgerecht» (neuerdings bisweilen auch «tiergerecht» genannt). Man denkt von den 0,75 Quadratmetern her, die einem Mastschwein per Gesetz zustehen, und hält sich nie die vielen hundert Quadratmeter vor Augen, auf denen sich ein Schwein bewegt und die es nutzt, wenn man es nur lässt.[1]

Tierwohl, konventionell gedacht

In den beiden vorigen Kapiteln ging es darum, ob wir Tiere starken Schmerzen oder sonstigen Qualen aussetzen dürfen, wenn es wichtigen Interessen dient, und ob wir Tiere töten dürfen. Ich habe beide Fragen verneint, weil wir in beiden Fällen unbeteiligten, empfindungsfähigen Wesen einen großen Schaden zufügen. Bereits daraus folgt im Grunde, dass unsere heutige Tiernutzung moralisch nicht zu vertreten ist, denn fast immer bedeutet sie starke Beeinträchtigungen für die Tiere, und immer endet sie für die Tiere mit einem gewaltsamen Tod.[2] Aber das wirft die nächste Frage auf: Wie wäre es denn, wenn man die Tiere nicht schlachten würde, wenn die Tierhaltung viel besser wäre und keine Qualen beinhalten würde? Dürften wir Tiere dann halten, zum Beispiel um Milch und Eier von ihnen zu gewinnen, oder schädigen wir sie bereits dadurch?

Bei der Suche nach einer Antwort fallen einem zwei Stichworte ein: Freiheit und Wohlergehen. Natürlich nehmen wir Tieren die Freiheit, wenn wir sie «halten», denn «halten» ist immer auch ein wenig «gefangen halten». Aber was ist denn dieses abstrakte Gut namens Freiheit? Freiheit heißt ja wohl nicht, dass jeder tun kann, was er möchte, und überall herumlaufen darf, wo er will, auch für uns Menschen nicht: Es gibt praktische Hinderungsgründe und (nationale und andere) Grenzen. Zwar haben wir ein grundlegendes Recht auf Freiheit – aber auf welche eigentlich?

Außerdem beeinträchtigen wir in der Landwirtschaft offensichtlich das Wohl der Tiere. Aber was ist «Wohl» überhaupt: Meint es nur die Abwesenheit von Qualen und Schmerzen, oder Glücklichsein, oder was sonst? Könnten oder dürften wir Tiere vielleicht nutzen, wenn wir sie dabei in ihrem Wohl nicht spürbar einschränken würden?

Freiheit und Wohl sind nicht gerade voraussetzungsarme Begriffe. Ich werde mit dem zweiten beginnen, dem Wohl oder Wohlergehen. (Beim Menschen spricht man meist von «Wohlergehen» (*well-being*), bei Tieren hat sich der Begriff «Wohl» (*welfare*) eingespielt – und ich bleibe jetzt einfach dabei.)[3] Gemeint ist jedenfalls nicht nur eine momentane positive Empfindung oder eine auf den Moment bezogene Zustandsbeschreibung wie: «Ich habe keine Schmerzen, ich fühle mich wohl.» Sondern es geht um die anspruchsvollere

Bedeutung eines dauerhafteren Wohlergehens, eines guten Lebens insgesamt oder zumindest um die Chance auf ein hinreichend erfülltes Leben.

Die heutige Debatte um Kriterien für ein Wohl der Nutztiere hat ihre Wurzeln in den 1960er Jahren in Großbritannien. 1964 hatte die Tierschutzaktivistin Ruth Harrison mit ihrem Buch *Animal Machines* die Leiden von Geflügel und Säugetieren in der Massentierhaltung dargestellt. Ihr Buch fand ein starkes und empörtes Echo in der britischen Öffentlichkeit. Dies nahm die britische Regierung zum Anlass, ein Komitee unter der Leitung des Zoologen Roger Brambell einzusetzen. Das Ergebnis aus dem Jahr 1965 ist als *Brambell-Report* bekannt und hatte gesetzliche Neuregelungen in Großbritannien und später auch in anderen europäischen Ländern zur Folge.

Die wesentlichen Inhalte des Brambell-Reports sind die sogenannten Fünf Freiheiten, die in den Agrar- und Veterinärwissenschaften bis heute oft zur Bestimmung des Tierwohls herangezogen werden.[4] Diese sind 1) die Freiheit von Hunger und Durst, 2) die Freiheit von Unwohlsein (Dank einer angemessenen Umgebung inklusive Stall/Unterstand, Ruhezone etc.), 3) die Freiheit von Schmerz, Verletzung und Krankheit (u. a. durch entsprechende medizinische Versorgung), 4) die Freiheit, normales Verhalten an den Tag zu legen (durch hinreichend Platz und Vergemeinschaftung mit Tieren der eigenen Art), 5) die Freiheit von Angst und Stress. Diese Fünf Freiheiten bilden seit 1998 auch die Grundlage der Tierschutzpolitik der EU.[5]

Das nimmt sich idyllisch aus – doch nur auf den ersten Blick. Der Tod bzw. die Tötung zum Beispiel werden dabei nicht erwähnt; die Fünf Freiheiten gelten also nur für lebende Tiere, ohne aber sicherzustellen, dass sie auch am Leben *bleiben*. Der Brambell-Bericht beruht nun einmal auf der Vorannahme, dass es moralisch in Ordnung sei, Tiere zu nutzen und auch zu töten; es handelt sich nicht um Tier-

rechte im heutigen Sinne, vielmehr sind es Kriterien, anhand
derer die Belastungen von Nutztieren bestimmt und gegebe-
nenfalls kritisiert werden können. Dennoch fiele, wenn man
die Fünf Freiheiten ernst nähme, unsere gesamte Nutztierhaltung bei der Beurteilung durch. Oder zählt die chronische Euterentzündung, von der ein Drittel aller heutigen
Milchkühe betroffen sind, etwa nicht als Schmerz? Steht die
Sau, der man die noch saugenden Ferkel wegnimmt, um sie
zu mästen, nicht unter Stress? Wie sollen Tiere im Schlachthof, wo sie das Blut der anderen riechen, keine Angst empfinden, und wieso sterben etliche Schweine bereits auf dem
Transport an stressbedingtem Herzversagen?

Es gibt also von vornherein eine Lücke zwischen hehrem
Anspruch und Realität, weswegen schwer zu sagen ist, wie
die Kriterien ausgelegt werden sollen. Was bedeutet zum
Beispiel Punkt 4: die Freiheit, «normales Verhalten» an den
Tag zu legen? Bei heutigen Nutztieren von Normalität zu
reden, ist äußerst schwierig. Das fängt schon bei ihrer Ana-
tomie an: Man denke an die riesigen Euter der Kühe, die
unglaublichen Legeleistungen der Hennen oder die zusätzlichen Zitzen der Mastsauen, die man ihnen angezüchtet hat,
um noch mehr Ferkel «produzieren» zu können. Und diese
Frage setzt sich im Verhalten fort: Ist es «normal», wenn ein
Schwein Breifutter aus einem elektronisch geregelten Trog
entnimmt, statt nach Würmern, Wurzeln und Eicheln zu
wühlen? Sind die modernen «Schrankbrutmaschinen», mit
denen etliche Tausend Hühnerküken im Schubladensystem
gleichzeitig ausgebrütet werden, normal? Und ist es auch
nur annähernd normal, wenn man einer Säugetiermutter den
Nachwuchs wegnimmt, während dieser noch viele Monate
lang ihre Milch benötigt?

In der Praxis ist das Leben von Nutztieren standardmäßig
derart eingeschränkt, dass die Möglichkeit zu «normalen
Verhaltensweisen» kaum erkennbar wird. Man muss nicht
nachts heimlich in Ställe einsteigen, um das zu beobachten,

dazu reicht ein Blick in die gängigen Lehrbücher zu Zucht, Mast und Nutztierethologie. Zum Beispiel weiß man von Hausschweinen, die man zu Versuchszwecken annähernd frei leben ließ, dass sich ihr Verhalten kaum von dem der Wildschweine unterscheidet. Unter anderem zeigt «der Verhaltensablauf ... viele Standortwechsel»,[6] schreibt der Nutztierexperte Steffen Hoy. «Standortwechsel» sind natürlich im Rahmen von Stallhaltung, auch bei der Gruppenhaltung, nicht möglich. Die Muttersauenhaltung ermöglicht den Tieren viele Monate lang nicht einmal ein paar Schritte! Anscheinend bemerkt der Autor selbst aber keinen Widerspruch, wenn er später schreibt: «Jedem Tier sollte zumindest so viel Platz zugemessen werden, dass es ohne Schwierigkeiten die Gliedmaßen strecken kann.»[7]

Am schlimmsten leben wohl die Sauen, die für die Ferkelzucht eingesetzt werden; sie verbringen etwa die Hälfte ihrer Lebenszeit in Kastenständen, die so bemessen sind, dass sie sich nicht einmal um die eigene Achse drehen können. Die Abteile, in denen sie besamt werden, müssen eine Mindestlänge von 200 cm ab Trogkante besitzen – hier kann nach Meinung der Experten sogar noch gespart werden. «Bei hochgelegtem Trog kann die Länge ab Hinterkante Trog auf bis zu 180 cm reduziert werden, sofern die Sau ihre Schnauze ungehindert unter den Trog (mindestens 15 cm Bodenabstand) schieben und trotzdem ungehindert Futter aufnehmen kann.»[8] Was zusammen folgendes Bild ergibt: Ein Tier, das in Freiheit mehrere «Standortwechsel» vollzieht, muss also zumindest so viel Platz erhalten, dass es beim Ruhen den Kopf ablegen und sich auch einmal ausstrecken kann. Ist das etwa schon Tierwohl?

Ebenfalls aus Freilandversuchen weiß man, dass Schweine in festen Gruppen leben: «Zwei verschiedene Gruppen von Sauen, die in ein Areal gegeben wurden, vereinigten sich nie.»[9] Das heißt, sie bilden stabile soziale Einheiten mit bestimmten, nicht beliebigen anderen Tieren; das ist im normalen Stallbetrieb, zumal bei der Zucht, schwer zu gewährleisten.[10] Doch bei der Haltung mehrerer, miteinander nicht vertrauter Tiere verschärfen sich die Rangordnungskämpfe in engen Ställen,[11] und aus Platz- und Beschäftigungsmangel (unter Menschen würde man sagen: Langeweile) kommt es zu Kannibalismus.[12] Unter dem Stichwort «Tierwohl» sind heute daher Spielzeuge wie von der Decke hängende Ketten oder montierte Bälle vorgeschrieben; allerdings werden dieselben Materialien den Tieren auch schnell wieder langweilig, daher werden sie wenig genutzt und helfen auch kaum gegen den Kannibalismus, berichtet ein Artikel in der Zeitschrift *Schweinezucht und Schweinemast* unter der Überschrift «Das kostet mehr Tierwohl».[13]

Weil der Preisdruck hoch ist, notiert man in der Schweinemast alles auf Heller und Pfennig. Für den erwähnten Artikel hat Heiko Janssen, Fachreferent für Schweinezucht der Landwirtschaftskammer Niedersachsen, jede Maßnahme genau berechnet: Eine Erhöhung des gesetzlich vorgeschriebenen Platzes von 0,75 Quadratmeter pro Tier um 50 Prozent bedeutet zusätzliche 10,20 Euro. Eine Narkose vor dem Kastrieren der männlichen Ferkel kostet pro Tier 1,30 bis 2,50 Euro. Statt teurem Spielzeug könnte man das gute alte Stroh einsetzen, das vor einigen Jahrzehnten aus den Ställen verbannt wurde, als man die Spaltenböden einführte, durch die Kot und Urin abfließen können. Als Spielmaterial empfiehlt man 10 bis 50 Gramm Kurzstroh pro Tag und pro Schwein, doch auch beim Stroh wird genau gerechnet: «Allerdings ist die notwendige Strohmenge mit 50 g/pro Tier/Tag nicht zu unterschätzen. Bei aktuellen Preisen entstehen hierdurch Strohkosten von rund 70 Cent je verkauftem Schwein.»[14]

Siebzig Cent pro Tier – das will wohl bedacht sein! Andererseits darf man sich nicht zu geizig zeigen, denn sonst drohen finanzielle Einbußen durch Ansehensverluste und Ablehnung durch die Konsumenten. In fast jedem agrarwirtschaftlichen Text zum Thema «Tierwohl» wird man daher derzeit die – leicht gequält klingende – Feststellung finden, dass man ja aus Gründen des öffentlichen Interesses die Anstrengungen in dieser Richtung verstärken müsse. Oder wie es der Fachreferent der Landwirtschaftskammer Niedersachsen formuliert: «Um den Verbrauchern eine Verbesserung im Tierwohl plakativ zu verkaufen, müsste man den Tieren Liegeflächen ohne Schlitze anbieten.»[15] Unverblümt strategisch – doch immerhin ehrlich.

Was sollte dieser kleine Exkurs in den Schweinestall nun zeigen? Vor allem, dass der Begriff «Tierwohl» sehr dehnbar ist und gemeinhin auf viel mehr Wohl und Ethik hoffen lässt, als er dann liefert. Nun müssen sich nicht sämtliche Diskussionen, die sich als Weiterentwicklung des Brambell-Ansatzes verstehen, auf derart kleinteiligem Niveau bewegen: Am anderen Ende des Spektrums findet sich zum Beispiel die Biologin Marian Stamp Dawkins, von der noch häufiger die Rede sein wird, weil man sie als eine der kenntnisreichsten und progressivsten Vertreterinnen eines Tierwohls für Nutztiere bezeichnen kann. Wenn sie gefragt wird, was für sie eine vertretbare Landwirtschaft ausmacht, sagt sie: «Tiere, die gesund sind und haben, was sie wollen.»[16] Sie schreibt auch: «Natürlich können Tiere vielleicht nicht alles haben, was sie wollen, genauso wenig wie der Rest von uns oder Tiere in der Wildnis; aber wir müssen mit ihren Wunschlisten beginnen.»[17]

Doch auch Stamp Dawkins scheint nicht zu bedenken, dass genutzte Tiere zwei «Dinge» eben nicht haben, auch gar nicht haben können, die sie dringend wollen: ihren Nachwuchs und ihr Leben. Das sind nicht gerade Fußnoten auf der «Wunschliste» eines Tiers (oder Menschen): nicht gewaltsam zu sterben, und die Kinder aufzuziehen, bis sich die Wege trennen. Tiere *wollen* weder Leben noch Kinder abgeben.

Auch bei solch progressiven «Tierwohl»-Vertretern gibt

der wirtschaftliche Aspekt eben den Rahmen vor, nämlich: dass Tiere genutzt, sie und ihre Kinder gegessen werden sollen. Doch um das Wohl eines Tiers auf ethisch faire Weise gegen fremde (menschliche) Interessen abzuwägen, müssten wir erst einmal das Wohl des Tiers selbst bestimmen, *ohne* solche menschlichen Interessen bereits vorauszusetzen.

Empfindungen, Wünsche, Interessen

«Wohl» soll mehr bedeuten als bloß einen momentanen Zustand des Sich-gut-Fühlens, und tatsächlich sind ja auch Unwohlsein, sogar gelegentlicher Hunger, Durst, Schmerz und Angst in einem vollständigen Leben fast unvermeidbar.[18] Die völlige Abwesenheit von unangenehmen Gefühlszuständen kann nicht Kriterium guter Tierhaltung sein, weil Unangenehmes jedes Leben, auch das in völliger Freiheit und auch das Menschenleben, begleitet. Die Frage nach dem Tierwohl lautet eher, ob ein Tier ein Leben lebt, das es wert ist, dass dafür auch gewisse Schmerzen und gelegentliches Unwohlsein in Kauf genommen werden. Dazu muss ein Tier überhaupt handeln, wählen und bestimmte natürliche Funktionen ausleben können. Es braucht nicht nur oder vor allem Freiheit *von* Schmerz und Leid, sondern auch weitere Freiheiten, um sich selbst *zu* den angenehmen und negativen Elementen der Umgebung und des Lebensverlaufs *verhalten* zu können.[19]

Entscheidend ist hier, als was oder wen man ein Tier ansieht. Es gibt diese weit verbreitete, aber im Grunde veraltete Sicht auf das Tier, nach der dieses, zugespitzt, eine Art Apparat ist, in den man vorne das Geeignete hineinstopft, hinter dem man das Entsprechende wegkarrt und das, wenn nicht sonstige größere Unbill eintritt, bereits dadurch ein zufriedenes Tier ist. Oder aber man sieht das Tier als handelndes Lebewesen, das sich in Übereinstimmung mit biologisch angelegten (zumeist artspezifischen) Fähigkeiten und Bedürfnissen ebenso wie nach Maßgabe individueller Gefühle und Präferenzen verhält, das bestimmten Faktoren seiner Umwelt ausweicht, andere verändert und einige gezielt aufsucht. Ein Tier, das sein Leben sozusagen gestaltet (wenn man diesen Begriff bitte nicht mit dem Zuratezielen von Einrichtungsmagazinen oder einem Personality-Coach gleichsetzt).

Nur dieses zweite ist meines Erachtens ein Leben, das diese Bezeichnung wert ist. Satt und schmerzfrei allein heißt weder «lebendig» noch gar «glücklich». Ein Leben will auch gelebt werden, dazu gehört das Lösen von Problemen, das Ausbilden von Wünschen, das Verfolgen von Absichten, das Ausprobieren, bestenfalls dann die Befriedigung, manchmal auch Frustration. Man kann das Ganze aber nicht abkürzen, auch nicht philosophisch, indem man nur abfragt, ob ein Tier genug zu essen hat und keine direkten Qualen empfindet.

Grundsätzlich wird man feststellen, dass bei einem guten Leben – oder einem Leben in Wohlergehen – sowohl subjektive als auch objektive Komponenten eine Rolle spielen. Bereits oben hatte ich ja kurz erwähnt: Ob Mensch oder Tier, wenn wir den anderen moralisch berücksichtigen, beziehen wir dabei seine Empfindungen, Wünsche und weiteren Interessen ein. Mit Empfindungen und Wünschen meine ich nun die eher subjektiven Komponenten. Empfindungen beinhalten Stimmungen und Gefühle, zum Beispiel Schmerz, Freude oder Behagen, also positiv oder negativ eingefärbte Wahrnehmungen von etwas, das jetzt ist. Wünsche dagegen richten sich auf Zukünftiges – auf etwas, dessen Eintreten wir bewusst wollen oder nach dem es uns verlangt. Empfindungen und Wünsche sind subjektiv spürbare Inhalte unseres Bewusstseins.

Als solche Bewusstseinsinhalte sind sie zwar real, aber in ihrem «Aussagegehalt» nicht unbedingt realistisch oder zutreffend. Wenn wir etwas wünschen, erhoffen wir uns von

der Erfüllung des Wunsches Freude – und wissen doch, dass
sich diese Erwartung nicht immer bestätigen wird. Ein er-
sehnter Zustand ist eingetreten, alles ist gut – aber es fühlt
sich schal an. Wir «müssten» froh sein – sind es aber nicht.
Zu einem anderen Zeitpunkt befinden wir uns eigentlich in
tiefer Trauer – fühlen aber nur Leere. All das kommt ständig
vor, und wir haben im Großen und Ganzen gelernt, zwischen der subjektiven Wahrnehmung einer Situation und
ihrer etwas objektiveren Bewertung zu unterscheiden. Beide
sind wichtig! Objektiv heißt nicht «richtig» im Gegensatz
zu subjektiv, gleich «falsch». Beide Perspektiven haben ihre
Berechtigung, und die objektive Außensicht sticht die subjektive Innensicht nicht automatisch aus. Selbst wenn jemand keinen linken Fuß mehr hat, kann er «dort» einen
Phantomschmerz empfinden, der durchaus real und behand-
lungsbedürftig ist. Ein Kind kann sich dringlichst wünschen,
einen bestimmten Film zu sehen, und Eltern sollten diesen
Wunsch in irgendeiner Weise ernst nehmen, selbst wenn sie
ahnen, dass das Ganze auf eine große Enttäuschung hinauslaufen wird. Als gesunde Erwachsene können wir Innensicht
und Außensicht meist gleichzeitig einnehmen, und zusammen machen sie unsere Befindlichkeit aus.

Während Empfindungen und Wünsche also subjektiv
als solche wahrgenommen werden, fasse ich unter «Interessen» alles Weitere, das wir entweder selbst für den Vollzug
unseres Lebens für wichtig halten oder das für uns bisweilen
auch gut ist, ohne dass wir es ahnen.[20] Manche solchen Dinge,
die auf lange Sicht gut für mich sind, sind geradezu das Gegenteil von dem, was ich gerade wünsche. In meinem momentanen akuten Anfall von Heißhunger wünsche ich mir
einen Schokoriegel, den ich mir einverleiben könnte. Dabei
wäre es wohl eher in meinem Interesse, mir zu überlegen, wo
ich in dieser trostlosen Umgebung (ich sitze während der Se-
mesterferien in einer nahezu leeren Unibibliothek) ein an-
ständiges Mittagessen herbekäme. Nach dem Essen wieder in

die Bibliothek zurückzukehren und weiterzuarbeiten, ist dann wohl leider auch in meinem Interesse.

Für Menschen wie auch für Tiere liegen Dinge oder Tätigkeiten im eigenen Interesse, die wir zwar nicht unbedingt direkt begehren, die aber für andere Elemente unseres Wohls essentiell sind. Einzelne Inhaltsstoffe des Essens, Fähigkeiten wie das Kopfrechnen oder Kompetenzen wie die räumliche Orientierung dienen dem Wohlergehen des ganzen Organismus, gewährleisten dessen Funktionieren in seiner Gesamtheit und auch in der Zukunft. Viele Objekte und Tätigkeiten, die in unserem Interesse sind, mögen an sich unattraktiv sein oder nicht deutlich wahrgenommen werden, doch sie sind eben Bedingung für die Verfolgung anderer Bedürfnisse und Wünsche – oder dafür, dass wir jetzt und auch künftig Subjekte von Empfindungen und Wünschen sein können. Gemeint sind also nicht Dinge, an denen wir aktuell subjektiv interessiert sind, sondern die wiederum eher objektiv in unserem (zumeist mittelfristigen oder langfristigen) Interesse liegen.

Vielleicht klingt das etwas verwirrend, aber es sollte nur gezeigt werden: Das Wohl eines empfindungsfähigen Lebewesens ist nicht einfach ein einzelner biologischer Zustand, sondern ein Aggregat verschiedener Faktoren, die subjektive und objektive Aspekte haben. Empfindungen und Wünsche bewegen sich eher im subjektiv bewussten Bereich, Interessen jedoch nicht unbedingt; und manchmal widersprechen einzelne Komponenten einander. Auch kurzfristige, mittelfristige und langfristige Wünsche oder Interessen können miteinander in Konflikt geraten. Der Schokoriegel ist jetzt lecker, macht auf Dauer aber nicht satt. Der verabredete Spaziergang mit der Nachbarin scheint jetzt, wo Nieselregen einsetzt, wenig verlockend, aber im Nachhinein werde ich froh sein, ihn gemacht zu haben.

Wie wir zwischen all solchen Komponenten abwägen und entscheiden, was wir heute zugunsten unseres morgigen

Selbst auf uns zu nehmen bereit sind, das ist je nach Person, Situation und Stimmung unterschiedlich. Es gibt kein objektives Wohl einer Person X, an dessen Erreichen sie sich mit ihrem Handeln halten müsste. Erwachsene, gesunde Menschen sind selbst die Autoren ihres eigenen Wohls – sie selbst wägen ab, sie entscheiden.

Spätestens hier stellt sich die Frage: Im Kontext gesunder sprachbegabter Erwachsener kommt das ja alles noch hin, aber was ist denn das Wohl bei einem Tier? Es ist dasselbe Problem wie bereits mit den Begriffen «Zukunft» und «Leben» – und wie überhaupt mit der Moral. Ein Tier kennt all diese Begriffe nicht, und dennoch kann es ein Recht auf sein Leben und moralische Berücksichtigung haben. Das Entscheidende ist ja: Wir moralischen Akteure kennen diese Begriffe und Konzepte! Mit ihnen versuchen *wir* gedanklich *sein* Wohl zu bestimmen. Denn auch das Wohl eines Tiers ist kein empirischer Zustand, nichts wie die Körpertemperatur, die man mit einem geeigneten Instrument ablesen kann, nichts wie das Alter, das sich berechnen lässt. Dieses Wohl ist, wie beim Menschen, ein gedankliches Modell, zu dessen Bestimmung viele verschiedene Elemente in Betracht gezogen werden müssen – und zwar immer vom Menschen. Auch die Rede vom Wohl ist, wie die Moral insgesamt, notwendig anthropozentrisch: Es sind wir Menschen, die sich über das Wohl von Tieren Gedanken machen, weil wir nun einmal unser moralisches Verhalten ihnen gegenüber bestimmen müssen.[21]

Gelebtes Tierwohl

Doch was gibt eigentlich die Grundlage ab für die «objektiveren» Überlegungen zum Wohl eines Menschen oder Tiers? Woher wissen wir denn, wie das langfristige Wohl eines Individuums aussehen könnte oder worin das gesunde

Funktionieren eines Organismus besteht? Es scheint so zu sein, dass wir, auch wenn es um das Wohl eines Einzelnen geht, unausgesprochen eine übergreifende Vision eines gelungenen oder «normalen» Lebens zugrundelegen. Ein Beispiel: Wir halten ein Kind dazu an (ehrlicherweise: zwingen es), den Sportunterricht zu besuchen oder seine Französisch-Hausaufgaben zu machen, selbst wenn es Stein und Bein schwört, niemals im späteren Leben freiwillig Gymnastik machen oder Frankreich besuchen zu wollen. Doch anscheinend sind wir Erwachsenen überzeugt, dass ein gewisses Maß an Körperbeherrschung und das Erlernen von Fremdsprachen fürs spätere Leben sinnvoll sind.

Dabei handelt es sich sowohl um Erfahrungswerte als auch um Wertentscheidungen. Wir können nicht sagen, wie das Leben des Kindes später einmal aussehen wird oder soll, wohin seine Fähigkeiten und Neigungen es ziehen werden, aber eine vage Vorstellung davon, was zu einem guten Leben und dessen Rüstzeug gehört, haben wir durchaus, und nicht nur bei Kindern. Auch politische und gesetzliche Regelungen, zum Beispiel welche Lebensmittel als Grundnahrungsmittel einer Preisbindung unterliegen oder welche Gegenstände ein Gerichtsvollzieher nicht pfänden darf, bauen auf solchen Konzepten auf, was essentiell zu einem guten Leben gehört.

Natürlich ist diese Idee eines menschlichen guten Lebens, die man ideengeschichtlich zumeist mit Aristoteles assoziiert, nicht gerade unproblematisch, weil jede Aussage über *das* menschliche Leben eine Verallgemeinerung in sich trägt, die sich zum einen empirisch schwer halten lässt: Das menschliche Leben nimmt rund um den Globus, quer durch die Zeiten und auch von Individuum zu Individuum höchst unterschiedliche Formen an. Zum zweiten treten diese Verallgemeinerungen dem Individuum dann oft als Zwang oder Benachteiligung entgegen. Woraus besteht denn zum Beispiel «Familie»? Wenn in Gefängnissen oder Krankenhäu-

sern nur bestimmte Formen von Angehörigen als Besucher
oder Auskunftsberechtigte zugelassen sind, schließt das
einige Lebensweisen und Familienformen aus. Oder was ist
Intelligenz? Intelligenztests legen neben sprachlichen Vor-
aussetzungen auch kulturelles Hintergrundwissen zugrunde;
dadurch können sie bei Kindern aus Zuwandererfamilien zu
falschen Einschätzungen kommen.[22] Individuen sind nicht
nur verschieden, sie sollen es unter pluralistischen demokratischen Bedingungen auch sein, und zwar ohne dass die
Lebensweise des einen als besser oder «normaler» gilt als
die des anderem.

Bevor ich dieses Problem, das im Bereich der politischen
(Menschen-)Philosophie in der Tat immens ist, noch aus-
führlicher darstelle, gleich die gute Nachricht: Im Kontext
der Tierethik fällt dieses Problem viel weniger ins Gewicht.
Ich denke, man kann es sogar ganz vernachlässigen. Werfen
wir dazu einen Blick auf den derzeit wohl bekanntesten Versuch, das menschliche gute Leben zu bestimmen. Es handelt
sich um den sogenannten Fähigkeitenansatz der amerikanischen Philosophin Martha Nussbaum, die in Anlehnung an
Aristoteles, gemischt mit einer Prise Marx und einer Menge
Freestyle dafür plädiert, das gelungene menschliche Leben
als eines anzusehen, in dem zentrale Fähigkeiten ausgeübt
werden können. Diese Fähigkeiten lassen sich laut Nussbaum anthropologisch und kulturübergreifend bestimmen.
Und zwar tut sie dies explizit im Rahmen einer Moraltheorie
bzw. politischen Philosophie: Gerechte Gesellschaftsord-
nungen müssen dafür sorgen, dass sämtliche Menschen diese
Fähigkeiten in hinreichendem Maße verwirklichen können.
Die «Fähigkeiten» sind dabei weit gefasst, Nussbaum zählt
dazu Leben, Gesundheit, Unversehrtheit, aber auch den
Gebrauch des eigenen Verstandes, das Gefühlsleben, das
Eingehen wichtiger sozialer Beziehungen, Kontrolle über
die eigene Umwelt sowie das Spiel. Man sieht, dass diese
Liste recht heterogen ist, doch ihre Begründung erschließt

sich sofort: «Meiner Version des Fähigkeitenansatzes liegt der intuitive Gedanke zugrunde, dass wir von einer bestimmten Konzeption der Würde des Menschen und eines dieser Würde gemäßen Lebens ausgehen sollten – eines Lebens, das die Möglichkeit ‹wahrhaft menschlichen Tätigseins› eröffnet …».[23]

Wir können den komplizierten Begriff der menschlichen Würde hier getrost überlesen, zumal Nussbaum selbst ihn ohne Schwellenangst auf das Leben von Tieren überträgt,[24] denn seit einigen Jahren wendet Nussbaum ihre Theorie auch auf Tiere und Tierethik an. Auch ihre Liste der insgesamt zehn Fähigkeiten ist beim Tier exakt dieselbe, eben weil Nussbaum nicht das reduktionistische Bild vom Tier als einer Fress- und Kot-Maschine hat, sondern es als Akteur, als handelnden Organismus ansieht, der komplexe soziale Beziehungen eingeht, in Bezug auf seine Umwelt agiert, Entscheidungen trifft und so fort.

Wie verhält es sich nun mit der Verallgemeinerung solcher essentieller Komponenten des guten Lebens, insbesondere bei Menschen? Nussbaum ist sich des darin liegenden Problems bewusst und lässt die einzelnen Punkte daher auch absichtlich vage, um Raum für unterschiedliche gesellschaftliche Ausgestaltungen zu lassen.[25] So ist es gut und schön zu sagen, dass Menschen hinreichend Nahrung brauchen – aber welche? Sind da bloß Kalorien gemeint, oder auch die eigene Zubereitung je nach Geschmack und kulturellen Gewohnheiten? Reicht es, wenn Asylbewerber Lebensmittelpakete und Gutscheine in die Hand gedrückt bekommen, oder haben sie ein Recht darauf, für sich selbst zu entscheiden und einzukaufen?[26]

Als Kulturwesen hat der Mensch nun einmal jede anthropologische Konstante, vom Essen bis zur Ausscheidung, vom Sex bis zum Verständnis des Todes, mit einer Fülle von Kulturpraktiken und Bedeutungen umgeben, die extrem variieren. Im Vergleich dazu ist die individuelle Variationsbreite von Angehörigen einer bestimmten Tierart deutlich geringer. Das heißt nicht zu leugnen, dass Tiere auch Individuen mit Vorlieben und Gewohnheiten sind, die teils kulturell bedingt, teils rein idiosynkratisch sind. Rotgesichtsmakaken im Süden Japans haben sich das Waschen von Süßkartoffeln angewöhnt, unterschiedliche Schimpansenkolonien verwenden unterschiedliches Werkzeug zum Termitenangeln,[27] und jede Katze bevorzugt anderes Futter. Vertreter sämtlicher drei Spezies gehen in ihren Ernährungsvorlieben allerdings nicht so weit, einen E-Herd, verschiedene Topfsets und ein meterlanges Gewürzregal zu benötigen.

Ebenso kann man die Form sozialer Beziehungen artspezifisch ungefähr angeben; man kann sagen, ob es bei einer Spezies starke Mutter-Tochter-Bindungen gibt, ob die Männchen ab der Adoleszenz die Gruppe verlassen und ob Freundschaften danach vornehmlich mit Individuen des eigenen Geschlechts und Alters gepflegt werden. Man kann natürlich nicht vorhersagen, welche Individuen solche Bindungen (oder eine irreversible Abneigung gegeneinander) entwickeln werden. Auch gibt es in jeder Gruppe von Tieren einige, die mehr Kontakt wünschen, andere, die häufiger für sich sind, sowie einige, die ein besonders ausgeprägtes Interesse an den Angehörigen anderer Spezies haben. Dennoch: Im Allgemeinen lässt sich sagen, ob es sich um gesellig lebende Tiere oder um Einzelgänger handelt, wie groß die Gruppen ungefähr sind, wie viel Raum ein Tier normalerweise zwischen sich und anderen beim Ruhen braucht etc. Wenn davon stark abgewichen wird, wenn eine Gans zum Beispiel, wie es bisweilen vorkommt, Enten, Hühner oder Menschen als Sexualpartner sucht, fällt dies als Pathologie auf – die Gänse zum Beispiel sind dann vermutlich fehlgeprägt.[28]

Ich könnte mir vorstellen, dass Nussbaums Liste der zehn Fähigkeiten in Bezug auf Tiere einfacher zu handhaben wäre, wenn man ihr den Punkt «Ausüben artspezifischer

Tätigkeiten» hinzufügen würde. Das wären dann typische Verhaltensmuster, die man bei freilebenden Tieren der jeweiligen Art beobachtet, zum Beispiel das ausgedehnte Badeverhalten der Gänse oder das Staubbad der Hühner, die Scheinkämpfe von Schafen an der Futterraufe – auch wenn dem Außenstehenden ziemlich unklar ist, ob er das nun unter den Stichworten «körperliche Integrität/Nahrungssuche», «Gebrauch praktischer Vernunft», «Zugehörigkeit» oder «Spiel» einordnen soll.

Doch um das Wesentliche noch einmal zusammenzufassen: Dem Fähigkeitenansatz à la Nussbaum liegt eine Theorie guten tierischen Lebens zugrunde, die mir unschlagbar scheint, zumal sie die Biologie nicht ausschließt, sondern kompatibel bleibt. Man versteht Tiere dabei als Lebewesen, die von der Evolution mit einem Set bestimmter Fähigkeiten und Bedürfnisse ausgestattet wurden, die ihrem Überlebensinteresse dienen, die daher entsprechend positiv oder negativ konnotiert sind und deren Ausüben und Befriedigen ihnen ein Anliegen ist. Es ist die Überzeugung, dass ein Lebewesen darauf angelegt ist, bestimmte Tätigkeiten zu verrichten, und dass sein Wohl eben genau im Vollziehen dieser Tätigkeiten liegt. Also nicht nur im Satt-Sein, sondern im Nahrung-Wollen, Nahrung-Suchen, Sich-Sättigen. Nicht nur im Gesund- und Sauber-Sein, sondern auch im Sich-Suhlen, Federn-Glätten, Den-Nachwuchs-reinigend-Ablecken.

Umgekehrt folgt daraus, dass selbst wenn diese einzelnen Tätigkeiten nicht jede für sich unglaublich beglückend sind, ihre gehäufte und dauerhafte Verhinderung oder Frustration auch subjektiv als frustrierend erlebt wird und eine Beeinträchtigung bedeutet, sowohl der physischen Gesundheit als auch des mentalen Zustands – und damit des Wohls, das wir moralisch zu berücksichtigen haben.

Daseinslust und Frustration

Ich möchte nun eine These wagen, von der ich sofort ein-
räume, dass sie sich im Bereich des Spekulativen bewegt.
Zum Glück hängt der weitere Verlauf der Argumentation
nicht von ihr ab. Es geht um die Frage, wie wir uns das gute
Leben der Tiere ungefähr vorstellen können – und damit,
was das «gute» Leben aus ihrer Sicht bedeutet und wie es sich
anfühlen könnte. Und zwar nehme ich an, dass Tiere beim
Ausüben ihrer ganz normalen körperlichen Funktionen,
beim Verrichten ihrer alltäglichen Tätigkeiten (Grasen, Wiederkäuen, Herde Wiederfinden, Trinken, Ruhen) eine gewisse, vermutlich eher stille Freude empfinden, eine Befriedigung, ein Wohlsein. Nichts Spektakuläres, normalerweise.

Eine «spektakuläre» Freude hingegen ist es zum Beispiel
für einen jungen Hund, wenn er am Strand von der Leine
gelassen wird, und da trifft er noch zwei andere Hunde, und
sie jagen einander, und endlich kann mal jemand so schnell
laufen wie man selbst, und es spritzt, wenn man durchs
Wasser rennt, und dann läuft man in einem riesigen Bogen
wieder hinter den anderen her in die andere Richtung …
Wenn man Hunde bei solchem Spiel beobachtet, hat man
den Eindruck, dass diese Betätigung der eigenen Gliedmaßen für sie sehr lustvoll, sehr aufregend ist. Der Psycho-
loge Karl Bühler nannte dies – allerdings beim Spielen des
menschlichen Kindes und seinen endlosen Wiederholungen
derselben Tätigkeit – Funktionslust.

Auch Schafe kennen die Lust am Rennen, am Schein-
kampf und am Spiel. Aber im Allgemeinen bevorzugen sie
doch die ruhigere Gangart. Meine Schafe streifen vormittags
über die Weide, lagern mittags gern unter den Bäumen; dann
wird ausdauernd wiedergekäut. Ich habe nicht den Eindruck, dass sie schier ausflippen vor Freude, wenn sie wiederkäuen. Aber wie sie da die Augen ein wenig geschlossen

halten und die Körper nach der Sonne ausrichten … Ich gehe jede Wette ein, dass sie sich auf eine unspektakuläre, stille Weise wohlfühlen. Im Gegensatz zu der aufgeregten Funktionslust könnte man hier von Daseinslust sprechen: Es wird nichts getan. Es wird nur verdaut. Alles ist in Ordnung. Man liegt. Und das ist schön.

Es gibt ein kleines Bilderbuch über das Schaf *Selma*.[29] Selma wird gefragt, was sie am liebsten machen würde, wenn sie alles tun könnte, was sie wollte. Und ihre Aufzählung enthält … lauter alltägliche Dinge. Sie will etwas grasen, etwas ruhen, mit den Lämmern zusammen sein. Natürlich soll dieses Buch eigentlich uns Menschen daran erinnern, dass es «die einfachen Dinge im Leben» sind, die Freude machen. «Pflücke die Blumen am Wegesrand» und dergleichen – all das sind so Weisheiten, denen man eigentlich erst ab der zweiten Lebenshälfte Beachtung schenkt. Vorher kommen sie einem eher spießig vor, und das ist vermutlich auch gut so, denn sonst würden wir nie unsere Heimatregionen verlassen, nie etwas Neues ausprobieren und all die eher exzessiven Freuden verpassen, die man in der Jugend doch etwas leichter erlebt.

Andererseits darf ich, da ich ja über vierzig bin, sagen: Es gibt eben auch diese ruhigere Freude à la Selma. Wir übersehen sie nicht nur in der Jugend, sondern auch, weil unsere Kultur eher an hedonistischen Freuden und den hohen Peaks, den überragenden Erlebnissen und intensiven Erfahrungen orientiert ist. Tiere hingegen sind all den Mitteln der Kulturindustrie, des Wünscheankurbelns und des Vergleichs («Wer fährt das bessere Auto?» «Was für einen Eindruck macht die Wohnzimmereinrichtung?») nicht ausgesetzt. Vermutlich fällt es ihnen leichter, jeden Tag wieder das Gleiche zu genießen.

Außerdem lenkt uns Menschen beim Genuss des Unspektakulären auch unser Gehirn ab. Ständig denken oder grübeln wir über etwas nach; während wir uns nach dem Schlaf vermeintlich räkeln wie eine Katze, fürchten wir tatsächlich schon den nächsten unangenehmen Anruf … Es ist ja kein Zufall, dass es ganze Heerscharen von Frauen meines Alters in Yogakurse treibt, wo wir die meiste Zeit recht simple Dinge tun, zum Beispiel atmen, das Becken kippen oder die Arme bewusst heben. «Achtsamkeit» sollen wir dadurch (wieder-)erlernen. Den Moment leben. Ihn auch genießen. Ich glaube, dass mit dieser Achtsamkeit wohl ungefähr jene Daseinslust gemeint ist, die jede Katze automatisch empfindet, wenn sie sich auf der Fensterbank von links nach rechts kugelt. Doch ich will mich jetzt nicht in den Tiefen der Esoterik verlieren, sondern nur noch einmal wiederholen: Es gibt eine ganz unspektakuläre Freude am alltäglichen Gebrauch unseres Körpers und am Verrichten alltäglicher Tätigkeiten. Und ich nehme an, dass diese Freude bei Tieren ebenso vorhanden, sogar noch ausgeprägter ist.

Doch wie gesagt hängt meine Argumentation im Ganzen nicht davon ab, ob es solche Daseinslust gibt. Das umgekehrte Phänomen ist leider bei Nutztieren viel weiter verbreitet und auch viel leichter zu beweisen: Daseinsfrust. Wenn wir an Nussbaums Liste zurückdenken, ob nun in genau dieser oder einer anderen Form: Die These ist, dass Lebewesen bestimmte Fähigkeiten, Funktionen oder Tätigkeiten «in die Wiege gelegt» sind, in deren Ausüben das Leben besteht. Dazu gehört das Beisammensein mit der Familie, den Vertrauten, und selbstverständlich mit dem eigenen Nachwuchs bzw. der Mutter. Genau dieses Beisammensein allerdings wird in unserer Agrarindustrie regulär unterbunden. Kein kommerziell genutztes Huhn wird heute von der Mutter ausgebrütet, von ihr aufgezogen und gehudert. In der Milchwirtschaft wird das Kalb am ersten oder zweiten Tag von der Mutter getrennt und in eine Kälberhütte verbracht, weil der Mensch die Milch abpumpen will, während das Kalb nur aus Pulver angerührte, minderwertige Ersatzmilch aus einem Eimer zum Trinken erhält.

Das Kalb ist durch die Aufnahme von Milch allein jedoch nicht zufriedengestellt. Auch wenn es den meisten Landwirten offenbar gelingt, über das stunden- oder tagelange Rufen der Mutterkuh nach ihrem Kalb hinwegzuhören (mir gelang das nicht, nach meinem ersten Besuch in einem Milchkuhbetrieb bin ich zur Veganerin geworden) – die Verhaltensauffälligkeiten des mutterlosen Kalbes sind ein ständiges Problem in den Betrieben. Dazu wieder die Ausführungen des Nutztierexperten Hoy: «So ist es bis heute nicht befriedigend gelungen, das gegenseitige Besaugen der Kälber bei Gruppenhaltung in mutterloser Aufzucht gänzlich zu verhindern, obwohl es eine große Zahl an wissenschaftlichen Untersuchungen dazu gibt und viele Lösungsansätze erforscht wurden. Es bleibt jedoch der biologische Sachverhalt, dass das jeweilige Kalb beim Trinken aus Eimern oder Tränkautomaten zwar ernährungsphysiologisch gesättigt wird, offensichtlich der Bedarf am Saugen jedoch nicht gedeckt werden kann.»[30] Ich persönlich finde ja, es ist davon auszugehen, dass dem Kalb noch mehr fehlt als das Saugen – nämlich die Mutter! Aber immerhin, hier wird ein Problem wenigstens festgestellt.

Durch das Besaugen der Kälber untereinander entstehen wunde Flächen an Nabel, Euteranlage, Schwanz und Ohren. Das führt zu Entzündungen und Verletzungen der Besaugten, und bei den Saugenden zu Verdauungsstörungen durch Haarbälle.[31] Mit Noppen versehene Gummiringe, die den Kälbern durch die Nase gezogen werden, sollen das Saugen verhindern, haben aber bisher nicht zum Erfolg geführt. Auch bei Ferkeln übrigens, die nach drei Wochen von ihren Müttern getrennt werden, damit die Mütter erneut «rauschig» gemacht und besamt («belegt») werden können, führt das gegenseitige Besaugen zu Verletzungen und Gesundheitsproblemen.

Nun sind immer wieder von der Autobahn oder Bahnstrecke aus Kuhherden zu sehen, bei denen offensichtlich

Mütter und Kälber zusammenleben. Geht doch!, denkt mancher da. Doch zum Einen macht das, was wir auf den Wiesen sehen, nur einen geringen Prozentsatz aus im Vergleich zu dem, was in den Ställen verborgen ist. Zum Zweiten ist diese Mutterkuhhaltung für Mutter und Kind nicht unbedingt schonender. Ohnehin handelt es sich zumeist um Fleischrinder, die Kälber werden später weitergemästet;[32] aber damit die Kühe erneut besamt werden können, werden die Kälber «im Alter von fünf bis acht Monaten abgesetzt. In diesem Fall liegt eine starke Bindung vor, und sowohl Kälber als auch Kühe reagieren mit einer intensiven Vokalisation, vermehrter Lokomotion sowie verringerten Futteraufnahme- und Ruhezeiten. Am ersten Tag nach dem Absetzen werden bis zu fünfhundert Rufe durch das Kalb abgegeben, und es dauert mehrere Tage, bis diese intensive Lautgebung abgeklungen ist.»[33]

Solche wissenschaftlichen Formulierungen wie Absetzen (Wegnehmen), vermehrte Lokomotion (Unruhe), intensive Vokalisation (Rufen) versuchen, Distanz zu einem Phänomen zu schaffen, für dessen Verständnis man wahrhaft keinen falschen Anthropomorphismus benötigt.[34] Fünfhundert Mal ruft das Kalb am ersten Tag nach seiner Mutter – es vermisst sie eben! Es gibt für Kind und Mutter kaum Schlimmeres. Das wissen natürlich auch die beteiligten Landwirte. «Um den Absetzstress für die Kälber zu verringern, werden zunehmend partielle Absetzverfahren eingesetzt, ... um die räumliche Trennung durchzuführen, aber soziale Kontakte zu erhalten oder die Trennung in Schritten durchzuführen.»[35] Da gibt es Fence Line Weaning, Trainer Cows, Two-Step-Weaning ... Die Kälber werden dabei entweder räumlich oder zeitlich von ihren Müttern getrennt; oder man gesellt sie Ammenkühen bei. Nur mit solchen gleichsam pädagogischen Maßnahmen (eher: Tricks) können Verluste durch «verringerte Futteraufnahme» und «vermehrte Lokomotion» vermieden werden.

In einer semi-natürlichen Umgebung entstehen dauerhafte Beziehungen zwischen Mutterkühen und ihren Töchtern; es gibt enge Beziehungen zwischen den einzelnen Kälbern einer Gruppe.[36] Auch bei Schafen weiß man von lebenslangen Bindungen der Schafsmütter und ihrer Töchter, und es bilden sich Freundschaften zwischen nicht verwandten erwachsenen Tieren.[37] Was bedeutet es, wenn der Mensch hier dazwischen geht und einzelne Tiere der Herde entnimmt, um sie zu schlachten? Er nimmt nicht nur dem jeweiligen Tier das Leben, sondern zerreißt auch soziale Zusammenhänge. Auch unter meinen Schafen beobachte ich so etwas wie Freundschaften, besonders nahe Gruppen und ein Mutter-Tochter-Paar, das schlicht unzertrennlich ist. Die wenigsten Tiere, zumal unsere Nutztierarten, leben wie Monaden. Sie haben Familie, sie haben Freunde. Von Elefantenherden sind herzzerreißende Abschiedsszenen bekannt – oder auch Fälle, in denen sich Herden schwer tun, den Tod einer alten Elefantenkuh zu akzeptieren. Und einer Kuh und einem Schaf soll angeblich alles egal sein?[38]

Dass das familiäre Beisammensein in unserer Landwirtschaft völlig missachtet und unmöglich gemacht wird, ist natürlich nicht das einzige Problem, das durch das Unterbinden natürlicher Lebensabläufe entsteht. Ein anderes ist schlicht der Platz- und Bewegungsmangel. Er verursacht Skelettprobleme bei Ferkeln, Schweinen und ausgewachsenen Kühen. «Rinder sind an das Zurücklegen großer Strecken gewöhnt», schreibt Hoy, und zwar «bis zu 13 km täglich».[39] Welcher Laufstall kann auch nur annähernd Vergleichbares bieten? In den engen Ställen möchten sich Kühe auch ungern hinlegen, auf der Weide benötigen sie dazu einen Freiraum von ungefähr drei Metern um sich herum. Das Hinlegen in engen Ställen und auf harten Böden führt zu Gelenkverletzungen.[40] Um diese wiederum zu vermeiden, ist eine ganze Industrie entstanden, die den Kühen «wiesenähnliche» «Matratzen» (zum Beispiel Latexunter-

lagen oder wassergefüllte Matten) und gepolsterte Metall-
bügel anbietet, damit die Kühe sich doch hinlegen. Denn nur
eine Kuh, die viel ruht, gibt auch viel Milch.

Ein weiteres großes Problem ist, dass die Nahrungssuche
wegfällt und das Zivilisationsproblem Beschäftigungsmangel auftritt. Was soll das Tier mit seinen Fähigkeiten, Bedürfnissen und körperlichen Werkzeugen anstellen, wenn es
in einer reizarmen Umgebung eingesperrt ist? Hühner zum
Beispiel fangen an, einander die Federn auszureißen. Man
nennt es Federpicken. Das Federpicken hat, nach allen bisherigen Erkenntnissen, nichts mit einem Mangel an bestimmten Nährstoffen zu tun, sondern verdankt sich schlicht
dem Beschäftigungsmangel, gepaart mit Sozialstress. Ab
einer Gruppengröße von etwa fünfzig Tieren können Hühner keine stabile Rangordnung mehr aufbauen, jedes Huhn
pickte nach jedem, jedes schwächere flieht vor jedem stärkeren. Daher ist Federpicken auch in Bio-Freiland-Haltung
verbreitet (erlaubt sind dort Ställe für bis zu 2500 Tiere). Oft
häuft sich das Federpicken dort sogar, denn: «Der positive
Einfluss einer abwechslungsreicheren Umwelt wird unter
diesen Bedingungen offensichtlich durch den Effekt der
großen Gruppen überlagert.»[41]

Damit Hühner ihre Schnäbel einsetzen können, stellt man
ihnen gelegentlich poröse Steine hin; auch kleine Strohballen
(die sind in der Regel so groß, dass ungefähr drei Tiere
gleichzeitig darauf Platz finden). Bei den Schweinen sind
Spielzeuge vorgeschrieben – wir haben bereits gesehen, dass
auch sie das Problem des Kannibalismus nicht lösen können.
Diese Spielzeuge, diese Beschäftigungsmaterialien, die im
Zuge einer Verbesserung des «Tierwohls» zum Zuge kommen, zielen eben nicht auf ein gutes und vollständiges Tierleben, sondern sie sind im Grunde Kompensationsmaß-
nahmen für unterbundenes Tierleben (exakt terminiertes
Besamen mehrerer Sauen zum selben Zeitpunkt statt natürlicher Gruppenbildung, Ketten und Bälle statt mehr Aus-

lauf, kleine Portionen Stroh statt selbstbestimmter Nahrungssuche). Sie sind Überbrückungsversuche, Reparaturversuche, weil es einfach nicht gelingen will, diese Tiere dem Stallbetrieb anzupassen.

Erinnern wir uns: Hausschweine verhalten sich in Freiheit so wie Wildschweine. In jeder Zuchtsau steckt eine Wildsau. Eine mittelgroße Wildschwein-Rotte kann in einer einzigen Nacht eine Pferdekoppel komplett und so gründlich umgraben, dass man sich am nächsten Tag fragt, ob da heimlich jemand mit schwerem Ackergerät angefahren ist. (Ich spreche aus trauriger Erfahrung.) Man kann solchen Tieren nicht beibringen, dass der Stall eine hinreichende Umgebung für sie ist, und sie sind auch nicht mit einem Ball an einer Kette zufrieden.

Ich habe in vorigen Abschnitten dieses Kapitels zunächst die eher veterinär- und agrarwissenschaftliche Diskussion ums Tierwohl dargestellt, dann die eher philosophische. Während die Veterinäre den Philosophen oft vorwerfen, zu sehr vom Menschen aus zu denken und biologisch wenig auf dem Kasten zu haben – was möglicherweise stimmt –, muss man umgekehrt auch sagen, dass manche Veterinäre sich zu wenig mit philosophischen Grundbegriffen vertraut gemacht haben.[42] Doch wie dem im Einzelnen sei: Ich kann nicht finden, dass es sich hier um grundsätzliche Unvereinbarkeiten handeln muss. Beide Ansätze scheinen mir nämlich eine wesentliche Grundthese über das Tier und sein gutes Leben zu teilen: Tiere sind als natürliche Lebewesen an eine bestimmte Umgebung und bestimmte Tätigkeiten angepasst; ihren Bedürfnisse und Funktionen entsprechen auf subjektiver Seite Wünsche und Empfindungen. Wenn wir ihre äußeren Lebensumstände stark manipulieren und sie in ihren äußeren Funktionen frustrieren, frustrieren wir sie auch subjektiv.[43]

Wie gesagt, nicht jedem objektiven Interesse muss im Detail exakt ein subjektiver Wunsch entsprechen oder umgekehrt. Aber wer unter Bewegungsmangel leidet, der leidet. Wem man die Mutter wegnimmt, leidet. Wer keine Möglichkeit zum sinnvollen, artgerechten Verhalten hat, entwickelt Verhaltensstörungen.[44] Und viele Tiere heute leiden ja nicht allein unter den Haltungsbedingungen, sondern bereits unter den Zuchtfolgen: Sie wurden so gezüchtet, dass sie nicht mehr gut leben *können*. Bei solchen Erkenntnissen – die zugegebenermaßen so tief ja gar nicht sind – droht auch nicht die Gefahr des Anthropomorphismus.

Diese zentralen Punkte, um die es bei der Diskussion über die moralische Zulässigkeit des Tierenutzens geht, sind über Missverständnisse erhaben. Man muss nicht viel heruminterpretieren, um zu sehen, dass Nutztiere in diversen Punkten stark beeinträchtigt sind. Erstens durch das Auseinanderreißen von Familien. Zweitens berauben wir die Tiere ihres Lebens, und zwar nicht nur in der direkten Fleischproduktion, sondern auch bei der von Eiern und Milch. Wie gesagt: Das Leben aller Nutztiere endet mit einem gewaltsamen und verfrühten Tod. Drittens zwingt man den Tieren ein verarmtes Leben auf, in dem sämtliche Fähigkeiten nicht annähernd ausgelebt werden können, zum Beispiel Fortbewegung, Nahrungssuche, Betätigung all jener artspezifischer Funktionen im Bereich der Körperpflege, der Umgebungswahl und -gestaltung oder des Sozialen. Leben ist mehr als Atmen, Fressen und Verdauen. Genau betrachtet nehmen wir den Tieren zwei Mal das Leben: Nicht erst am Ende, wenn wir sie töten, sondern bereits vorher, weil wir sie all dessen berauben, was ein Leben ausmacht.

Ein Vertrag zwischen Mensch und Tier?

Seien wir ehrlich: Im Grunde braucht es keine komplexen Theorien, keine verschachtelten Argumente, kein Expertenwissen um festzustellen: Die Tiere, die uns heute Fleisch,

Eier, Milch, Wolle und Leder «liefern», führen ein erbärmliches Leben. Wenn Privatpersonen ihre Hunde oder Katzen so hielten, würden wir von Tierquälerei sprechen. Und wer Tierquälerei nicht unterstützen und nicht von ihr profitieren will, sollte die entsprechenden Produkte nicht konsumieren. So einfach ist es eigentlich. Man müsste die Frage, ob wir Tiere nutzen dürfen, nicht einmal grundsätzlich klären. Man könnte die Ansicht vertreten, der Mensch – zum Beispiel ein Angehöriger eines Amazonasvolks oder irgendein Naturbursche in Kanadas Wäldern – sei berechtigt, Tiere zu essen. Nur eben: nicht so! Nicht diese Tiere, die auf diese Weise gezüchtet, so «produziert» wurden.

Ich bin ja auch nicht gegen Teppiche – ich bin bloß gegen Kinderarbeit. Wenn mir niemand garantieren kann, dass importierte Teppiche nicht von Kinderhand geknüpft wurden, kaufe ich eben keinen Teppich. Ebenso kann ich mich dagegen entscheiden, Fleisch, Milch und Eier zu kaufen. Nicht grundsätzlich. Nur realistisch. Vielleicht wären Produkte von glücklichen Tieren moralisch in Ordnung, aber in einer Industriegesellschaft gibt es keine. Wenn wir mit unseren moralischen Überzeugungen ernst machen und unser Geld nicht weiter in wirtschaftliche Systeme stecken wollen, die unethisch arbeiten, sollten wir vegan leben und so weit wie möglich auf tierische Produkte verzichten.

Ich selbst habe diese Entscheidung vor einigen Jahren getroffen und war, nachdem ich mir meinen Weg durch die breite Palette der Sojajoghurts und Brotaufstriche gebahnt hatte, richtiggehend froh und erleichtert. Auch ich sehe auf der Autobahn noch Schweinetransporter mit Rüsseln hinter den Lüftungsschlitzen, auch ich sehe ausgemergelte Legehennen in Ställen und im Fernsehen. Aber wenigstens habe ich Produkte solcher Tiere nicht mehr in meinem Kühlschrank, in meiner Küche, auf dem Teller – was ja eigentlich recht intime Orte sind! Wenigstens wird das Leid dieser Tiere nicht mehr von mir und mit meinem Geld aktiv unterstützt.

Ich bin allerdings 1982 Vegetarierin geworden. Sieben Jahre später begegnete ich auf einer Reise nach Kalifornien zum ersten Mal der Idee des Veganismus – ich wandte mich ab, geradezu naserümpfend. Ich fand das spinnert, übertrieben. Weitere sechs Jahre später lernte ich einen veganen Kommilitonen kennen, der in einem Seminar über Tierethik erklärte, warum er überhaupt keine tierischen Produkte mehr esse. Wiederum wollte ich seine Argumente nicht gelten lassen, fühlte mich doch bereits ganz «auf der sicheren Seite». Erst nach meinem Umzug aufs Land haben mich die Ausflüge zu Bauernhöfen der Umgebung nachdenklich gemacht, vor allem als ich zum ersten Mal ein Kalb ohne Mutter mit eigenen Augen sah, und die Mutter vom Stall aus nach dem Kalb rufen hörte – und diese Erfahrung nicht mehr verdrängen konnte.

Also seien wir nochmals ehrlich: Wir sind ja nicht umsonst Menschen, sprich: vernunftbegabte Wesen, und darum fällt uns zu jeder Feststellung eine Ausnahme ein, zu jeder unbequemen Erkenntnis wissen wir ein Aber. Wir können mit unserem Denken nicht nur dem Faktischen folgen, sondern auch dem Kontrafaktischen. Und wenn wir uns nun vorstellen, wie all die Schweine und Kühe und Hühner derzeit leben, dann schweifen unsere Gedanken ab, und wir denken an strengere Bio-Siegel und hoffen, dass Tierschutzrichtlinien verschärft werden können …

Von dieser Hoffnung leben die Bio- und Tierschutzsiegel, die sich in letzter Zeit in den Supermärkten ausgebreitet haben. Doch man muss sich die dazugehörigen Bestimmungen einmal durchlesen: die Soll-Bestimmungen, die Kann-Bestimmungen, die Ausnahmeregelungen und die Übergangsfristen. Konventionell steht Schweinen zum Beispiel 0,75 Quadratmeter Platz zu. Bei Neuland, dem derzeit «großzügigsten» Siegel für Schweinemast, sind es 1,5 Quadratmeter.[45] Das hört sich erst einmal gut an: Ist das nicht doppelt so viel wie konventionell? Ja, aber doppelt so viel wie beinahe Null bleibt eben immer noch beinahe Null. Natürlich werden auch bei der Bio-Haltung Tiere eingepfercht, können sie ihre artgemäßen Verhaltensweisen nicht ausüben, werden Familien auseinandergerissen und sind die Tiere meist bereits so gezüchtet, dass sie physisch leiden.

Denken wir einmal weit über die heutigen «Tierschutz»-Siegel hinaus: Kann man sich die Beziehung zwischen Mensch und Nutztier nicht als eine Art Tauschbeziehung vorstellen, von der beide Seiten etwas haben? Ist es nicht so, dass auch unsere Nutztiere von dem Zusammenleben mit uns Menschen profitieren – oder einstmals profitiert haben und wieder profitieren könnten? Die bereits erwähnte Biologin Marian Stamp Dawkins und der Philosoph Bernie Rollin zum Beispiel sprechen davon, dass die heutige Massentierhaltung den «Alten Vertrag» zwischen Mensch und Tier breche. Früher nämlich hätten beide Seiten einander etwas gegeben, die einzelnen Tiere seien den Menschen etwas wert gewesen, während sie heute zu wertlosen Elementen in einem quasi-industriellen Prozess verkommen seien und auch so behandelt würden.

Die Zustandsbeschreibung ist sicher richtig. Aber ist das Bild einer solchen Vergangenheit nicht etwas romantisch? Wenn man sich die Geschichte der Landwirtschaft ansieht, erkennt man: Tiere haben bereits früher unter uns Menschen, unseren technischen Möglichkeiten und unserem Zwang gelitten. Im Mittelalter liefen Schweine frei herum, doch später gab es Schweinekoben: fensterlose kleine Verschläge, in denen die Tiere eingesperrt waren, bis man sie schlachtete. Der Umwelthistoriker Joachim Radkau berichtet, wie Allmendekühe im Frühjahr halb verhungert auf die Gemeindeflächen getrieben wurden;[46] im alten Konstantinopel hatten die Pferdehalfter einen Dorn und bohrten Löcher in die Kiefer der Tiere;[47] der alte Pflug war nicht ergonomisch und eine unnötige Schikane für die Ochsen;[48] bei Ziegen war die tierquälerische Anbindehaltung üblich.[49]

Nichts spricht dafür, dass es früher eine Art Vertrag zwischen Menschen und Tieren gegeben hat. Damit meine ich nicht das offensichtliche Problem, dass Tiere die Vertragsbedingungen nicht kennen und nicht unterschreiben können. Das ist klar.[50] Aber man könnte sich Situationen vorstellen, in denen das Zusammenleben wirklich zum beiderseitigen Wohl wäre. Nur: So war es nicht. Schon als die Urmenschen einige Tiere entweder angeleint oder eingepfercht haben, als sie einzelne Tiere zum Töten entnahmen, war dies nicht im Interesse dieser Tiere, zumal dies noch wilde Tiere waren, die nicht einmal an Menschen gewöhnt waren. Was für einen Vorteil soll es für Tiere, die beim Anblick vom Menschen einen intensiven Fluchtimpuls verspüren, gehabt haben, eingepfercht zu sein?

Marian Stamp Dawkins nennt als potentiellen Gegenwert für Nahrung und Kleidung, mit denen uns die Tiere «versorgen», auf menschlicher Seite: Futter, Schutz vor der Witterung und Schutz vor Raubtieren. Doch auch bevor Menschen sie domestizierten, waren Tiere in der Lage, sich mit Futter zu versorgen. Wären sie es nicht gewesen, hätten sie bzw. ihre Vorfahren nicht überlebt und wäre der Mensch nie auf sie getroffen. Auch wurden viele Tiere, insbesondere die Wiederkäuer Ziege und Schaf, gerade deshalb von Menschen domestiziert, weil sie das minderwertige Raufutter der kargen Steppen o. ä. verwerten konnten – also von Flächen, auf denen Menschen nichts anbauen konnten. Ziegen und Schafe können sich noch da ernähren, wo der Mensch nichts Essbares findet; das ist aber keine große Leistung des Menschen, sondern des Systems Wiederkäuermagen mit Pansen.

Und heute? Was wir den Tieren füttern, ist oft nicht das, woran ihre Körper angepasst sind; Milchkühen zum Beispiel wird viel Kraftfutter gegeben, damit sie die Milchleistung überhaupt aufrechterhalten können; dieses Futter läuft dem Prinzip des Wiederkäuermagens im Grunde zuwider. Daher wurde kürzlich auf einer Agrarmesse ein elektronisches

Sensorsystem prämiert, das am Hals der Kuh befestigt wird und jede einzelne Kau- und Schluckbewegung registriert. So kann ein Landwirt oder Züchter herausfinden, was die optimale Futterhöchstgrenze bei Hochleistungstieren ist – damit sie also so energiereiche Nahrung aufnehmen wie möglich, ohne dass sie das Wiederkäuen einstellen und die Pansenflora kippt. Das System heißt Rumiwatch (von *Ruminantia* für «Wiederkäuer»). Ist Rumiwatch etwa eine positive Vertragsleistung im Sinne der Kuh?

Sogar hinreichend sauberes Wasser ist in den modernen Ställen keine Selbstverständlichkeit, sondern eine Seltenheit. Die Tränksysteme werden selten gereinigt, und es setzt sich «Biofilm» in Leitungen und Tränken ab. Eine neue Untersuchung der Tränken von Mastschweinen und Absetzferkeln zeigte, dass die Keimbelastung bei den Ferkeln in 80 Prozent der Fälle die empfohlene Höchstgrenze überschritt; bei den Mastschweinen schafften es 17 Prozent der Ställe nicht einmal, «mäßig sauberes» Wasser bereitzustellen, das eine hundert Mal höhere Keimbelastung als normales Trinkwasser aufweisen darf. Bei vielen Wasserproben ist die Verunreinigung durch Schlieren, «Biofilm» und dergleichen so stark, dass sie sich bereits mit bloßem Auge erkennen lässt (wenn man denn hinsieht).[51] In der Geflügelhaltung stellen sich ähnliche Probleme.[52]

Stamp Dawkins macht außerdem geltend, die Tiere seien vor der Witterung geschützt. Doch traditionell wurden Tiere nur so weit geschützt, wie es für ihr Überleben notwendig war, genauer: wie es für ein hinreichend ökonomisches Weiterbestehen notwendig war. Bis heute werden Schafherden oft im Winter draußen gelassen, was gutgehen kann – oder auch nicht. Dass dabei einige Lämmer erfrieren, ist einkalkuliert. Auch dass Tiere, wenn sie sich in den Weiten von Almen oder Hochebenen verlaufen, ein Bein brechen oder von Schneestürmen überrascht werden, ist normal; hier unterliegen Nutztiere demselben Risiko wie Wildtiere. Es

ist nicht davon auszugehen, dass die Urmenschen Rettungs-
trupps nach ihnen ausschickten, wenn nicht einmal wir
Hochtechnisierten heute es tun.

Auch bei Dürre oder bei Fluten starben und sterben Tiere
immer zuerst bzw. werden als erste im Stich gelassen. Meist
rettet sie keiner. Bis heute irren Hunde und Katzen in Fuku-
shima und Umgebung herum, obwohl sie einst als geliebte
Haustiere gehalten wurden. Den Nutztieren wiederum bieten die Ställe, in denen sie gehalten werden, im Allgemeinen
sogar *weniger* Schutz vor der Witterung als das Leben im
Freien. Ein frei lebendes Schwein kann einen Wasserlauf, ein
frei lebendes Huhn den Schatten unter Bäumen aufsuchen;
beide Tierarten schwitzen nicht und können ihre Körpertemperatur bei Hitze nur schwer regulieren. Das wird bereits früher ein Problem gewesen sein, sobald man Tiere
nicht frei herumlaufen ließ. Die heutigen Ställe werden oft
sogar zu Todesfallen: Zehntausende von Hühnern und Puten ersticken oft während der Sommerhitze,[53] und alle möglichen Tierarten kommen zu Tode, wenn es brennt. Erst
kürzlich hat mir eine Bekannte erzählt, dass jeden Monat
in Deutschland mindestens zwei bis drei Ställe abbrennen –
mitsamt ihren Insassen. Weil ich es nicht glauben wollte, gingen wir eine Wette ein, und die Bekannte schickte mir einen
Monat lang sämtliche Online-Meldungen zum Thema. Es
waren mehr als drei Fälle. Zudem starben Schweine, Schafe,
Pferde und Kälber in jenem Monat nicht nur durch Brände,
sondern auch durch ausgelaufene Gülle und durch Strom-
schläge wegen schlecht isolierter Leitungen.[54]

Schließlich meint Stamp Dawkins, domestizierte Tiere
würden durch uns Menschen vor Raubtieren geschützt. Das
ist eine kühne These angesichts der Tatsache, dass der
Mensch in Bezug auf seine Nutztiere ja selbst ein Raubtier
ist! Abgesehen von den Tieren, die an Krankheit sterben,
landet jede Legehenne, jedes Masthuhn, jedes Schwein, jede
Kuh am Ende beim Schlachter und im Kochtopf. Auch bei

freilebenden Wildschweinen stirbt, vor allem durch Greif-vögel oder die Witterung, ungefähr die Hälfte der Frischlinge innerhalb des ersten Lebensjahrs;[55] aber die von uns gemäs-teten Schweine schlachten wir allesamt mit einem halben Jahr! In dem Stall neben meinem Haus wurden früher Gänse gezüchtet, 300 bis 400 jedes Jahr. Ab und zu kam ein Fuchs und holte eine, das kostete ein paar Gänse jedes Jahr das Le-ben. Zu Weihnachten wurden alle anderen geschlachtet. Diese Tötungsrate von 100 Prozent schafft kein Fuchs!

Der Mensch beschützt das Leben seiner Nutztiere nur, bis er und weil er sie selbst verzehren will. Das gilt heute, das galt früher. Und daher hört sich die Geschichte vom «Alten Vertrag» zwar schön an – sie klingt nach Stonehenge, den Nebeln von Avalon und all dem, was man sich von der Warte einer hochtechnologisierten Welt zurückerträumen mag. Aber es ist nicht zu erkennen, was unsere Vorfahren den Tieren wirklich angeboten haben sollen. Als Lebende waren die Tiere so etwas wie Vorratskammern auf vier Bei-nen (heißt auch offiziell so: lebende Bevorratung) und ohne Verfallsdatum, man konnte sie schlachten, wenn eine be-sondere Gelegenheit anstand oder wenn zum Beispiel im Winter das Futter ausging. So viel zur Versorgung der Tiere mit Futter: Sie wurden versorgt, solange Futter da war. Dann wurden sie geschlachtet und gepökelt. Wenn es so etwas wie einen Vertrag zwischen Mensch und Tier gäbe, müsste man ihn überhaupt erst schließen. Doch zu erneuern gibt es da sicherlich nichts.

Könnte man also eine ganz neue Form der Mensch-Nutz-tier-Beziehung erfinden? Und wieder nimmt die Hoffnung Anlauf: Selbst wenn das alles noch sehr viele Jahre dauern würde und ziemlich vieles auf den Kopf gestellt werden müsste, *könnte* man sich nicht ein ganz anderes System der Tiernutzung vorstellen? Wenn man auf Fleischessen und Schlachtung verzichtete, könnte sich der Mensch dann we-nigstens *etwas* von den Tieren nehmen? Die Eier zum Beispiel. Hühner legen doch automatisch Eier? – Nein, Hühner legen nicht automatisch Eier. Hühner sind Vögel, das heißt, eigentlich wollen sie ihr Nest volllegen, sich dann darauf setzen und brüten. Den Bruttrieb hat man ihnen weggezüchtet. Der Vorfahre des Haushuhns, das Bankiva-Huhn, legt im Jahr 20 Eier, eine Legehenne über 300. Das häufige Eierlegen strapaziert das Skelett und führt zu Entzündungen der Legeorgane und des Bauchraums.

Aber könnte man nicht alte Hühnerrassen wieder einführen, die nur 20 Eier im Jahr legen, und bei den Kühen würde man auch alte Rassen mit normalen Eutern nehmen, und wenn diese Kühe ihre Kälber bekämen, beließe man sie bei der Mutter und würde für den menschlichen Verzehr nur ein kleines bisschen Milch abnehmen? Außerdem dürften Kühe und Hühner alle frei herumlaufen … Nun, das *könnte* man vielleicht machen – wenn man wüsste, wohin mit all den ausgeschlüpften Hähnen, ohne sie zu töten, die sich aber im Allgemeinen untereinander nicht vertragen, und wohin mit all den Kälbern, ohne die die Milchkühe ja keine Milch geben, die man aber auch in Frieden aufwachsen lassen wollte. Das riecht nach Überbevölkerung und wäre im großen Maßstab schon aus Platzgründen nicht machbar. Wenn wir all die Tiere, die wir nutzen, frei oder zumindest relativ frei herumlaufen lassen wollen, ohne sie für die Nutzung empfindlich einzusperren, bräuchten wir mindestens einen zweiten Planeten. (Vielleicht einen dritten für die Gülle.)

Letztlich scheitert der Konjunktiv – man *könnte* es anders machen – eben doch immer wieder an der Übertragung in die Realität. Man *kann* eben nicht. In Großbritannien hat man Versuche angestellt, ob man Schweine «wie frei» halten könnte. Man bot ihnen viel (voneinander getrennten) Raum zum Schlafen, Wühlen, Rumlaufen, Abkoten. Das Modell war aus Gründen des Platzes (Platz ist Geld) und des Arbeitsaufwands (Zeit ist auch Geld) ökonomisch jedoch nicht zu realisieren.[56] Es ist rein rechnerisch, technisch, platztechnisch unmöglich, Tiere so zu halten, dass sie ein gutes Leben haben, keine wesentlichen Einschränkungen erdulden müssen, nicht aus ökonomischen Zwängen züchterisch «optimiert» werden – und trotzdem noch «nebenher» etwas abwerfen.

Die kanadischen Tierrechtler Sue Donaldson und Will Kymlicka – selbst Veganer, die als einige der ersten sogar politische Rechte für Tiere fordern – schließen nicht aus, dass es in einer besseren Zukunft möglich sein könnte, (wieder) Eier von Hühnern und Wolle von Schafen zu konsumieren,[57] wenn diese wirklich einem Verhältnis freiwilligen Gebens und Nehmens entstammten. Donaldson und Kymlicka meinen also *nicht* die Verlängerung und bloße Reform unserer heutigen Nahrungsmittelindustrie, sondern hoffen, dass sich ganz neue Verhältnisse zwischen Menschen und Tieren etablieren werden. Bei einem gleichberechtigten Zusammenleben könnte der Konsum von Eiern und dergleichen eventuell unproblematisch sein. Der Gedanke ist zunächst ansprechend: Schließlich helfen wir Menschen einander auch gegenseitig; wir nutzen Dinge, die andere Menschen übrig haben – oder die sie zusätzlich erwirtschaften, weil sie umgekehrt etwas von uns benötigen.

Aber hier liegt eben der entscheidende Unterschied: Bei der Nahrung, die wir von den Tieren haben möchten, handelt es sich um unmittelbare körperliche Produkte – nicht um etwas, das man aus fremdem Material formt oder zurechthämmert oder sonstwie produziert. Die großen Mengen an Eiweiß, Fett, Kalzium, die Energie, die zum Beispiel für ein Ei erforderlich ist, haben die Hühner eben nicht «übrig». Sie zusätzlich zu mobilisieren, kostet physiologisch viel Kraft. Die Tiere müssen sich «überschüssige» Milchmengen und Eier sozusagen «aus den Rippen schneiden». Kein Körper produziert mal eben diese Sekrete; der mütterliche Körper wird sowohl beim Eierlegen als auch beim Milchgeben stark belastet, es ist für den Körper ein Zustand erhöhter

Leistung, kein Normalzustand. Und genau deswegen sind ja die Hochleistungstiere, obwohl sie genau dafür gezüchtet wurden, schon nach wenigen Jahren ausgemergelt und am Ende ihrer Kräfte.

Es gibt also bereits biologische Gründe, warum man Tieren nicht einfach etwas nehmen kann, ohne ihnen – nun ja, ihnen etwas wegzunehmen.[58] Auch die Eierproduktion in Deutschland, die 80 Millionen Menschen versorgen soll, kann nur mit modernen Brut- und Aufzuchtprozessen funktionieren. Das heißt, dass die Eier künstlich ausgebrütet werden. In den ersten Lebenstagen würden die Küken unter dem Gefieder der Mutter gehudert; damit sie es wenigstens warm haben, müssen die Ställe geheizt werden. Doch natürlich ist das kein vollwertiger Ersatz: Es ist geradezu herzzerreißend, wie die jungen Küken in diesen Ställen herumlaufen und -sitzen und ununterbrochen piepsen auf der Suche nach einer Mutter. Ich traue mich kaum, hier von Vogel«kindern» zu sprechen, oder gar von Waisen … Jedes Jahr lassen wir 600 Millionen Hühnerküken ohne irgendeine «Bezugsperson» aufwachsen. Klingt es anthropozentrisch, dies so zu formulieren? Also etwas neutraler: Wir greifen in die grundlegenden Vorgänge der Reproduktion ein, und zwar schmerzhaft, um Tiere in diesen Mengen überhaupt erst «herstellen» zu können.

Spielen wir im Geiste eine letzte Strategie durch: Könnten wir die Produktion von Milch und Eiern vielleicht auf das Niveau von vor anderthalb Jahrhunderten herunterfahren, mit den Tieren leben wie zum Beispiel frühere Kleinbauern oder Nomaden? Nun, wir sind aber keine Gesellschaft von Kleinbauern und Nomaden. Die Industriegesellschaft ist ungleich stärker arbeitsteilig organisiert, und die Spezialisierung der Berufe weit fortgeschritten. Bis ins 19. Jahrhundert hinein hielten auch arme Stadtbewohner in ihrem Hinterhof Tiere. Ich will natürlich nicht behaupten, dass diese glücklich waren, sondern nur: Die Arbeit mit diesen Tieren lohnte, weil jeder Haushalt kleine Mengen für sich und höchstens einige wenige andere Haushalte entnahm. Das waren Zeiten, in denen die Menschen ihre Kleider mit der Hand gewaschen und zigfach geflickt haben; dieses Verhältnis von Arbeitszeit zu Ertrag ist für uns heute undenkbar. Wir wollen es nicht mehr, und ein Büromensch kann es auch organisatorisch nicht. Er kann nicht selbst täglich eine Menge Zeit im Stall verbringen, sondern muss die Milch kaufen.

Im Zuge der modernen Arbeitsteilung haben sich die Verhältnisse enorm verschoben. Waren in früheren Zeiten der Menschheit und noch bis in die frühe Neuzeit 95 und mehr Prozent der Bevölkerung Bauern und haben sich selbst und die wenigen anderen mit Nahrung versorgt, müssen in den Industrieländern heute 1,6 Prozent der Erwerbstätigen die gesamte Nahrung für alle herstellen.[59] Ein Landwirt erzeugte um 1900 mit seiner Arbeit Nahrungsmittel für etwa vier Menschen, 1960 waren es 17 Menschen und heute sind es sogar 133![60] Diese Leistungssteigerung ließ sich nur durch den technologischen Umbau und die Industrialisierung der Landwirtschaft erreichen – und dazu zählen auch die Haltung und bereits die Zucht der Tiere. Allein diese Zucht aber führt, wie bereits mehrfach ausgeführt, zu großen körperlichen Belastungen für die Tiere. Wir können dieses Leistungsverhältnis nicht beliebig wieder zurückdrehen.

Gewiss, hypothetisch ist es vielleicht nicht unmöglich, sich eine Form des Zusammenlebens zu denken, bei der Produkte von Tieren in geringem Maße und gelegentlich genutzt würden. Dass aber unter solch gänzlich anderen Bedingungen tierische Produkte regelmäßige Komponenten unseres Speiseplans blieben, dagegen sprechen wirtschaftliche, organisatorische, im weitesten Sinne technische Gründe. Praktisch ist es schlicht nicht möglich, tierische Nahrungsmittel in der bisherigen Menge «fair» zu erwirtschaften – und auch nicht annähernd in diesen Mengen. Was heute jeden Tag verzehrt wird, würde eine Kostbarkeit wie etwa Trüffel. Man würde vielleicht einmal die Woche ein paar Gramm Käse essen. – Ja, vielleicht kann man das machen. Aber wäre das dann wirklich noch eine ovo-laktische Ernährungsweise, oder wäre das nicht eine pflanzliche Ernährung mit seltenen Ausnahmen in Form schmerzlich teurer Delikatessen? Wieso würde man das bisschen Käse dann nicht einfach ganz weglassen?

Vielleicht darf ich die Frage von hier an einfach offen lassen und sagen: Es lässt sich nicht kategorisch ausschließen, dass es eine ethisch verträgliche Weise gibt, zumindest gelegentlich ein tierisches Produkt auf den menschlichen Speiseplan zu setzen – also ohne die Rechte der involvierten Tiere drastisch zu verletzen. Das hieße: Ohne sie zu töten, ihnen die Kinder oder die Mütter wegzunehmen, sie schmerzhaft zu verzüchten, sie körperlich zu belasten und sie beim Vollzug ihres Lebens empfindlich einzuengen. Vielleicht könnte so etwas funktionieren, in geringem Umfang und im Rahmen ganz anderer Tierhaltungs- und Wirtschaftsmodelle als heute. Mir persönlich fällt es schwer, es mir auch nur annähernd vorzustellen. Daher würde ich die Beweispflicht hier gerne abtreten: Wer wirklich der Meinung ist, dass dies praktikabel wäre, möge bitte einen realistischen Plan vorlegen. Ich zumindest sehe so eine Möglichkeit nicht.

Was Freiheit für Tiere bedeutet

Viele Tierrechtler gehen ganz selbstverständlich davon aus, dass Tiere befreit werden müssen bzw. gar nicht erst gezüchtet und eingesperrt werden dürfen. Gary Francione zum Beispiel ist der wohl prominenteste Vertreter der «abolitionistischen» Richtung der Tierethik, so genannt nach dem Abolitionismus, der Bewegung zur Befreiung der Sklaven. Francione meint in etwa: Solange wir uns anmaßen, Tiere zu besitzen, gehen wir davon aus, dass wir sie auch beliebig benutzen dürfen; insofern steht der Gedanke des Besitzes der Wahrnehmung ihrer Interessen im Wege.[61] Das stimmt wohl. Damit ist aber noch nicht gesagt, dass Freiheit zu den Interessen der Tiere zählt oder das notwendige Gegenstück zu Besessen-Werden bedeutet.

Auf der anderen Seite stehen jene bereits erwähnten Veterinäre, die sich zwar für das Tierwohl einsetzen, aber das Konzept «Nutztier» gar nicht hinterfragen. Sie meinen ebenso selbstverständlich: «Vollständige Freiheit ist nicht wünschenswert.»[62] Warum soll Freiheit nicht wünschenswert sein? Für wen? Für den Menschen – oder das Tier? Es folgt keine weitere Erklärung für diesen Satz, der schon ziemlich verblüfft angesichts der Abermilliarden von freien Tieren, die diesen Planeten ja nun schon seit geraumer Zeit bevölkern.

Im Gros der philosophischen tierethischen Literatur wiederum wird das Thema «Freiheit» der Tiere mit gemischten Gefühlen und Ergebnissen angegangen. Der amerikanische Philosoph David DeGrazia illustriert das Problem, indem er den Leser bittet, sich ein Zootier vorzustellen, wohlgenährt, ohne natürliche Feinde, in einem ziemlich großen Gehege. Geht es diesem Tier nicht besser als seinem Vettern in der Wildnis – bedroht durch andere Tiere, durch Durst, Hunger, Krankheiten und Parasiten? Bedeutet die Gefangenschaft dennoch eine Beeinträchtigung für das Tier?[63]

Und der britische Philosoph Alasdair Cochrane ist zwar überzeugt, dass Tiere Rechte haben können und auch müssen, dass zum Beispiel Fleischessen und gängige Tierhaltung abzulehnen sind; dennoch meint er, dass Tiere kein Recht auf Freiheit hätten. Warum? Nach Cochranes Meinung haben sie kein Interesse daran. Tiere hätten zwar jede Menge Interessen in Bezug auf den Vollzug ihres täglichen Lebens und auch ein Interesse an ihrer Zukunft; aber anders als wir Menschen wollen (und können) sie sie nicht eigenständig planerisch gestalten. Es gibt sozusagen nichts, was wir Menschen ihnen vorenthalten, wenn wir sie in (großen!) Zoos halten oder als (fair behandelte!) Haustiere besitzen. Stimmt das? Wie weit reicht eigentlich die Eigenständigkeit von Tieren, ihrer Vorhaben, Handlungen und Interessen?

Vielleicht ist die Sache mit der Freiheit deswegen etwas verwirrend, weil es eben verschiedene Formen von Freiheit gibt. Meiner Meinung nach lässt sich zwischen drei Formen oder Bedeutungen von Freiheit unterscheiden. Die erste davon ist schlicht instrumentell: Ein Tier braucht (wie natürlich auch der Mensch) ein bestimmtes Maß an Freiheit, um diejenigen Dinge, Orte, Handlungen oder Sozialpartner zu finden, die seine Bedürfnisse befriedigen. Vielleicht kann man diese Freiheit *Wahlfreiheit* nennen, insofern ein Tier zwischen verschiedenen Optionen wählen können muss, um die für sich beste oder zumindest eine passende auszuwählen. Man kann den Aktionsradius eines Tiers von außen beschneiden, ohne dass ein Verlust an Wahlfreiheit sofort ins Auge sticht: Unter Umständen hat ein gefangenes Tier mehr verschiedene Futtersorten und bessere Liegeplätze als ein frei lebendes Tier während der Dürre- oder Regenzeit. Andere entscheidende Komponenten von Freiheit allerdings fehlen.

Von dieser instrumentellen Wahlfreiheit unterscheidet sich eine andere, intrinsische Freiheit, die also selbst schon ein Gut ist, nicht nur Mittel zum Zweck. Aus Gründen der Wiedererkennbarkeit, nicht weil das Wort so ungeheuer gut passen würde, nenne ich diese zweite Form von Freiheit probeweise *Handlungsfreiheit*. Gemeint ist damit, dass es nicht ausreicht, dass ein Tier jeden Tag gutes Futter vorgesetzt bekommt, sondern es zählen auch all die Verhaltensweisen, die dorthin führen: die Suche nach Futter, das Prüfen, das Verwerfen der einen Möglichkeit, das neugierige Beschnuppern einer anderen etc. Nicht nur die Sättigung, auch die Befriedigung des Schlafbedürfnisses, das Sozialverhalten, das Sexualverhalten und die Sorge für den Nachwuchs umfassen komplexe Handlungsketten. Es reicht nicht, dass der Endzustand erreicht wird, sondern diese Handlungen wollen *ausgeführt* werden. Ich sagte bereits: Ein sattes Tier ist nicht automatisch ein glückliches Tier, sondern zu seinem guten Leben gehört auch das Ausführen jener Tätigkeiten, die zum Sattsein führen. Ein Tier benötigt die Freiheit zu diesen Handlungen und allem, was sie vorbereitet.

Am besten kann man sich die Bedeutung dieser Handlungsfreiheit am Beispiel ach-so-wohlmeinender Eltern verdeutlichen. Es gibt diese Eltern, die immer wissen, was ihr Kind als nächstes möchte. «Du willst doch sicher auf deine Lieblingsschaukel», «Aber natürlich bist du müde», «Die Kinder dort drüben sehen nett aus, geh und spiel mit ihnen» etc. Das Kind hat nie Gelegenheit, selbst einmal einen Moment der Ruhe, des Leerlaufs, meinetwegen auch der Frustration oder Leere zu empfinden, um dann einen Wunsch auszubilden und zu sagen: Ich will dieses und jenes. Als Außenstehender hält man das Zuschauen bei solchen Familien kaum aus. (Manche Ehepaare sind genauso: Die Partner wissen alles über den anderen im Voraus. Bei ihnen hält man das Zuschauen ebenso wenig aus.)

Und zwar ist es deshalb so schwer mit anzusehen, weil wir davon ausgehen, dass das Wahrnehmen von Wünschen selbst bereits essentieller Teil eines vollständigen Lebens ist, ebenso wie die darauf folgende Entscheidung, diesem Wunsch nachgehen zu wollen (oder auch nicht). Gewiss ist dies mit dem Risiko gepaart, dass auch mal etwas schief geht. Aber es gibt eben eine spezifische Befriedigung, die nicht erst darin liegt, dass ein erwünschter Zustand eingetreten ist, sondern dass wir ihn gewünscht, eventuell herbeigeführt haben und seine Erfüllung erleben. – Diese zweite Art von Freiheit, die ich Handlungsfreiheit nenne, meint also nicht das Ergebnis (z. B. Satt-Sein), sondern das empfindende und wünschende Subjekt in Aktion.

Bislang gewähren wir Nutztieren nicht einmal die Freiheit der ersten Stufe – sie können so gut wie nichts tun, und meistens fällt uns das nicht einmal auf.[64] Die Freiheit der zweiten Stufe wird erst recht vernachlässigt, eben weil wir dazu neigen zu glauben, dass ein Tier zufrieden ist, wenn es satt ist. Hier spiegelt sich noch die alte Auffassung vom Tier als Maschine wider: Der Motor läuft, wenn der Tank gefüllt ist. Doch, wie meine Freunde vom Kuhaltersheim Hof Butenland nicht müde werden zu betonen: Tiere sind nun einmal keine Maschinen.

Schließlich gibt es eine dritte, noch anspruchsvollere Version von Freiheit, die auch noch etwas schwerer zu beschreiben ist. Ich habe auf den Begriff der Autonomie bisher bewusst verzichtet, weil er philosophisch eine nicht nur lange, sondern auch schwergewichtige Tradition hat. Klassisch nach Kant ist autonom nur der (erwachsene) Mensch (im Vollbesitz seiner geistigen Kräfte), insofern er sich «die Gesetze seines Handelns selbst geben», sprich: sich zu seinen Motiven, Gefühlen und Handlungen verhalten kann. In diesem Spielraum von Freiheit entstehen Moral und Verantwortung.

Der zu Beginn dieses Abschnitts erwähnte Cochrane argumentiert in seinem Buch *Animal Rights without Liberation* nun, dass Tiere über diese Art von Autonomie nicht verfügen und daher auch keine umfassende Freiheit benötigen. Schließlich sind die allermeisten Tiere auch nicht in der Lage, sich zu fragen, «was für eine Art Mensch» bzw. eben Hirsch oder Eidechse sie sein möchten – anders als wir Menschen, die Selbstbilder haben, verfolgen, «an uns arbeiten», bestimmte Lebensweisen für mit unseren Prinzipien unvereinbar ansehen etc. Nicht-menschliche Tiere haben keine solchen Selbstbilder oder Prinzipien; und sie stellen auch keine komplexen rationalen Überlegungen zur Planung des eigenen Lebens, grundsätzlich oder in weiter Zukunft, an.

Das stimmt wohl. Doch Freiheit als Autonomie erschöpft sich nicht in diesem sehr rationalen Selbst- und Zukunftsbezug. Die Kantianerin Christine Korsgaard zum Beispiel streitet zwar nicht ab, dass wir Menschen dank unserer spezifischen Rationalität auch eine besondere Autonomie besitzen, indem wir uns zu unseren Wünschen reflexiv verhalten können. Doch sie hält es für ein Missverständnis zu glauben, dass dies notwendigerweise den Kern unserer Autonomie ausmacht; tatsächlich reiche dazu ein Wollen oder Begehren, in dessen Folge wir etwas als gut oder schlecht für uns ansehen. Und diese Art, etwas als «gut» oder «schlecht» wahrzunehmen oder zu bewerten, haben wir mit den Tieren gemeinsam. Tiere bringen also ebenfalls ihre eigenen Zwecke in die Welt und sind ebenso als Zweck an sich zu respektieren.[65]

Ich neige hier zu Korsgaards Auffassung. Offensichtlich ist jedenfalls, dass Tiere an der ersten und der zweiten Form von Freiheit (also sowohl Wahlfreiheit als auch Handlungsfreiheit) ein Interesse haben. Der dritte Aspekt von Freiheit (Autonomie) dagegen ist etwas schillernd: Geht es um einen Freiheitsbegriff, der auf diesen beiden aufbaut und sie nur etwas grundsätzlicher fasst? Oder hat «Autonomie» auch eine gleichsam metaphysische Komponente, die wir mit Kant als Vernunft benennen können? Konflikte zwischen den einzelnen Freiheits«varianten» sind jedenfalls denkbar, und zwar nicht nur bei DeGrazias außergewöhnlich gut versorgtem Zootier. Auch Menschen können unter Bedingungen leben, unter denen ihre Freiheit-als-Autonomie eingeschränkt ist – sie aber sehr gut ihre ersten beiden Freiheiten verwirklichen können. Manche Sklaven in der griechischen Antike lebten besser als viele Tagelöhner zur Zeit der Industrialisierung oder als viele ostasiatische Textilarbeiterinnen heute. Schließlich kann jemand auf dem Papier die absolute Freiheit der dritten Art besitzen, während seine oder ihre Freiheiten der ersten und zweiten Art durch ökonomische oder politische Verhältnisse stark eingeschränkt sind. Heißt das, dass wir (unter Menschen) zur Sklaverei zurückkehren sollten? Wohl kaum.

Und bei Tieren? Gewiss, es handelt sich um eine etwas akademische Fragestellung, denn in den allermeisten Fällen ist die Freiheit als Handlungsfreiheit eben nur in Form der Freiheit von Sklaverei oder Gefangenschaft gewährleistet. Aber die grundsätzliche Antwort auf diese Frage lautet für den tierethischen Kontext meines Erachtens etwas anders als bei (den meisten) Menschen. Ich denke, dass sozusagen das Mischungsverhältnis bei Tieren etwas anders ausfällt, dass für sie nämlich die zweite Form von Freiheit (Handlungsfreiheit) von größerer Bedeutung ist als die dritte Freiheit in Form von Autonomie – einfach weil für uns Menschen das Selbstverständnis als autonom Planende (und über ihr Leben gänzlich frei Verfügende) ein Wert an sich ist, den wir bei Tieren nicht anzunehmen haben. Insofern tritt bei Tieren der eher kategorische Aspekt (keine Sklaverei) etwas in den Hintergrund im Verhältnis zu der Freiheit, ein vollständiges Leben führen zu dürfen.

Vielleicht nähern wir uns dem Problem noch einmal auf anderem Wege, über den Begriff des Besitzes. Anders als Cochrane denke ich, dass die Idee, ein empfindungsfähiges Wesen könnte einem anderen gehören, falsch ist – moralisch gesehen. Gewiss: Faktisch kann ein Lebewesen nach derzeitiger Rechtslage einem anderen gehören, so wie im Laufe der Geschichte ja auch lange Zeit Menschen beiderlei Geschlechts – vor allem allerdings Frauen – anderen Menschen gehört haben. Streng genommen können jedoch nur Dinge besessen werden. In vielen Gesetzbüchern gelten Tiere daher als Gegenstände.

Die Moral dagegen verlangt von uns nun gerade, dass wir die Interessen der anderen als deren eigene Interessen ernst nehmen und dass uns auch klar ist, dass sie aus deren Innensicht genauso wertvoll sind wie unsere Interessen aus unserer Sicht. Es gibt weder metaphysische Gründe für die Bevorzugung bestimmter (z. B. menschlicher) Interessen noch darf eine solche Bevorzugung dauerhaft festgeschrieben werden, weil damit die Idee der Moral ausgehebelt wird. Die Idee des Besitzes tut aber genau das: Sie billigt, dass die Interessen des einen Wesens grundsätzlich und dauerhaft den Interessen eines anderen unterstellt werden.

Nun vom Besitz zurück zur Freiheit als Autonomie: Wenn wir Autonomie sehr rational auffassen (im Sinne einer Person, die überlegt, was sie studieren oder ob sie den nächsten Sommer in Paris verbringen will), dann wird man wohl sagen: Solche Autonomie haben Tiere nicht. Also haben sie auch kein Recht auf die entsprechende Freiheit. Heißt Autonomie aber, dass jeder von uns, Mensch und Tier, ein individuelles Wohl hat, das er verfolgt und das zu verfolgen er berechtigt ist, dann haben Tiere sehr wohl Autonomie und besitzen ein Recht auf die damit korrespondierende Freiheit. Tiere haben, anders gesagt, sowohl ein Recht auf Freiheit im ersten als auch im zweiten Sinne – Wahlfreiheit und Handlungsfreiheit. Im dritten Sinne zumindest insofern, dass sie nicht besessen werden können und nicht der Verfügungsgewalt eines anderen unterstellt werden dürfen.[66]

Zum Abschluss noch einmal zu DeGrazias Gretchenfrage, ob es glückliche Zootiere geben könne, bei denen der Verlust an Freiheit durch ein Mehr an Wohlergehen ausgeglichen würde. In meiner Terminologie würde das nun heißen: Einem Verlust an Freiheit als Autonomie stünde ein Gewinn an Freiheit im Sinne von Wahlfreiheit gegenüber (sowie an anderen Komponenten des Wohls), während Freiheit als Handlungsfreiheit nicht oder kaum beeinträchtigt wäre. Gut, ja, das könnte eventuell sein – wieder: im Konjunktiv.

DeGrazias Gedankenspiel hat allerdings nichts mit heutigen Zoos zu tun oder solchen, die sich auf absehbare Zeit werden einrichten lassen. Das Pro und vor allem das Contra

Zoo ist zu umfassend, um es hier ganz durchzuargumentieren,[67] doch in Kürze: Auch in Zoos leiden die Tiere, auch wenn heutige Zoos sehr geschickt darin sind, die Umwelt der Tiere nachzubilden oder anzudeuten – so dass sie zumindest für die Menschen überzeugend wirkt. Wer genauer hinschaut, sieht dann eventuell auch die elektrischen Metallleiter, die Zooelefanten davon abhalten, das dekorative Grün der Bäume zu fressen; wer die Website der Zoos studiert und das Kommen und Gehen der Jungtiere verfolgt, wird sich wundern, warum da so viel mit künstlicher Befruchtung gearbeitet werden muss, warum so viele Mütter ihre Kinder nicht annehmen und wo der ganze Nachwuchs, wenn er denn mal groß ist, eigentlich landet. Und wer die Flächenangaben auf den zoologischen Porträts der Tiere mit den Platzverhältnissen im Zoo vergleicht, wird sehen, dass es auf die ziemlich banale Erkenntnis hinausläuft: Es sind nun einmal eingesperrte Tiere.

Elefanten zum Beispiel gehen in Freiheit jeden Tag etliche, sogar Dutzende Kilometer und haben in einem modernen Zoo doch höchstens 5000 Quadratmeter – darin kann man also 50 Meter nach vorne und 100 Meter nach links oder rechts gehen. Zooanhänger entgegnen darauf gerne, die Tiere bewegten sich in Freiheit so viel, weil sie Futter und Wasser suchen müssten. Das mag sein. Aber dann muss man sich eben wieder daran erinnern, dass Gesättigt-Sein allein nicht ausreicht. Der Vollzug des Lebens besteht nicht nur im Erreichen des Ziels, es zählt auch die Handlung, die dorthin führt. Ich fahre auch mehrmals in der Woche in die Stadt um einzukaufen. Wenn jemand anordnen würde, ich bekäme unbefristeten Hausarrest, aber dafür würden mir alle Nahrungsmittel nach Hause geliefert, wäre ich auch nicht einverstanden! Wie viel mehr also muss Hausarrest ein Tier beeinträchtigen, für das Bewegung noch viel stärker zum täglichen Leben gehört als für mich (die ich eine ziemliche Couch-Potatoe bin)? Ein Tier, das seine Neugier (etholo gisch: Erkundungsverhalten) nicht mit einem Buch befriedigen, seine Sinne nicht mittels Fernseher beschäftigen und fehlende Sozialkontakte nicht per Internet oder Telefon kompensieren kann?

Es mag einige wenige Tiere geben, die man, ohne dass sie es als Beeinträchtigung empfinden, in einem Terrarium o. ä. halten kann. Die Seeanemone, die ihren Platz ohnehin nie verlässt, könnte so ein Tier sein; und es soll im Amazonasbecken einen seltenen Frosch geben, der einen Aktionsradius von 30 Zentimetern hat.[68] Auch den könnte man hinter Glasscheiben setzen. Ich bezweifle allerdings, dass es viele Menschen gibt, die wegen dieses Frosches und der Seeanemone einen Zoo besuchen würden. Die Publikumsmagneten der Zoos sind die großen Säugetiere, und um denen ein annähernd artgerechtes Leben zu ermöglichen, müssten die Gehege so groß sein, dass kaum ein Zoobesucher sie je zu Gesicht bekäme. Einfacher wäre es sicher, in den Wald zu gehen und nach Rehen Ausschau zu halten; zumal sich diese, wenn die Jagd eingestellt würde, ja auch tagsüber vermehrt blicken ließen. Wenn es nun unbedingt eine afrikanische Antilope sein soll … Ja, wenn wir viel Platz und Geld und Muße übrig hätten, ließe sich eventuell ein perfektes Riesengehege installieren. Aber ließen sich mit viel Platz und Geld und Muße nicht bessere, naheliegendere Formen des Zusammenlebens zwischen Mensch und Tier schaffen?[69]

Zusammenfassung und mehr

Schon einmal habe ich Paul McCartney zitiert mit dem Satz: «Wenn Schlachthäuser Glaswände hätten, wären alle Menschen Vegetarier.» Ich glaube, das gilt nicht nur für Schlachthäuser: Wenn die Ställe Glaswände hätten, wären die meisten Menschen Veganer. Die Enge der Ställe, der Mangel an einer natürlichen Umgebung, in der Tiere wirklich ausleben können, was in ihnen angelegt ist, und die daraus folgende Tristesse komplett verarmter «Leben» sind erschütternd. Es bedarf eigentlich keiner großen theoretischen Anstrengungen, um das zu erkennen, und auch keines biologischen Expertenwissens.

Man darf dabei nur nicht den Fehler machen, sich von vornherein am konventionell gehaltenen Tier zu orientieren und sich an steigenden Quadratmeterzahlen entlangzuhangeln. Dann scheinen anderthalb Quadratmeter viel, weil es vorher nur 0,75 waren – bis man auf dem Boden mal absteckt, wie wenig anderthalb Quadratmeter sind, und sich klar macht, wie groß solch ein Schwein ist. Was übrigens gar nicht so leicht ist, denn meistens werden nur die «Schlachtgewichte» angegeben. Ich habe daher einen Experten angeschrieben und nach der Größe eines «Schlachtschweins» gefragt. Bezeichnenderweise nannte mir der Experte auch zunächst nur die «sog. ‹innere Länge›, mehrheitlich auch als Schlachtkörperlänge bezeichnet, eines 120 Kilogramm schweren Schlachtschweines». Man misst sie «an der hängenden Schlachtkörperhälfte von der cranialen (kopfwärts) Kante des ersten Halswirbels bis zur cranialen Kante des Schlossknochens». Auf Nachfrage ergab sich aber, dass ein (noch lebendes) Schwein kurz vor der Schlachtung ungefähr 128 bis 138 Zentimeter misst und etwa 40 Zentimeter breit ist.[70] Die Tiere sind dann ungefähr 27 Wochen alt und noch nicht einmal ausgewachsen …

Für ein so großes Tier sind weder 0,75 noch 1,5 Quadratmeter viel Platz. Doch statt von diesen Minimalflächen aus sollten wir ohnehin von der Freiheit her denken: Maßstab ist dann das (vorgestellte) freie Tier und inwiefern unsere Haltung sein Leben und dessen einzelne Elemente und Funktionen beeinträchtigen würde. Vergessen wir nämlich nicht, dass auch im Zusammenhang mit unserem Speisezettel gilt, dass wir Unbeteiligte nicht ohne sehr guten Grund beeinträchtigen dürfen, und unsere Nutztiere sind eben unschul-

dige, unbeteiligte Wesen. Genau wie alle anderen empfindungsfähigen Wesen haben sie ein Recht auf ihr eigenes
Leben, das wir nur beeinträchtigen dürfen, wenn es nicht anders geht oder wenn unsererseits vitale Interessen auf dem
Spiel stehen. Der Appetit auf Cervelatwurst oder Kräuter-
omelett gehört sicher nicht dazu.

Doch einmal vorausgesetzt, es wäre keine komplette Quälerei und wir würden die Tiere auch nicht frühzeitig töten,
wäre denn eine Art Nutztierhaltung vorstellbar, bei der die
Tiere nur «etwas» beeinträchtigt wären, aber nur so, dass ihr
Wohl nicht unzulässig eingeschränkt würde?

Das «Wohl», «Wohlergehen» oder «gute Leben» von Tieren (wie auch Menschen) ist ein gedankliches Modell, bei
dem subjektive Empfindungen und Wünsche sowie kurzfristige und langfristige Interessen mit einbezogen werden.
Diese Wünsche, Empfindungen und Interessen sind entlang
von Fähigkeiten organisiert, die wir die Grundelemente
eines guten Lebens nennen können, z. B. Sicherheit, körperliche Unversehrtheit, soziales Beisammensein, Bewegung
etc. Ich habe hier ein Modell nach Art von Martha Nussbaum vorgeschlagen. In ihrer bzw. in meiner Sicht sind Tiere
als biologische Wesen mit bestimmten Fähigkeiten und
Funktionen ausgestattet. Und ihr Wohl (wie auch das unsere) liegt nicht allein in dem angestrebten Ergebnis solcher
Tätigkeiten (Satt-Sein), sondern vor allem auch in deren
Vollzug (Nahrungssuche, Essen). Ebenso besteht ein gutes
Leben nicht nur aus der Erfüllung bestimmter Wünsche,
sondern bereits darin, individuelle Wünsche auszubilden
und zu verfolgen.

Dies sollte man sich klarmachen, um nicht wieder in eine
simple Vorstellung vom Tier als Maschine zurückzufallen,
nach der ein Tier zufrieden ist, wenn es genug zu fressen bekommt, und das sonst nichts braucht. Tatsächlich brauchen
Tiere sehr viel mehr, und das wird ihnen beim Leben im Stall
genommen. Bereits die in gängigen Landwirtschaftspublika-

tionen vorgestellte Stalleinrichtung wie das Schweinespielzeug und die Picksteine für Hühner zeigt, dass dies nur kompensatorische Maßnahmen sind, die die Folgen der verarmten Haltung mindern sollen. Eine Metallkette, 50 Gramm Stroh pro Tag oder ein Pickstein sind kein Ersatz für ein richtiges Leben, und sie funktionieren nicht einmal als kompensatorische Maßnahmen, insofern sie bisher weder Kannibalismus in der Schweinemast noch Federpicken bei Hühnern (auch Freilandhühnern) verhindern konnten.

Hier würde nur eins helfen: ein Leben in Freiheit! Aber was ist Freiheit? Ich habe zwischen verschiedenen Bedeutungen unterschieden. Einmal kann bei «Freiheit» die Wahlfreiheit im Vordergrund stehen, ein anderes Mal meinen wir eher Handlungsfreiheit – dazu zählt auch die Möglichkeit, Wünsche überhaupt erst ausbilden und verfolgen zu können. Schließlich gibt es eine Form von Freiheit als Autonomie, mit der wegen ihrer stark von Kant geprägten philosophischen Vergangenheit aber etwas sperrig umzugehen ist. Eindeutig wiederum ist, dass Tiere zumindest frei sein müssen in dem Sinne, dass sie keinem Besitzer gehören können, denn das Besitzverhältnis bedeutet, dass die Interessen des Besitzes (also eines Gegenstandes) komplett denen des Besitzers untergeordnet sind. Genau das ist in der moralischen Perspektive, der wir bis hierher gefolgt sind, ausgeschlossen. Ausgangspunkt der Moral ist vielmehr die Erkenntnis, dass jedes empfindungsfähige Wesen sein eigenes Wohl anstrebt und in dessen Verfolgen ernst genommen werden muss.

Ich habe eingeräumt, dass Freiheit ein kompliziertes Konzept ist; aber dann gibt es Momente, in denen man merkt: So schwierig ist es eigentlich doch nicht. Vor allem ist es bisweilen einfacher, den negativen Zustand zu diagnostizieren und seine Veränderung anzustreben. Vielleicht können wir nicht sagen, wie völlige Freiheit aussieht – aber Unfreiheit erkennen wir. Das Leiden, das sie schafft, ist unübersehbar.

Mit ein paar Freunden, die für die Tierrechtsorganisation Animal Rights Watch das Innere von Mastställen in Deutschland recherchieren, habe ich einmal eine große Ferkelzuchtanlage besucht. In ihrem Gitterkorb kann sich die Sau nicht um die eigene Achse drehen, nur einen halben Schritt nach vorn zur automatischen Tränke bewegen, gerade so eben auf die Seite legen, damit die Ferkel bei der Mutter trinken. Aber was heißt da Mutterschaft? Die Sauen sind nur als Gebär- und Säugemaschinen eingeplant. Nur indem sie ihre Beine durch die untersten Gitter durchfädeln, können sie sie ablegen. Aus einem der Gitter lugte eine Klaue heraus, so lang und bizarr gebogen wie in einem Horrorfilm, vielleicht die Kralle eines Drachens, eines Werwolfs – oder eben einer Sau, die fast nie laufen darf. Sobald sie aufsteht und immer, wenn sie sich hinlegt, stößt sie an einen oder mehrere dieser Stäbe. Und so sind es zwei Geräusche, die diese Ställe füllen: das Fiepen der Ferkel und das beständige Rumpeln der Gitterstäbe.

Fiepen und Rumpeln. Im Mittelgang lagen tote Ferkel, Arbeiter hatten sie zum späteren Abtransport herausgelegt. Da dachte ich an all die Debatten um Freiheit und wie kompliziert es ist, das Recht auf absolute Freiheit philosophisch exakt herzuleiten, und dass das Ideal der Autonomie ja auch im menschlichen Bereich eine anspruchsvolle Idee ist, und wie lange Kant gebraucht hat, es auszuarbeiten, und dass andere Philosophen seit zwei Jahrhunderten versuchen, es ihrerseits zu begründen. Das mit der Freiheit, verstanden als Autonomie, mochte also wirklich verzwickt sein. Aber etwas anderes war doch recht einfach zu verstehen: Gefangenschaft. Was ich hier sah, waren gefangene, verschleppte, geknechtete Wesen. Sie können sich nicht einmal auf ihre vier Beine stellen, ohne irgendwo anzustoßen, und man hat sie einfach all dessen beraubt, was ein Leben ausmacht.

Umgekehrt fragt man sich manchmal, ob Nutztiere vielleicht bereits durch die Zucht an Ställe gewöhnt sind und

woher denn Tiere überhaupt wissen können, was ihnen ent-
geht. Wenn sie die Welt da draußen nicht kennen – fehlt
ihnen dann überhaupt etwas? Wüssten sie in Freiheit überhaupt noch etwas anzufangen mit den Sinnen und Gliedmaßen, die so lange ungenutzt bleiben mussten?[71] Das von mir
eingangs erwähnte Kuhaltersheim an der Nordsee hat im
vergangenen Jahr ein sechs Monate altes Bullenkalb aufgenommen, das die bisherige Zeit seines Lebens allein in einem
fensterlosen Stall gestanden hatte, in dem es sich gerade
einmal um die eigene Achse hatte drehen können. Die Betreiber von Hof Butenland nannten es Fiete – und stellten
bei YouTube ein Video von Fietes erstem Tag auf einer Wiese
ein. Ich kann es jedem empfehlen, der über der vielen Büro-
arbeit zu vergessen beginnt, wie schön Bewegung ist.[72]

Dieses Tier hatte vorher noch nie Gras gefressen (nur Fut-
terrüben), nie die Sonne gesehen, nie die Beine für mehr als
Aufstehen und Umdrehen benutzen können. Fiete tat also
seine ersten Schritte. Er roch an dem Gras (und lernte innerhalb weniger Tage auch, es zu fressen). Er machte, wie junge
Vierbeiner es oft tun, einige kleine Sprünge, die wohl weniger der Fortbewegung dienen als einfach dem Ausprobieren
der eigenen Gliedmaßen. Und dann fing Fiete an zu laufen –
einfach geradeaus, einfach irgendwohin. Er galoppierte weiter, bis er nur noch als kleiner Punkt zu sehen war, drehte
dann um, galoppierte in eine andere Richtung weiter. Offenbar hatte er kein Ziel, sondern merkte nur: Ich kann ja laufen! Diese Lust an der Bewegung, am Gucken, Schnuppern,
am Erproben – sie steckt in uns allen. Und wir benötigen
Freiheit, um sie auszuleben.

Fünftes Kapitel

Wie können wir mit Tieren leben?

Müssen wir die Natur vor sich selbst schützen? • Schritte in Richtung einer Umweltethik • Tiere unter uns • Die gewalttätige Gesellschaft • Eine neue Form des Zusammenlebens

Vielleicht erinnert sich die Leserin, der Leser noch, dass ich in der Einleitung dieses Buches etwas gezögert habe, mit welchen Worten ich mich überhaupt auf Tiere beziehen soll. Denn normalerweise bezeichnen wir ein Tier nicht nur als Neutrum – «es», das Tier –, sondern es erscheint auch fast als Sache, als ein «Etwas». Dabei besitzen Tiere doch eigene Gefühle und Wünsche, haben ein subjektives Innenleben, sind also nicht ein «Etwas», sondern eher ein «Jemand».

Das klingt zunächst vielleicht unpassend und unvertraut, und uns gründlich speziesistisch sozialisierten Menschen fallen sofort Einwände ein. Schließlich sind Tiere (oder jedenfalls die allermeisten) keine Jemands in dem erweiterten Sinne, in dem die Philosophie erwachsene, zurechnungsfähige Menschen als Personen definiert. Den Angehörigen der allermeisten anderen Spezies fehlt die Fähigkeit, über sich selbst auf einer Meta-Ebene nachzudenken. Sie stellen sich und einander keine Fragen, wer sie eigentlich sind, worin der Sinn ihres Lebens überhaupt liegt und was die entfernte Zukunft wohl bringen wird. Sie taugen sozusagen nicht als Protagonisten für französische Filme … Doch das disqualifiziert sie nicht gleich fürs Leben insgesamt! Jeder, der einem Tier hinreichend Freiheit lässt, bemerkt rasch, dass sogar die am stärksten verzüchteten Nutztiere Individuen mit Vorlieben und Angewohnheiten (und manchmal enervierend starkem Willen) sind und dass nicht nur die

Angst ums eigene Leben, sondern auch die Freude an natürlichen Verhaltensweisen in ihnen allen steckt.

In diesem Sinne also ist ein Tier sehr wohl ein Jemand. Und ich hoffe, dass diese Sicht auf nicht-menschliche Tiere – ich formuliere es so, weil auch wir Menschen streng genommen Tiere sind – beim Lesen des Buches anschaulich geworden ist. Jedenfalls ist mir selbst diese Sicht immer plausibler geworden. Denn je mehr ich mich darauf eingelassen, ja mir erlaubt habe, Tiere als Individuen und Subjekte mit dem Recht auf ihr eigenes Leben anzusehen, desto zwingender schien es mir, und desto mehr weitere Rechtsverletzungen in unserem Umgang mit Tieren fielen mir auf, die ich vorher gar nicht so stark wahrgenommen hatte.

Vielleicht kann man diese Entwicklung auch am Gang meiner Argumentation und bereits meiner Fragestellungen erkennen: Im zweiten Kapitel ging es zunächst um Labortiere, die auf minimalem Raum gehalten werden, die keinerlei Spielraum haben, ihre natürlichen Fähigkeiten auszuleben, die früh getötet werden und bis dahin viele Schmerzen und Ängste zu erdulden haben. Trotzdem habe ich ein Kapitel lang die Frage verfolgt, ob vitale menschliche Interessen solch eine Behandlung von Tieren erlauben könnten. Ich kam zu dem Ergebnis, dass dies nicht der Fall ist: Selbst wenn uns unsere eigenen Wünsche, Bedürfnisse und Nöte wichtig sind, dürfen wir unbeteiligte andere nicht beliebig für unsere Zwecke einspannen.

Als nächstes habe ich mich dem hypothetischen Fall glücklicher Nutztiere zugewandt: Wenn es sich annähernd schmerz- und leidfrei vollziehen ließe, dürften wir Tiere zum Beispiel töten, weil sie uns schmecken? Auch diese Frage muss man verneinen, wenn man sich erst einmal dazu durchgerungen hat, das Offensichtliche zuzugestehen: dass ein Lebewesen, das in der Lage ist, bewusst Glück oder Zufriedenheit oder Wohlbefinden zu erleben, selbstverständlich auch weiterleben will.

Nachdem ich also unser Recht, Tieren Qualen zuzufügen und ihnen das Leben zu nehmen, verneint habe, habe ich im vierten Kapitel gefragt, ob denn wenigstens die mildeste Form der Einschränkung tierischen Lebens zulässig ist: sie im gängigen Sinne zu «halten», wobei wir ihre Bewegungsfreiheit, ihr körperliches Befinden und ihre sozialen Beziehungen einschränken. Weil wir nicht das Recht haben, den Lebensvollzug anderer willkürlich einzuschränken, bin ich zu der Auffassung gelangt, dass auch dies abzulehnen ist.

Ich kann nicht davon ausgehen, dass ich damit alle Leser überzeugt habe, aber ich hoffe doch, dass mir bis hierher einige gefolgt sind, ohne ständig ablehnend den Kopf zu schütteln. Und wenn man nun genauer hinschaut, hat sich die Perspektive vom zweiten bis zum vierten Kapitel unter der Hand umgekehrt. Von der Frage, ob wir Tieren das denkbar Schlimmste zumuten dürfen, sind wir zu einer neuen gelangt: Warum gehen wir meist wie selbstverständlich davon aus, dass wir Tiere überhaupt einschränken und unseren Zwecken unterordnen dürfen?

Anders gesagt: Im Laufe dieses Buches ist die hier vorgestellte Moral immer umfassender geworden, weil ich Tiere immer stärker als Individuen mit eigenen Rechten angesehen und ernst genommen habe. Die vorrangige Frage ist nicht mehr: Wie viel Qual darf man einem Tier zufügen? Sondern: Was darf man einem unbeteiligten empfindenden Lebewesen überhaupt abverlangen? Und diesen Perspektivwechsel sollten wir auch im praktischen Tierschutz und in der Gesetzgebung vollziehen: Wir dürfen das Tier nicht von vornherein als «Nutztier» ansehen und auf dieser Grundlage überlegen, wie wir ihm sein derzeit unzumutbares Los ein wenig erträglicher machen können. Sondern jedes Tier hat a priori das Recht auf den Vollzug seines eigenen Lebens. Wenn wir über Einschränkungen und Zumutungen, Wohl und Schutz sprechen, dürfen wir nicht vom «Nutztier», sondern müssen vom freien Tier her denken.

Dieses Recht der Tiere, von uns nicht willkürlich zu diesem oder jenem Zweck herangezogen zu werden, hat übrigens auch Konsequenzen für kleine Alltagshandlungen, die uns meist nicht als tierschutzrelevant auffallen. Denken wir an die völlig gängige Praxis, kleine Katzen und Hunde im Alter von wenigen Wochen ihren Müttern wegzunehmen, weil wir die Kleinen so niedlich finden und «liebhaben» wollen. Aber ihre Mütter lieben sie auch, und sie lieben und brauchen ihre Mütter! Oder bei «Nutztieren»: Hin und wieder werde ich gefragt, ob ich nicht ein paar Schafe als Dekoration für ein Krippenspiel oder einen Mittelaltermarkt «ausleihen» wolle. Doch Schafe verabscheuen es, von ihrer Herde getrennt zu werden, ich müsste sie einfangen oder in den Transporter treiben. Dabei hätten sie selbst von der ganzen Aktion nichts außer Stress.

Schließlich bei Wildtieren: Was empfinden wohl Fische und Frösche, wenn Gartenteichbesitzer sie dem ursprünglichen Gewässer entnehmen, in einem kleinen Eimer oder gar einer Plastiktüte voll Wasser transportieren und in völlig fremder Umgebung wieder aussetzen? In ihrer früheren Umgebung hatten sie sich zu orientieren gelernt, wussten, wo sich Nahrung finden, ruhen und sich verstecken ließ; sie führten dort ein Leben, das von uns mutwillig durcheinander gebracht wird – eine Art Kidnapping, Todesangst inklusive.

Klingt das zimperlich – klingt es, als ob ich mit der Rücksicht auf Tiere jetzt etwas übertreibe? Aber ist es nicht vielmehr so: Gerade weil Tiere nicht rational erfassen können, wann eine ungewohnte Situation ungefährlich ist, gerade weil sie sprachlichen Argumenten nicht zugänglich sind, wissen sie gar nicht, wie ihnen geschieht – und das löst bei eigentlich allen empfindungsfähigen Lebewesen Angst aus. Gerade weil sie nicht mit dem Verstand gegensteuern können, sind sie ihren biologischen Reaktionsmustern umso stärker ausgesetzt: dem Fluchtimpuls, der Todesangst, der Unsicherheit durch das Unvertraute.

Ich habe eben das Wort «empfindungsfähig» verwendet, und auch an der Karriere dieses Worts kann man die Entwicklung der Tierethik in den vier, fünf Jahrzehnten ihres Bestehens gut ablesen. Ganz zu Beginn sprach man nämlich meist von «leidensfähigen» Tieren, und es ging vorrangig darum, Tieren Leid zu ersparen. Später setzte sich der Begriff «empfindungsfähig» durch. Ein Tier empfindet nicht nur Leid, sondern auch viele weitere negative Emotionen – und ebenso viele positive! Das subjektive Erleben eines (Wirbel-) Tiers ist viel reichhaltiger, als man bei der anfänglichen Fixierung auf den Begriff Leid anzuerkennen in der Lage war. Und kürzlich habe ich ein Wort gelesen, das das Erleben der Tiere noch etwas besser beschreibt: von «erlebensfähigen» Wesen spricht der Berliner Philosoph Bernd Ladwig.[1] Ich finde, dieses Wort lässt sehr gut zweierlei anklingen: dass es nicht nur um einzelne Gefühlszustände, sondern um ein Leben im Ganzen geht, dass auch etwas Lustvolles dabei ist. Denn wer erlebt, der nimmt auch wahr, bewertet, *will* dieses oder jenes erleben.

Selbst hier könnte man sagen, dass diese drei Begriffe – leidensfähig, empfindungsfähig, erlebensfähig – immer noch den eher rezeptiven Aspekt betonen, dass ein Tier also mit subjektivem Empfinden auf ein äußeres Geschehen reagiert, während wir Menschen uns selbst eher als aktiv beschreiben: als rational, planend, handlungsfähig. Auch Tiere werden von der neueren Verhaltensforschung als rational und problemlösend beschrieben, als Lebewesen, die auf Faktoren ihrer Umwelt reagieren und diese auch umgestalten. In diesem Punkt hat die im vorigen Kapitel beschriebene veterinärmedizinische Tierwohl-Debatte manchen tierethischen Ansätzen insofern etwas voraus, als viele Autoren Tiere weniger als Träger von Lust- und Unlust-Empfindungen ansehen, sondern betonen, dass es sich um Organismen handelt, die auf ihre Umwelt reagieren und Einfluss nehmen müssen – und können.[2] Sollten wir Tiere also vielleicht nicht allein als empfindungs- und erlebensfähig, sondern auch als handlungsfähig beschreiben?[3]

Egal wie die Antwort ausfallen wird, ich hoffe, dass sich das Bild vom Tier von Kapitel zu Kapitel erweitert hat: vom rechtlosen Objekt unserer Handlungen hin zum Subjekt eines Lebens und zum Subjekt eigener Handlungen, das auch das Recht auf Vollzug dieses Lebens und der involvierten Handlungen hat.

Vielleicht fällt noch etwas anderes auf, wenn man auf den Gedankengang der vorhergehenden drei Kapitel zurückblickt: dass eine Menge Fragen nach dem Dürfen und Sollen gestellt wurden, die zumeist mit einem klaren Nein beantwortet wurden. Ich habe dafür plädiert, dass wir, kurz gesagt, unbeteiligte Tiere nicht einfach gefangen halten, ihre Körper manipulieren, in ihre Sozialbeziehungen und ihre arttypischen Verhaltensweisen eingreifen dürfen. Das klingt fast so, als dürften wir gar nichts mehr mit Tieren tun oder zu tun haben, als würden wir uns am besten ganz von ihnen fernhalten und hoffen, dass auch sie sich fernhalten, damit wir ihnen nichts Schlimmes antun. Die Tiere würden dann in irgendeinem fernen Tierreich leben, und wir Menschen nur mit anderen Menschen.

Diese Vorstellung – die ich natürlich nicht vertrete – müsste zwei Einwände provozieren. Erstens kann es wohl nicht Sinn der Sache – also der Tierethik, des Tierschutzes und überhaupt des Interesses am Tier – sein, gar nichts mehr mit Tieren zu tun zu haben. Manchmal erheben passionierte Fleischesser den Vorwurf, Vegetarier und Veganer wollten wohl alle Kühe, Schweine und Hühner abschaffen. Das ist ein Missverständnis. Tierrechtler sind natürlich nicht gegen Tiere, sondern vielmehr für einen anderen, gleichberechtigten Umgang mit ihnen. Außerdem ließe sich eine vollständige Trennung von menschlichen und tierischen Lebensräumen gar nicht realisieren, man denke nur an Mäuse im Haus, Vögel im Garten und Füchse in der Stadt. Zweitens haben es die Tiere ohne uns, also in der «freien Natur», auch nicht immer gut. Auch das Leben «da draußen» ist keine Idylle, und wer Freiheit für die Tiere fordert, läuft manchmal Gefahr, das zu idealisieren.

Müssen wir die Natur vor sich selbst schützen?

Ich gehe beiden Einwänden in umgekehrter Reihenfolge nach und beginne mit den wild lebenden Tieren in der Natur. Wie geht es denen? Ein Tod im Schlachthaus ist schlimm, aber von einem Löwen zerrissen zu werden, ist auch nicht schön. Das Leben in heutigen Ställen mag miserabel sein, aber in der Wildnis warten Hunger, Dürre, Kälte, Hitze, Feinde, Kämpfe …

Zudem gibt es noch einige besonders unangenehme Arten, solche, die mit anderen Tieren ähnlich grausam verfahren wie wir bei unseren Tierversuchen. Bereits Charles Darwin – in dessen Zeitalter das Erschrecken über die Grausamkeit der Natur noch eine religiöse Färbung annahm – schrieb: «Ich kann mich einfach nicht zu der Überzeugung durchringen, dass ein gütiger und allmächtiger Gott die Schlupfwespen erschaffen hätte, mit der bewussten Absicht, dass sie sich von den lebenden Körpern von Raupen ernähren, oder dass [er beabsichtigt hätte, dass] eine Katze mit Mäusen spielt.»[4] Etliche Tier- und Naturforscher vor und nach Darwin haben sein Entsetzen geteilt.[5]

Wenn wir Tierrechte ernst nehmen, müssten wir also vielleicht Schutztrupps organisieren, um Antilopen vor Löwen zu schützen (und die Löwen dann mit Tofu füttern), und Pestizidflugzeuge gegen Schlupfwespen aussenden? Solche Fragen wurden insbesondere in den Anfangsjahren der Tierethik oft polemisch gegen die Idee von Tierrechten eingesetzt; inzwischen aber beschäftigen sie einige Tierethiker mit

vollem Ernst, und nicht ganz unverständlicherweise. Wenn
Tiere Rechte haben, müssen wir diese Rechte dann auch
schützen, wenn sie durch andere verletzt werden als durch
Menschen?[6] Man bezeichnet diese Debatte mit den Schlag-
wörtern *policing nature* oder *intervention*. Die Natur wäre
demnach kein per se schützenswerter oder heiler Raum,
sondern müsste von uns quasi polizeilich überwacht werden, wir müssten in sie eingreifen.

Nun ist «Natur» ohnehin ein schwieriger Begriff.[7] Wo
fängt das Natürliche an, wo hört das Künstliche auf? Ein
Baum, der in einem fernen Kontinent zur üblichen Flora
und damit zur Natur gehört, wird zur Garten- oder Kultur-
pflanze, sobald wir ihn ausgraben und in einen hiesigen Garten setzen. Und ist nicht ohnehin fast alles, was wir zum Beispiel in Europa als Natur kennen, samt Wald und Wiesen,
Kulturlandschaft? Ist der Mensch nicht fast überall auf dem
Erdball gewesen und hat seinen Fußabdruck hinterlassen,
und sei es nur den ökologischen? Wie soll man Natur und
Zivilisation überhaupt trennen, wenn sie sich doch offensichtlich überlappen, zum Beispiel bei dem Fuchs in Berlin,
der Naturkind und Städter zugleich ist?

Politisch und praktisch reden wir zwar viel von Natur, vor
allem beim Naturschutz, aber in der Philosophie ist der Begriff etwas unbeliebt, seit allzu deutlich geworden ist, dass
Natur und Zivilisation (oder Kultur, oder Stadt) keine vollständig voneinander getrennten Sphären sind. Dennoch
denke ich, dass es verfrüht wäre, den Begriff der Natur gleich
ganz über Bord zu werfen. Schließlich lassen sich viele Begriffe nicht trennscharf von anderen abgrenzen, nicht einmal
von ihrem Gegenteil. Zum Beispiel kann man sagen: «Das ist
eine harte Matratze», und «Das ist weiches Holz». Natürlich
ist das entsprechende Holz härter als die Matratze, aber jeder weiß, was mit beiden Sätzen ausgesagt wird. Hart und
weich sind sinnvolle Begriffe, obwohl diese Eigenschaften
nicht absolut, sondern relativ sind.

Und so ist es auch mit der Natur und ihrem Gegenpart Kultur oder menschliche Zivilisation: Diese Begriffe beschreiben Pole auf einer Skala, die sinnvoll ist, auch wenn es die Pole nicht in Reinform gibt. Natur ist ein Sammelbegriff für die Lebensräume anderer Spezies, die wir gleichzeitig als Räume ansehen, die von uns nicht durchgehend oder vorrangig gestaltet werden. Das heißt nicht, dass sie völlig unberührt sind. Aber es wäre unsinnig zu leugnen, dass ein Waldboden, selbst in einem vom Förster gepflegten modernen Mischwald, unendlich viel mehr Eigenleben hat als der versiegelte Asphaltboden in einer Innenstadt, den nur selten ein Löwenzahn oder der Ausläufer eines Ameisenstaats durchbricht.

Etwas allgemeiner stehen die Worte «Natur» oder «natürlich» für biologische Abläufe des Wachsens, Gedeihens, Verfallens, Vergehens etc., die sich auch ohne menschliches Zutun vollziehen. Auch dies bedeutet nicht, dass sie unserem Zugriff gänzlich entzogen sind; wir versuchen ständig, die biologischen Prozesse des Lebens zu steuern, zu blockieren oder zu überformen. Doch wir haben nicht annähernd volle Kontrolle über sie, das Wachsen und Ersterben ist zu weiten Teilen unverfügbar, es gehorcht nicht unseren Vorstellungen des Rationalen, Sinnvollen, ethisch Guten oder Schönen. Während wir Menschen unsere Umgebung und unser Leben absichtsvoll gestalten, erinnern uns allein schon die verschlungenen Wege der Menschwerdung immer wieder daran, dass hinter der Evolution, auch der unseren, kein Masterplan steht.[8]

Die Sphären der Natur und des Menschen sind also empirisch nicht streng voneinander geschieden, aber man kann sie über die unterschiedlichen Prinzipien charakterisieren, die in ihnen vornehmlich herrschen. Und es ist kein Wunder, dass es zwischen beiden oft genug zur Reibung kommt: Die Natur ist unordentlich, unhygienisch, verschwenderisch und nicht gerade zimperlich. Wir Menschen legen – nicht immer, aber oft – an unser Tun Kriterien wie «vernünftig», «schön» und «moralisch» an. Durch diese Brille schauen wir auf die Geschöpfe der Natur und stellen fest, dass sie sich ganz anders verhalten, als wir das von gesitteten Wesen erwarten!

Tiere benehmen sich sogar noch viel öfter daneben, als manchem klar ist. Es geht ja nicht nur um die Schlupfwespe und den Löwen. Irgendwann einmal hat sich ein Philosoph anscheinend an die Existenz von Raubtieren erinnert, und seither geistert der die Antilope reißende Löwe durch alle Aufsätze zu *policing nature*. Aber es bleibt eben nicht beim Löwen: Zu den unendlich vielen Raubtieren zählen auch kleinere heimische Sympathieträger wie Eulen oder Igel. Kürzlich las ich irgendwo, dass Maulwürfe Regenwürmern den Kopf abbeißen, um sie in ihren unterirdischen Vorratskammern reglos, aber am Leben und frisch zu erhalten. Zudem gibt es die Parasiten: Einige Fliegen legen ihre Eier in die Fleischwunden von Wirbeltieren, bis ihre Larven ihre Wirte praktisch bei lebendigem Leib auffressen. Auch die toxischen Stoffwechselprodukte von Darmparasiten vergiften ihre Wirte schleichend.

Zudem tun Tiere nicht nur Angehörigen *anderer* Spezies Leid an, Gewalt herrscht auch unter Angehörigen derselben Art. Die Weise, wie zum Beispiel Enten (Erpel) oder Koalas Sex haben, fällt nach menschlichen Maßstäben unter Vergewaltigung. Die Männchen anderer Tierarten tragen miteinander blutige Konkurrenzkämpfe aus, wie die so breitmäulig-behäbig wirkenden Nilpferde; manche Haie fressen ihre Brüder und Schwestern schon im Mutterleib. Storcheneltern werfen bei schlechter Futterlage schwächere Zöglinge aus dem Nest, und von dem üblen Betragen des Kuckucks gegenüber seinen Stiefgeschwistern wollen wir gar nicht erst sprechen. Wollen wir uns neben jedes Nest stellen, um dafür zu sorgen, dass in Vogelfamilien keine Gewalt ausbricht? Sollen wir versuchen, alle parasitär lebenden Insekten zu

vernichten – ungeachtet aller möglichen ökologischen Ne-
benfolgen sowie der Tatsache, dass es bis heute anscheinend
nicht gelungen ist, auch nur eine einzige gefährliche Insek-
tenspezies gezielt auszurotten?[9]

Tatsächlich gibt es Menschen, auch einige Tierethiker, die
meinen, wir müssten die gesamte Welt technisch und gentechnisch ummodeln, um allem Leid vorzubeugen.[10] Doch
zum Beispiel gegen Parasiten ankämpfen zu wollen, auf deren Konto viele der größten Grausamkeiten der Natur gehen, wäre wie ein Kampf gegen die Schwerkraft. Wie der
Stadtökologe Bernhard Kegel schreibt, sind die «Körper von
Organismen neben Land und Wasser der drittgrößte Lebensraum, den die Erde zu bieten hat».[11] Lebende Körper
sind zumeist warm und bieten Futter ohne Ende, noch dazu
Schutz gegen größere Feinde. Es ist einfach unmöglich, der
Natur einen so großen und verlockenden Lebensraum auf
Dauer zu verwehren, denn ständig versuchen sich Individuen und Spezies auf neuem Terrain, und wenn die Bedingungen günstig sind, werden sie sich dort ansiedeln und vermehren. Auch der menschliche Körper ist übrigens nicht
nur innen von (teils unentbehrlichen) Bakterien, sondern
auch äußerlich von winzig kleinen Milben besiedelt.[12] Man
kann vor dem menschlichen Körper kein Schild aufstellen:
«Meiner! Kein Zutritt» – übrigens genauso wenig wie an den
Grenzen der Städte (dazu später).

Viel grundsätzlicher jedoch sollte man sich bewusst machen, dass nicht jedes Leid, nicht jedes Problem, nicht jeder
Tod in unsere Verantwortung fällt. Ja, auch wilde Tiere haben Rechte – aber nur uns gegenüber. In der Sphäre der Natur, also in einem Kontext ohne jegliche moralische Akteure,
ist die Rede von Rechten sinnlos; Wildtiere haben keine
Rechte gegenüber anderen Wildtieren, und sie begehen an
ihnen auch keine Rechtsverletzungen. Daher sind wir auch
nicht verpflichtet, Polizei zu spielen und einzuschreiten. Im
Gegenteil, in den allermeisten Fällen *dürften* wir es nicht

einmal: Die Löwin hat ein Recht uns gegenüber, dass wir ihr die Antilope nicht entreißen, die sie dringend braucht, damit ihre Jungen überleben. Wenn wir die Beute vor dem Raubtier schützen wollten, würden wir unsererseits eine Rechtsverletzung begehen: an dem Raubtier, das nämlich ein Recht darauf hat, sein Leben mit all den Verhaltensweisen auszuleben, die in ihm angelegt sind.[13]

Ich würde sogar noch weiter gehen und sagen: Wir dürfen – bei allem Gewicht, das wir der Moral in unserem Verhalten beimessen müssen – nicht vergessen, dass moralisches Denken und Handeln nun einmal spezifisch menschliche Kulturtätigkeiten sind. Wir können sie nicht von anderen Lebewesen verlangen, und wir dürfen deren Wert auch nicht daran messen. Daher ist es aus einer Tierrechtsperspektive nicht nur nicht besonders progressiv, andere Tiere unseren Moralvorstellungen gefügig zu machen. Im Gegenteil bedeutet es, ihr Leben nicht zu achten, wenn wir es nur in seiner Übereinstimmung mit dem unseren zulassen wollen. Im Grunde heißt es sogar, ihnen ihr Lebensrecht als die, die sie sind, abzusprechen. Wer sagt, Löwen müssten zum Aussterben gebracht oder genetisch umprogrammiert werden, sagt damit auch, dass Löwen so, wie sie jetzt sind, ganz und gar nicht in Ordnung sind und nicht das Recht haben, so zu sein, wie sie sind.

Deswegen muss die Antwort auf die Frage, ob wir Tieren in der Wildnis helfen sollten, kein kategorisches Nein sein. Ich könnte mir gut vorstellen, dass die Antwort ein eingeschränktes Nein ist. Also: Nein, wir müssen/dürfen die Natur nicht nach unseren Maßstäben umbauen, aber in manchen Fällen dürfen oder sollten wir helfen. Die amerikanische Philosophin Clare Palmer kommt nach einer sehr sorgfältigen Diskussion dieser Fragen zu dem Ergebnis, die Problemfälle seien so unterschiedlich, dass sich kaum eine Standardantwort (*one size fits all*) finden lasse.[14] Zumal wenn wir die Notlagen der Tiere direkt oder indirekt (mit-)verursacht haben. «Wo die Hilfe keinen Schaden verursachen wird und wo eine gewisse menschliche Verstrickung in das Leid der Tiere gegeben ist», meint Palmer, «sollten die Menschen helfen.»[15]

Aber gibt es überhaupt Eingriffe, die nicht selbst wieder von Nachteil für andere Tiere sind? Wir sollten jedenfalls auf der Hut sein, dass wir bei unseren Mitleidsregungen und Hilfsaktionen nicht allein unseren menschlichen Moden und Vorlieben folgen. Wir neigen nämlich dazu, denjenigen Tieren helfen zu wollen, die uns nahe stehen – meist größeren Säugetieren –, oder sonstigen Tieren, die uns gefallen. Man rettet aus dem Nest gefallene Eulenjunge – und füttert sie in Wildtierstationen mit Dutzenden von Mäusen. Das ist ethisch schwer zu rechtfertigen.[16] Während des Elbhochwassers im Juni 2013 wurden einige Male Rehe und Rehkitze vor den Fluten gerettet. Es wäre moralisch nicht richtig gewesen, das sichtbare Leid dieser Tiere zu ignorieren. Nur: Die unzähligen ertrunkenen Mäuse, Kaninchen, Bodenbrüter, Jungfüchse und -biber bleiben unsichtbar. Insofern ist die Beschreibung, dass wir während dieser Flut wilden Tieren geholfen haben, nicht ganz zutreffend, sondern eher: Wir haben verschwindend wenigen Tieren geholfen.[17]

Daher hat Palmer sicher Recht, dass Einzelfallabwägungen zu unterschiedlichen Ergebnissen führen können. Grundsätzlich aber denke ich, was das unschöne Miteinander der in der Natur lebenden Tiere angeht: Wenn jeder Löwe, jeder Raubvogel, jeder Koala und jeder gefräßige Wurm Gegenmaßnahmen erforderlich zu machen scheint, weil wir die Welt vor dem schützen wollen, was das Leben dieser Tiere nun einmal ausmacht – dann haben wir offenbar irgendetwas an diesen Tieren und ihrem Leben nicht richtig verstanden. Wenn unsere Moral es nicht erträgt, Tiere so leben zu lassen, wie sie leben, dann ist unsere Moral paradoxerweise zu egoistisch, oder ignorant. Und ich glaube, sie ist in gewisser Weise beides, weil wir das Modell, das uns für das menschliche Leben attraktiv erscheint, auf andere Tierarten übertragen. Die Frage ist nicht: Leben sie so, wie wir es moralisch richtig finden, sondern: Ist dieses Leben – trotz all seiner Schmerzen und Gefahren – lebenswert?

Mit lebenswert ist offensichtlich nicht die Außenperspektive gemeint, sondern wie es sich aus der Innensicht darstellt. Und diese Frage, ob ein Leben lebenswert ist, lässt sich nicht allein anhand eines singulären Moments entscheiden, sondern nur an der Gesamtheit der Bedingungen und «Spielregeln», unter denen es sich vollzieht. Zum Beispiel wissen auch wir Menschen, dass uns im Laufe eines Lebens eine Menge Leid erwartet und noch dazu das Risiko besteht, in sehr leidvolle, schier unerträgliche Situationen zu kommen. Auch alle Generationen vor uns haben das gewusst; aber weder sie noch wir haben kollektiv den Selbstmord gewählt. Anscheinend halten wir das Leben trotz dieses Risikos für lohnend. Vielleicht liegt dies zum Teil daran, dass wir natürlich alle hoffen, in der Lotterie der Schicksale nicht eins der schlimmsten Lose zu ziehen; aber auch bei den Generationen vor uns, deren Leid wir kennen, meinen wir doch nicht im Ernst, es sei besser gewesen, sie hätten gar nicht gelebt. Vor die Wahl gestellt, ob wir die Erde, wie sie jetzt ist, mithilfe des Drückens eines fiktiven roten Knopfes auslöschen und damit auch ein für allemal alles Leid verhindern könnten, würde sich kaum jemand für den Knopf entscheiden. Es mag pointiert klingen, aber darauf läuft die Frage von *policing nature* tatsächlich hinaus: ob wir das Bestehen dieser Welt, wie wir sie kennen, mitsamt dem biologischen Phänomen empfindungsfähiges Leben, gutheißen können oder nicht, mitsamt seinen Verletzungen und Risiken.[18]

Der Umbau der Welt, die Aufhebung allen Leidens, die Abschaffung des Todes sind nun einmal nicht die Aufgaben der Moral; falls überhaupt, wären das Projekte für eine gigantomanische Ingenieurskunst, Gentechnik oder für die

Medizin. Wie Korsgaard sagt: «Gegenstand der Moral ist nicht, wie wir die Welt gestalten sollen, sondern wie wir interagieren und uns zu anderen verhalten sollen. Selbst wenn wir die Welt nicht in einen Ort ohne Raubtiere ummodeln können, können wir es vermeiden, selbst Raubtiere zu sein; selbst wenn wir nicht den Komfort jeder Ratte und jedes Kaninchens auf diesem Planeten sicherstellen können, können wir es unterlassen, an Ratten und Kaninchen Versuche für unseren eigenen Komfort anzustellen.»[19]

Die zentrale tierethische Frage ist, wie wir mit den Tieren verfahren sollen, mit denen wir absichtlich und/oder vermeidbar in Interaktion treten. Diejenigen Tiere, die wir einfangen oder züchten und auf begrenztem Raum halten, deren Reproduktion, Nahrungsaufnahme, Sozialverhalten und Alltagsverlauf wir kontrollieren, deren ganzes Leben wir in der Hand haben und über deren Tod wir entscheiden, für die haben wir in der Tat die Verantwortung. Und die erste und wichtigste Entscheidung wäre zu sagen: Diese Leben sind nicht die unseren, wir haben keine Vollmacht für sie und wollen uns eine solche nicht weiter anmaßen. Wir werden also keine Tiere mehr fangen, verschleppen, züchten und einsperren oder töten, weil niemand das Recht hat, dermaßen vollständig über das Leben Unbeteiligter zu bestimmen.

Korsgaards obiges Zitat zeigt nochmals: Moral hat Grenzen. Wenn wir unsere Verantwortung als moralisch Handelnde ausloten, beschreiben wir diesen Verantwortungsbereich sozusagen nach innen: was wir tun sollen, nicht tun sollen etc. Wie mit jeder Grenzziehung stecken wir den Verantwortungsbereich dabei aber auch nach außen ab: Wir haben eben nicht für alles Verantwortung! Insofern bürdet uns Moral nicht nur «Zuständigkeiten» auf, sondern entlastet uns auch von etlichen anderen. Es kann erleichternd sein zu wissen, dass wir nicht verpflichtet sind, die ganze Welt unter unsere Fittiche zu nehmen, in unsere Hightechfantasien oder unsere Gentechniklabors einzuschließen.

Schritte in Richtung einer Umweltethik

Auf *policing nature* zurückblickend, lässt sich also sagen: Die Aufgabe der Tierethik liegt nicht darin, es allen Tieren auf der Welt «gut gehen» zu lassen, sondern es geht darum, wie wir mit den Tieren verfahren sollen, mit denen wir in Interaktion treten. – Aber greifen wir nicht auch in das Leben wilder Tiere ein, ständig und indirekt? Unberührte Natur gibt es wie gesagt kaum, und damit auch wenige von uns vollkommen unbehelligte Tiere. Im Pazifik kreist der Müll der Zivilisation in endlosen Strudeln; ausgewachsene Schildkröten tragen Plastikringe um den Hals, in denen sie sich als Jungtiere verfangen haben, und Seevögel füttern ihren Nachwuchs mit Kunststoffbröckchen. Eisbären müssen viele Kilometer zusätzlich schwimmen, um wieder festes Eis unter die Pranken zu bekommen; Wildschweine nehmen aus dem Waldboden radioaktive Partikel auf, die aus Tschernobyl oder von anderen Atomunfällen stammen. Und so haben wir, auch unabhängig von den dramatischen Rodungen in Brasilien oder auf Borneo, etliche Lebensräume wenn nicht zerstört, so doch zum Nachteil ihrer tierischen Bewohner verändert. Inwieweit tragen wir denn nun dafür Verantwortung?

Die Antwort hierauf ist schwierig, unter anderem weil die Wege der Beeinflussung und Beeinträchtigung so unterschiedlich sind: direkt oder indirekt, wissentlich oder unwissentlich, fahrlässig, grob fahrlässig oder als Nebeneffekt völlig legitimer menschlicher Handlungen. Die bereits erwähnte Clare Palmer widmet sich in ihrem Buch *Animals in Context* zahlreichen Fällen, auch so diffizilen Problemen wie dem Straßen- und Siedlungsbau, und unterscheidet dabei zwischen verschiedenen Kontexten der Verantwortung. Ob und welche Verantwortung wir für frei lebende Tiere in Not haben, hängt unter anderem davon ab, in welcher Weise wir kausal für diese Notlage verantwortlich sind.[20]

Manche Maßnahmen liegen nahe. Aufgrund des menschlichen Verkehrs zum Beispiel kommen jedes Jahr allein in Deutschland Millionen von Wildtieren, große und kleine, Säugetiere und Vögel, bei Kollisionen ums Leben.[21] Viele dieser Todesfälle könnte man allein dadurch vermeiden, dass man die Geschwindigkeit innerhalb und außerhalb von Ortschaften herabsetzen würde; indem man die Ausstattung mit Wildzäunen verbessern und viel mehr Grünbrücken bauen würde. (Sogar der ADAC fordert mehr Grünbrücken, und wenn der ADAC etwas fordert, das autofahrenden Bürgern zusätzliche Kosten verursachen würde, muss die Lage schon dringlich sein – vermutlich auch für Autos und Bürger.) Natürlich würde dies einige Mühen bedeuten, ein gewisses Umdenken sowie Kosten. Aber es ist noch gar nicht so lange her, dass Naturschützer begannen, Krötenzäune zu errichten – was man bestenfalls für extrem engagiert und aufopferungsvoll, meistens aber auch für ein wenig bizarr hielt. Heute sind Krötenzäune weit verbreitet, man kann sie bei Naturschutzverbänden und manchmal sogar privatwirtschaftlichen Firmen, die sie sponsern, bestellen. Als es in unserer Gegend jüngst eine Krötenzaunknappheit gab, trafen sich jeden Abend Anfang Mai etliche Bewohner meines Dorfes an dem Straßenabschnitt zwischen zwei Teichen, um Kröten über die Straße zu tragen, und vorbeifahrende Autos hielten ganz selbstverständlich an. Eine Nachbarin trug in einer einzigen Nacht 142 Kröten hinüber!

Doch nicht immer lässt sich so genau erkennen, wer die von unseren Handlungen betroffenen wild lebenden Tiere eigentlich sind; genau das macht die Frage nach der Verantwortung ihnen gegenüber so schwierig, insbesondere natürlich in der Vorausschau. Wenn wir eine neue Straße oder ein Haus bauen – wie sollen wir ermessen, wie viele und welche Tiere allein durch den Bau getötet oder beeinträchtigt werden? Das Problem hierbei liegt nicht allein in der technischen Unmöglichkeit, alle Tiere einzeln zu zählen, sondern bereits in den natürlichen Vorgängen selbst: Populationen schwanken stark, sind abhängig vom Wetter, von der Futtersituation, von Feinden (und wiederum deren Populationsschwankungen), von Krankheiten; oft bauen sich Populationen wild lebender Tiere über Jahre bis zu einer gewissen Fülle auf und brechen dann wieder ein, um erneut anzusteigen. An welcher Stelle soll man hier einen Schnitt machen um zu sagen, welche Tiere in einem zu bebauenden Gebiet nun exakt leben, auf die wir Rücksicht zu nehmen haben: Meinen wir die Tiere im Jahr der Planung, zu Beginn der Bauarbeiten oder bei der Inbetriebnahme?

Naheliegend wäre in solchen Fällen die Überlegung, Kompensationen zu schaffen. Zum Beispiel könnten wir, wenn wir es Tieren mit einer bestimmten baulichen Maßnahme schwerer machen, an anderer Stelle besonders auf sie Rücksicht nehmen; oder wir könnten ihnen zum Ersatz andere Flächen und Lebensräume geben, zum Beispiel solche, die wir derzeit mit Massentierhaltung belegen. Hier wird eine Straße gebaut, dort eine Wiese unter Naturschutz gestellt. Wenn wir die enormen Flächen, die wir für den Futtermittelanbau unserer unglücklichen Nutztiere brauchen, weniger intensiv oder teils gar nicht nutzten, würden zahlreiche Arten und Individuen zurückkehren, denn die größte Ursache für den Rückgang der Insekten- und Vogelwelt ist nach wie vor die Landwirtschaft.

Doch können wir geschädigte Tiere auf diese Weise wirklich für etwas entschädigen?[22] Dafür müsste man streng genommen genau denjenigen Tieren Wiedergutmachung leisten, deren Bauten und Nester etc. man zerstört hat bzw. die umgekommen sind. Doch den Igel, den der Bagger überfuhr, können wir nicht entschädigen. Wir können höchstens sicherstellen, dass Igel anderswo unbehelligt leben – aber *andere* Igel! Es hilft dem hiesigen Igel nicht, wenn ein anderes

Lebewesen, von dem er gar nichts weiß und das zufällig ein weitgehend identisches Erbgut trägt, eine «Kompensation» erhält.[23] Im Gegenteil, manche Tiere meiden ihre Artgenossen. Ein Igel lebt in einem Garten mit Wühlmäusen und Käfern bestens zusammen, vertreibt aber einen anderen Igel ungnädig. Insofern handelt es sich nicht um eine wirkliche Kompensation, und «Spezies» oder «die Igelpopulation in dem Gebiet xy» sind keine adäquaten moralischen Bezugsgrößen.[24]

Dennoch haben wir eine Verantwortung: Schließlich wissen wir, *dass* es Leidtragende geben wird – bloß nicht, wie viele und wer sie sind. Anscheinend gilt unsere Sorge und Rücksichtnahme (oder Rücksichtlosigkeit) also Gruppen *unbestimmter* anderer, deren Existenz allerdings gewiss ist. Es ist keine Spekulation, dass irgendwer von unseren Handlungen beeinflusst – und vermutlich negativ beeinflusst – werden wird. Insofern ist abzusehen, dass Unbeteiligte zu Schaden kommen werden und wir ihre Rechte verletzen. Wir können in etwa abwägen: Was steht bei uns auf dem Spiel, was bedeutet es für diese «ungefähren» anderen?

Dieses Problem taucht nicht nur im Kontext der Tierethik auf, sondern auch unter Menschen. Wenn jemand ein Fahrrad stiehlt, weiß er nicht, wer sich über den Verlust ärgern wird – aber irgendjemand wird es halt sein! Wenn jemand giftige Abfallstoffe über Äckern ausbringt oder vergammelte Ware in Umlauf bringt, sind dies Verbrechen, obwohl keiner weiß, wie viele Menschen (und Tiere) beeinträchtigt werden. Wenn Firmen Umweltgifte in Gewässer leiten, gehen wir davon aus, dass sie damit Menschen schädigen – ohne sagen zu können, welche und wie viele. Ähnlich ist es, wenn Fischer ihre alten Netze im Meer treiben lassen oder Gärtner gewässerschädigende Herbizide ausbringen, weil sich irgendeine Pflanze dort stark ausgebreitet hat, wo doch ihrer Meinung nach eine andere blühen sollte. Irgendwelche Tiere werden gewiss darunter leiden.

Man kann also die Lebensbedingungen anderer empfin-
dungs- oder erlebensfähiger Individuen verschärfen oder
zunichte machen, ohne die Geschädigten genau benennen zu
können. Diese sind oft ein unübersichtliches Sammelsurium
von Angehörigen unterschiedlicher Arten, mit unterschiedlichen Bedürfnissen. Es geht mehr um den Lebensraum mitsamt all seinen Bewohnern. Während diese stark fluktuieren,
keine politische Gemeinschaft bilden und auch nicht, wie
wir es vereinfachend in der Schule gelernt haben, gemeinsam
ein «Ökosystem mit stabilem Gleichgewicht» darstellen. Es
handelt sich um Lebensräume ohne einigendes Prinzip oder
gemeinsamen Sprecher.

Hier berührt sich die tierethische Frage mit Fragen der
Umwelt- oder Ökoethik, denn wir müssen uns in spätkapi-
talistischen Zeiten ohnehin irgendwie der generellen Frage
stellen, wie viel von dieser Erde, dem möglichen Lebensraum und den Ressourcen wir für uns in Anspruch nehmen können (ohne dass «die Erde», «der Lebensraum» o. ä.
direkt fassbare moralische Entitäten wären). Dabei kollidieren unsere Ansprüche nicht nur mit denen anderer Spezies,
sondern auch mit denen künftiger Generationen, und das
ist eine zweite Fachrichtung der Ethik, die hier befragt werden müsste: die Ethik, die sich mit den Rechten künftiger
Generationen befasst. Auch bei ihnen wissen wir nicht, wie
viele sie sein werden, wie sie leben wollen, was sie benötigen
werden; dennoch dürfen wir die Erde und ihre Ressourcen
nicht einfach komplett verbrauchen oder verderben, denn
das wäre den (unbekannten, noch nicht existenten) Bewohnern der Zukunft gegenüber ungerecht. Die darauf spezialisierten Ethiken müssten daher mehr zu der Frage, wie viel
Rücksicht wir unbestimmten/unbekannten anderen «schulden», beizutragen haben als die Tierethik, die ich bisher vorgestellt habe und die, sozusagen klassisch moralphilo-
sophisch, den Rechtssubjekten als (bereits existenten) Individuen gilt.

Doch ich will mich nicht drücken, sondern zumindest den Ansatz einer Antwort aus meiner tierethischen Sicht versuchen. Zunächst einmal: Auch wir Menschen sind schließlich Tiere, biologische Kinder der Evolution, und bestimmte Bedürfnisse und Lebensweisen sind in uns angelegt. So unterschiedlich menschliche Lebensweisen weltweit auch sind, sie zeichnen sich dadurch aus, dass bei uns jeder biologische Akt kulturell überformt ist. Mehr als alle anderen Spezies sind wir das kulturelle Tier schlechthin, und das heißt, dass wir zumeist besonders aufwändige Lebensweisen pflegen.

Gewiss, es gibt auch menschliche Bevölkerungen, die weitgehend ohne Hightech und sonstige moderne Warenwelt leben und dabei anscheinend kein bisschen unzufriedener sind als wir Bewohner der Industrieländer. Aber die meisten von uns sieben Milliarden Menschen stellen unglaublich anspruchsvolle Erwartungen an ihre Nahrung, ihre Umgebung, ihre Behausung, ihre Kleidung. In der Folge haben wir zumeist einen deutlich größeren Ressourcenverbrauch als die Angehörigen anderer Spezies. Außerdem besitzen wir natürlich enorme kognitive und dadurch technische Mittel, um Ressourcen zu gewinnen und einzusetzen, Landschaften zu verändern etc. Auch Ameisen und Biber gestalten das Antlitz der Erde um, und wenn Regenwürmer Geschichtsbücher schreiben würden, könnten sie darin mit Fug und Recht behaupten, dass ohne sie längst alles den Bach hinuntergegangen wäre. Aber nur wir Menschen bringen zum Beispiel neue Materialien in die Welt (und neben allen mechanischen und chemischen Todesursachen auch eine gänzlich neue Form zu sterben: durch atomare Strahlung). Vieles davon sind Stoffe, mit denen die Umwelt nicht umgehen, die sie nicht abbauen, von denen sie sich nicht erholen kann. Unsere Eingriffe haben eine andere Größenordnung.

All das ist verständlich und ein Stück weit verzeihlich. Zum Beispiel stecken wir Menschen einander gegenseitig mit diesen Vorstellungen und Wünschen an, auch das ist menschlich. Auch unter Tieren ist es übrigens verbreitet, das haben zu wollen, was der andere hat – nur anders als die meisten Tiere haben wir auch weitreichende Mittel dazu. Andere Tierarten haben es ebenfalls gern bequem und wünschen Nahrung im Überfluss, aber ihrer «Gier» sind engere praktische Grenzen gesetzt. Unsere Grenzen erweitern sich täglich.

Dabei benötigen wir viel Raum, Material und Energie: weil wir nicht einfach nur die rohe Frucht von den Bäumen essen, sondern sie auf hunderterlei Weisen zubereiten wollen; weil wir die Dinge nicht nur anschauen, sondern Geschichten über sie erzählen und malen und in Bücher und Filme bannen wollen; weil wir diesen starken gestalterischen Trieb in uns haben, unsere Umgebung, das Haus, den Garten, uns selbst schöner zu machen. Wir sollten uns das mildernd zugutehalten, wenn wir unseren Verbrauch an Ressourcen und Land beurteilen: Wir Menschen sind eine aufwändig lebende Spezies. Wir mögen nicht besser sein als andere Tierarten, aber ich weiß nicht, ob es der Sache dienlich und überhaupt angemessen ist zu sagen, wir seien schlechter. Wir sind nur anders. So wie die anderen übrigens jeweils auch.

Wir können unseren Verstand aber nicht nur einsetzen, um unsere Grenzen zu erweitern, sondern auch, um uns welche zu setzen. Nachdem ich also einiges zugunsten unser aufwändigen Lebensweise vorausgeschickt habe, schicke ich gleich hinterher: So aufwändig wie in den letzten 150 Jahren können und sollten wir auf Dauer nicht leben, im eigenen Interesse, in dem künftiger menschlicher Generationen – und im Interesse heute lebender Tiere. Was Ökoethiker auf das Wohl der Menschen und der Umwelt beziehen, lautet aus tierethischer Sicht leicht variiert: Wir müssen anderen Tierarten Raum lassen. Die Erde gehört nun einmal nicht uns allein, wir dürfen uns auf ihr nicht (weiterhin) so ausbreiten, als sei es so. Zuallererst müssen wir es uns wohl zur festen Gewohnheit machen, überhaupt an die anderen zu denken, deren Lebensraum wir nutzen oder vernutzen. Denn momentan gilt ja noch die Devise: Was der Mensch will, darf er sich nehmen, es sei denn, er schadet einem anderen Menschen damit. Doch das ist nicht richtig. Wir mussten uns in den letzten Jahrzehnten angewöhnen, allgemeine Umweltfolgen zu berücksichtigen (was allerdings auch nur unzureichend geschieht), und ebenso müssen wir die vielen anderen Tiere miteinbeziehen.

Praktisch gesehen bedeutet das, dass wir unsere ungehemmte Siedlungsaktivität eindämmen, unseren Landverbrauch für Ernährung und Produktion drosseln und unseren Ressourcen- und Energieverbrauch herunterfahren sollten; und das würde offensichtlich auch einige Veränderungen für unsere individuellen Lebensweisen bedeuten. Donaldson und Kymlicka schlagen vor, dass wir dazu alle Habitate, die derzeit nicht von Menschen besiedelt oder erschlossen sind, als Territorium der dort lebenden Tiere ansehen sollen. «Diese Gebiete werden derzeit von wildlebenden Tieren bewohnt, und wir haben nicht das Recht, die eingebürgerten Bewohner dieser Räume zu kolonisieren oder zu verdrängen. Das bedeutet im Grunde das Ende der weiteren Ausdehnung menschlicher Siedlungstätigkeit.»[25] Ich weiß nicht, ob diese Folgerung plausibel und ob sie zwingend ist. Plausibel insofern nicht ganz, als wir auch mit einer Fabrik, die wir auf längst zubetoniertem menschlichem «Territorium» bauen, die Luft anderer Territorien verschmutzen (können). Die ökologischen Komplexe der Erde lassen sich nicht einfach nach Gebieten aufteilen (was Donaldson und Kymlicka natürlich auch bewusst ist).

Zwingend ist die Folgerung deshalb nicht, weil auch Wachstum zum menschlichen Leben gehört und damit der Wunsch nach Gestaltung unserer Umwelt. Diese menschlichen Tätigkeiten ganz unterbinden zu wollen, scheint mir eine zu starke Einschränkung zu sein, zumal wenn wir diese

Forderung für alle Menschen in aller Welt erheben würden. Menschen, die heute kein festes Haus haben, sondern auf einer Müllhalde unter Plastikplanen leben, haben gewiss das Recht, sich anderswo ein Haus zu bauen! Dennoch folgt daraus nicht, dass grenzenloses Wachstum und unbekümmerte Nutzung und Plünderung aller Landschaften und Weltmeere zulässig sind. Nur scheint mir, dass über die Grenze zwischen zulässig und unzulässig nicht apodiktisch oder im gleichsam moralisch-philosophischen Monolog, sondern nur im Rahmen vieler politischer (demokratischer) Debatten und Abwägungsprozesse entschieden werden kann.

Über diesen rein quantitativen Aspekt hinaus – wir sollten weniger raumgreifend leben – gibt es aber vielleicht auch eine qualitative Bestimmung dessen, was wir unserer gemeinsamen Umwelt nicht oder nicht mehr unbekümmert antun dürfen. Dazu müssen wir uns zunächst klar machen, dass auch wir den anderen Tieren mit vielen unserer Handlungen als Umweltfaktoren gegenübertreten. Wenn wir Mais anbauen, haben wir Wildschweinen neue Nahrungsgrundlagen geschaffen. Wenn wir Flüsse begradigen, zerstören wir Laichplätze. Doch auch der Biber beeinflusst mit seinen Staudämmen und Flutungen das Leben anderer Tiere; eine Schleiereule ist für die kleinen Nager in ihrer Umgebung keine Freude, sondern eine Gefahr. Und so kann man viele Veränderungen, die wir Menschen an der Umwelt vornehmen, mit einer Art Erdrutsch, Überschwemmung, mit Beutezügen oder schlimmstenfalls Seuchen vergleichen: Sie zerstören Lebensraum und schaffen gleichzeitig Platz für neues Leben.

Es scheint aber auch Materialien zu geben, mit denen die Natur (das heißt in diesem Zusammenhang: der Komplex der Pflanzen- und Tierwelt in einer Gegend) schlechthin nicht umgehen kann und unter denen alle dort ansässigen Tiere leiden. Zu denken ist an Materialien, die nicht abbaubar sind, und Stoffe, die viele Lebensformen auf einmal vergiften. Zum Beispiel hilft Kunststoffmüll im Meer überhaupt niemandem, genauso wenig das Dioxin, das aufgrund der Verbrennung von Kunststoffen etc. in die Luft gelangt und durch den Regen in den Boden gespült wird, oder atomare Strahlung. Es gibt also etliche menschliche Eingriffe, deren Folgen man nicht unter die in der Natur üblichen Schwankungen subsumieren kann, und etliche Materialien und Gifte beeinträchtigen alle gemeinsam und lassen sich nicht bewältigen.

Vielleicht könnte sich die Natur auch daran adaptieren, wenn sie genug Zeit hätte, Lösungen auf evolutionärem Weg zu entwickeln. Das Tempo menschlicher Entwicklungen aber ist an dem der Evolution rasant vorbeigezogen. Unsere technischen Erfindungen tricksen die Möglichkeiten der Natur zur Anpassung sozusagen aus – und auch die Sinne der anderen Tiere. Wir haben viele ihrer Umweltkomponenten so schnell und so grundlegend verändert, dass sie keine Möglichkeit haben, darauf angemessen zu reagieren oder sich zu spezialisieren.[26]

Mit vielen Erfindungen, Entwicklungen, Abfallstoffen oder Eingriffen nehmen wir anderen Tieren die Möglichkeit, ihren Lebensraum (gut) zu nutzen. Umgekehrt könnte man daraus, ganz praktisch, zum Beispiel folgern, dass wir auf den Einsatz von hoch toxischen oder schwer abbaubaren Stoffen und Materialien verzichten oder ihren Verbleib, ihre Rücknahme nach Gebrauch und ihre Wiederverwertung strikt kontrollieren müssen. Hier hoffe ich darauf, dass insbesondere die Anbieter veganer Nahrungsmittel konsequent voran gehen und Wege finden, auf denen der Mainstream folgen kann.[27] Denn so wie die Umweltfreunde früher oder später werden erkennen müssen, dass der Verzehr tierischer Nahrungsmittel auch die Umwelt unnötig belastet, müssen sich Tierfreunde und Veganer klarmachen, dass umweltschädigendes Verhalten eben auch zu Lasten von Tieren geht. Diese umwelt-ethischen Konsequenzen könnten aus tierethischer Sicht dann also zwei Formen annehmen: Einmal müssen wir unsere Nutzung und Vernutzung von Lebensräumen und natürlichen Ressourcen rein quantitativ einschränken. Zweitens sollten wir unsere Lebensweise (Industrien, Verbrauch etc.) auch qualitativ so verändern, dass andere Tiere weiterhin eine faire Chance in ihrer Umwelt haben.

Tiere unter uns

Die Formel von der «fairen Chance» enthält auch bereits meine Meinung zu einem zunächst weit entfernt scheinenden, tatsächlich aber verwandten Problem: Wie sollen wir mit den Tieren umgehen, die (von uns ungewollt) unter uns, also zum Beispiel in den Städten, leben? Donaldson und Kymlicka nennen sie Grenzgänger-Tiere (*liminal animal denizens*)[28] und behandeln sie als dritte Gruppe zwischen Wildtieren und domestizierten Tieren. Aber in vielerlei Hinsicht gelten die Gesetze der Wildnis auch für sie, denn Natur in der Stadt ist kein Sonderfall, erst recht nichts Regelwidriges, kein Widerspruch in sich. Für *uns* ist irritierend, dass sich durch die räumliche Nähe des Zusammenlebens mit diesen Tieren manche Fragen neu oder anders oder dringlicher stellen als in der Fiktion, die Städte gehörten uns und Natur sei irgendwo «da draußen». Aus Sicht der Tiere hingegen ist die Stadt einfach ein weiterer Lebensraum, der erforscht, erprobt und bei Erfolg genutzt wird. Dieser neue Lebensraum bietet neue Gefahren, vor allem den Verkehr, aber auch viele Vorteile: Nahrung (für diejenigen, die sich aus Mülltonnen bedienen, sogar saisonunabhängig), geringere Temperaturgefälle im Winter, Schutz vor vielen Feinden.

Auch in der Stadt lässt sich oft nicht pauschal sagen, welchen Tieren wir mit welchen Maßnahmen entgegenkom-

men und welchen wir schaden. Die steinernen Fassaden ho-
her Bauten zum Beispiel sind geeignete Nistplätze für viele
Vogelarten und insofern nicht per se «lebensfeindlich»,[29] die
vielen Fenster der Glasfassaden hingegen schon. Letztere
würde ich daher zu den «unfairen» Bedingungen rechnen,
für die künftige Stadt- und Gebäudeplaner hoffentlich eine
bessere Lösung finden; ebenfalls ungünstig für alle ist die
Nachverdichtung des Bodens, wenn also kleine Lücken geschlossen werden, die, auch wenn sie fürs menschliche Auge
unansehnlich sein mögen, doch vielen Tieren Unterschlupf
bieten.[30] Und schließlich weist die Stadt neben den vielen
Glasfenstern noch etliche andere Fallen auf, die so in den
früheren Lebensräumen nicht vorkamen und auf die die
Tiere nicht vorbereitet sind: zum Beispiel scheinbar ver-
lockende Nistplätze, die sich aber als Todesfallen erweisen,
wie Metallrohre, deren Wände die Jungtiere nicht bezwin-
gen können.[31] Auch das Minimieren solcher unabschätzba-
rer Gefahren, auf die Tiere nicht eingestellt sein *können*,
könnte man als ethisch gebotene Maßnahme erwägen.[32]

Dies sind zugegebenermaßen nur sehr vage Vorschläge.
Die Tierethik hat sich die allermeiste Zeit gar nicht mit den
Tieren in der Stadt befasst – einfach weil das, was wir mit
den Tieren in der Landwirtschaft und in den Laboren machen, so viel umfassender und drastischer ist. Da in den Industrieländern bereits drei Viertel der Bevölkerung in Städten leben, kann es sich die Tierethik auf Dauer aber nicht
leisten, diesen wichtigen Ort des Zusammenlebens mit anderen Tieren nonchalant zu übergehen; auch hier haben Donaldson und Kymlicka einen bewundernswerten Anfang
gemacht. Die Biologie kann uns zudem darüber belehren,
dass wir uns völlig zu Unrecht angewöhnt haben, Tiere in
der Stadt als tendenziell deplatziert und wertloser anzusehen
als die «echten» Tiere in der «Wildnis». Dazu schreibt der
Zoologe Reichholf, der übrigens ein Jagdkritiker, keineswegs aber Tierrechtler ist, pointiert: «Es sei zugestanden,

dass ein Wanderfalke, der über einer einsamen Waldschlucht jagt, eine andere Erlebnisqualität vermittelt als ein anderer bei der Taubenjagd in den Straßenschluchten von Millionenstädten. Aber das liegt offenbar an den Menschen und nicht am Falken.»[33]

Es ist aufschlussreich, dass Reichholf – obwohl oder vielleicht gerade weil er Ökologe ist – sogar eine Lanze für diejenigen Menschen bricht, die Tiere in der Stadt anlocken und füttern, zum Beispiel Wasservögel in den Parks. Gewiss, das führt zu einigen Verschmutzungen oder auch Schäden, aber: «Die ohrenbetäubenden Materialschlachten der Silvesternächte werden als ‹zur Kultur gehörig› hingenommen und nicht etwa extra anhand der Säuberungskosten berechnet und den Verkäufern der Feuerwerkskörper als Sondersteuer angerechnet. Es gehört zur Vielfalt der Kultur und zur demokratischen Toleranz der unterschiedlichen Gesellschaftsgruppen untereinander, die anders gearteten Wünsche mancher Menschen zu respektieren … Die Ansammlungen von Enten, Gänsen und Schwänen gehören zu den Städten, weil es die Menschen dieser Städte sind, die diesen Vögeln das Leben in der Stadt ermöglichen. Die Kommunen müssen daher auch die Kosten genauso selbstverständlich tragen, wie sie andere übernehmen.»

Das scheint zunächst ein anthropozentrisches, also sich um den Menschen drehendes Argument zu sein: Tiere dürfen in der Stadt leben, weil Menschen dies wollen. Doch Reichholfs Beschreibungen der Stadtnatur widerlegen gründlich das Vorurteil, Tiere «gehörten» nicht in die Stadt. Zudem legen sie einen weiteren Gedanken nahe: Zwar neigen wir im Vorbeigehen oft dazu, ältere Leute, die Enten und Schwäne füttern, für sentimental zu halten, aber vielleicht praktizieren solche tierlieben Stadtmenschen eine völlig plausible Lebensweise, die künftig sogar mehr Anhänger gewinnen könnte. Dann nämlich, wenn wir uns abgewöhnen würden, Tiere einer der beiden Rubriken Nutztier oder

Kuscheltier zuzuordnen, und sie stattdessen stärker als Nachbarn und Mitbewohner wahrnehmen würden.

Die meisten Menschen wollen nämlich mit anderen Tieren zusammenleben. Sie bleiben erfreut stehen, wenn sie in einer Stadt wie Berlin einen Reiher sehen. Wenn ihre Umgebung an Tieren verarmt ist, suchen sie Orte auf oder schaffen welche, wo sie Tieren begegnen können. (Meist zum Leidwesen dieser Tiere.) Bei diesem Verlangen nach dem Kontakt mit anderen Tierarten könnte es sich um eine anthropologische Komponente des Mensch-Seins im Martha Nussbaumschen Sinne handeln oder um die uns angeborene Biophilie, von der der Biologe Edward O. Wilson spricht.[34] Wir wollen nicht unbedingt das Haus mit all diesen Tieren teilen, aber wir wollen sie doch sehen, mit ihnen Kontakt haben. Einerseits sind wir auf die Idee getrennter Räume geradezu fixiert – Spinnen «gehören» nicht ins Haus und Füchse angeblich nicht in die Stadt; andererseits reichern wir diese von Tieren bereinigten Räume dann wieder mit Tieren an. Wie sonst ließen sich Zoos und die vielen unglücklichen Vögel, Meerschweinchen und Kaninchen in deutschen Wohnungen erklären?

Doch statt Kaninchen und Wellensittiche in Käfige zu sperren, wäre es besser zu überlegen, wie wir friedfertiger mit den Kaninchen und Tauben in der Stadt zusammenleben können, ohne sie regelmäßig abzuschießen oder zu vergiften. Wäre es nicht klüger, den Tieren, die freiwillig zu uns in die Städte kommen, die Stadt mit baulichen und anderen Maßnahmen «verständlicher» zu machen,[35] statt andere Tiere in Zoos und engen Käfigen gefangen zu halten? Wir würden nicht mehr in Zoos gehen, bräuchten aber auch keinen hysterischen Anfall zu bekommen, wenn Wildschweine durch die Vorortsiedlung laufen, und wären besser vorbereitet, wenn sich ein Vogelpaar einen Teil unserer Garage zum Nistplatz erkoren hat.[36]

Die Erde gehört nicht allein uns: nicht das Land, nicht das Meer, aber eben auch nicht die Städte. Und so sind Tiere in der Stadt nicht grundsätzlich andere Wesen als die in Wald und Flur; nur schieben sich dabei zwei Sphären, die der oben skizzierten Natur und die der Kultur, auf besonders sichtbare Weise ineinander. Nicht alles, was wir an dem Leben der Tiere sehen, ist schön: nicht die Entenvergewaltigungen auf dem Stadtteich, nicht der Angriff des Sperbers auf Jungvögel im Garten, nicht das Husten des Igels, das uns anzeigt, dass er von Lungenwürmern befallen ist. Bei solchen Gelegenheiten reibt sich unser eigenes moralisches Denken mit der Logik natürlicher Vorgänge, die durch ein stetes Kommen und Gehen, Vermehren und Vermindern, Wachsen und Räubern gekennzeichnet sind. Aber sollen wir deshalb all dieses Leben, das sich anders als nach unseren Vorstellungen vollzieht, gleich hinter das Glas einer Vitrine oder hinter Gitter bannen?

Ich möchte dieses Miteinander und Aufeinandertreffen von Natur und Kultur noch einmal an einem ganz anderen Beispiel illustrieren, nämlich der Katze. Die Katze ist Grenzgängerin par excellence, denn auch die zahme, aber freie Katze lebt in zwei Sphären. Als Teilnehmerin an der «Menschenwelt» genießt sie den Komfort des Sofas, des gefüllten Napfes, der Heizung und der medizinischen Versorgung. Allein dadurch, dass sie entwurmt wird, ist die Katze einer der größten Gefahren, nämlich dem Tod durch Parasiten, entrückt. (Allerdings ist sie den Gefahren des Verkehrs ausgesetzt, doch die kennt der in der Stadt lebende Fuchs auch, und ihm hilft niemand gegen Parasiten.) Doch sobald die Katze hinausgeht in den Park oder Garten, folgt sie ihrem Jagdtrieb, den ihr auch noch so viele Streicheleinheiten nicht austreiben können. Sehr zum Entsetzen der Menschen schleppt sie dann die Beute nach Hause und bringt einen ins Grübeln, ob sie am Ende doch nicht nur dieses süße Geschöpf ist, das so possierlich neben einem auf dem Sofa lag und im Schlaf mit den Pfoten und Schnurrhaaren zuckte.

Viele Tierethiker hat diese ärgerliche Unart der Katze, ein Raubtier zu sein, irritiert: Ist sie denn nun ein Haustier oder ein Wildtier? Und wenn sie ein Haustier ist, tragen wir dann nicht auch Verantwortung für die Tiere, die sie tötet?[37] Ich denke, diese Verwirrung löst sich auf, wenn wir uns klarmachen: Die Katze *ist* nicht einfach dieses oder jenes. Genauso wenig wie viele anderen Tiere *ist* sie Haustier oder Raubtier. Es sind, um mit Palmer zu sprechen, die moralischen Kontexte, die unterschiedliche Bereiche und Formen von Verantwortung abstecken. Und so haben wir einerseits der Katze gegenüber besondere Verpflichtungen als jemandem, der unserer Familie oder unserem Freundeskreis angehört oder nahesteht.[38] Andererseits sind wir für ihr Verhalten – das schlicht das Verhalten eines biologischen Wesens gegenüber einem anderem ist – genauso wenig verantwortlich wie für das eines Fuchses, der ebenfalls Mäuse, oder das eines Falken, der Vögel jagt.

Als Katzenfreundin laufe ich hier vielleicht Gefahr, Dinge überzubetonen, die eigentlich gar nicht so aufsehenerregend sind – aber mir scheint doch, dass eine zahme, freie Katze die beiden Sphären des Menschlichen und der Natur auf anschauliche und bisweilen auch nervenzehrende Weise verbindet. Sie hat eine bemerkenswerte Sonderstellung unter den Haustieren. Einen Familienhund würden wir nie so lange alleine ziehen lassen, und selbst meine zahmsten Schafe hole ich – schon in ihrem eigenen Interesse – nie ins Haus. Die Katze aber wandert frei hin und her zwischen der engen Nähe zu uns und einem Lebensbereich, zu dem wir nahezu keinen Zutritt haben.[39]

Hier schließt sich wieder der Kreis zu der Debatte um *policing nature*, mit dem sich der erste Abschnitt dieses Kapitels beschäftigte. Der Fall der frei lebenden Hauskatze bildet gewissermaßen deren Gegenstück. Bei *policing nature* tragen wir die Frage, wie wir mit dem durch Naturgeschehen geschaffenen Leid umgehen sollen, in die außer-menschliche Sphäre hinaus. Doch die Katze trägt dieselbe Frage mit jeder erjagten Maus in unser Leben hinein, und nicht nur mit der Maus, sondern auch jedes Mal, wenn sie tagelang im Wald verschwindet, wo wir sie nicht kontrollieren können, wo wir ein Tier, das drinnen beinah Familienmitglied ist, als Naturwesen davonziehen sehen und den Gefahren der Natur überantwortet wissen.

In beiden Fällen – bei *policing nature* und bei der Katze – stoßen die menschliche Moral und die Eigenlogik natürlicher Vorgänge aneinander, und wiederum verursacht dies Reibung. Unsere Moral interessiert sich für das Wohl des Individuums, sie respektiert jedes einzelne als Zweck an sich, jedes Leben zählt; die Natur hingegen bringt ständig ungezählte Lebewesen hervor und schleudert Nachkommen geradezu in die Welt hinaus in der Hoffnung, dass wenigstens ein paar davon überleben. Wo sich beide Sphären begegnen, kommen die klaren Grenzen durcheinander. Dann werden wir darauf gestoßen, dass es letztlich immer nur *unsere* Kriterien sind, mit denen wir Ordnung in eine Welt zu bringen versuchen, die an sich eher chaotisch ist.[40] Wir werden daran erinnert, dass es in der Natur nicht nur so viel Schönes, sondern auch nahezu unendlich viel Leid gibt, das wir überhaupt nicht beeinflussen können. Die Frage nach *policing nature* entsteht aus einem gewissen Schmerz heraus, den wir angesichts all dieses Leides empfinden. Es handelt sich um eine Art «Schuldüberschuss»:[41] Es mag sich oft anfühlen wie Schuld, ist streng genommen aber keine. Wir können nichts dafür. Wir können auch nichts dagegen tun. Wir sind nicht verantwortlich.

Neben dem immensen tierischen Leid, das wir Menschen verursachen und dem wir entgegenwirken können und sollen, ist und bleibt vieles andere von uns jedoch nicht zu verhindern, nicht zu beeinflussen. Es gehört zu jenem Teil irdischen Lebens, der sich vollzieht, ohne sich um menschliche Unterteilungen in gut und böse zu scheren, und dabei

Schönes wie Schreckliches in unglaublicher Fülle hervor-
bringt. Je mehr wir am Leben von Tieren Anteil zu nehmen
beginnen, desto mehr bekommen wir von ihnen mit, fühlen
mit ihnen auch da, wo wir an die Grenzen unseres Handelns
gekommen sind.

Die gewalttätige Gesellschaft

Es ist an der Zeit, noch einige «Schulden» zu begleichen,
nämlich die Frage des Speziesismus wieder aufzugreifen,
deren Beantwortung ich bislang offen gelassen habe. Im ersten Kapitel hatte ich Speziesismus als die unfaire Bevorzugung von Angehörigen der eigenen Art charakterisiert; in
dem Kapitel über Tierversuche hatte ich geschrieben, ich sei
bereit, für den Gang der Argumentation eine Art milden
Speziesismus zuzugestehen: Wenn wir Angehörige der eigenen Art gegenüber anderen Tieren bevorzugen, sei dies bis
zu einem gewissen Grad verzeihlich. Aber bis zu welchem?
Die Frage, ob die Rechte von Tieren wirklich genauso viel
Gewicht haben wie die von Menschen, hatte ich vage gelassen – und habe damit vermutlich den Eindruck erweckt,
ich würde diese Angelegenheit irgendwann im Verlauf des
Buches endgültig klären. Jetzt wäre es wohl so weit, aber ich
fürchte: Ich kann es nicht.

Und zwar lässt sich meines Erachtens weder sagen, dass
die Rechte von Tieren immer exakt denselben Stellenwert
haben wie die von Menschen, noch gilt das Gegenteil, dass
sie ihnen untergeordnet sind. Damit meine ich natürlich:
wenn es um dieselben Rechte geht. Manche Rechte haben
nur Menschen, weil nur Menschen sie brauchen: das Recht
auf Schulbildung oder Pressefreiheit. Andere Rechte haben
wir ebenso wie Tiere: das auf Unversehrtheit, auf unser
Leben. Aber wie weit genau reicht dieses «Ebenso»? Das
typisch philosophische Rettungsboot-Problem wird wohl

selten auftreten: dass wir einmal entweder einem Tier oder einem Menschen aus derselben Notlage helfen müssen und dann nur für eins der beiden Individuen die Kapazitäten haben. Doch es gibt verwandte, weniger drastische Situationen, in denen sich zeigen wird, ob wir den Rechten der Tiere denselben Stellenwert beimessen wie denen der Menschen. (Übrigens: Nehmen wir eigentlich die Rechte aller Menschen gleich ernst? Ich fürchte, nicht. Orkanschäden und Erdbeben in einigen Teilen der Erde nehmen in unseren Nachrichten einen ungleich größeren Raum ein als Katastrophen anderswo.)

Wenn sie ehrlich sind, werden wohl auch die meisten Tierrechtler einräumen, dass sie speziesistische Unterschiede machen, wenn nicht bereits in der Theorie, so spätestens in der Praxis.[42] Zum Beispiel fahre ich auch während der Zeit der Krötenwanderung Auto; ich halte zwar oft an, um Kröten über die Straße zu tragen, aber sicher überfahre ich gelegentlich auch eine. Wenn es nicht Kröten, sondern Menschen wären, die da auf unserer Dorfstraße säßen, würde ich in diesen zwei Wochen das Auto stehen lassen. Allerdings: Wenn nicht Insekten, sondern Kröten im Sommer dutzendfach an der Windschutzscheibe meines Autors zerschellen würden, gälte dasselbe. Offenbar unterscheide ich deutlich zwischen Mensch, Kröte und Insekt.[43]

Dass Insekten ein wenig die Stiefkinder der Tierethik sind, habe ich bereits zugegeben; dafür gibt es auch biologische Gründe. Hingegen ist ein so großer moralischer Unterschied zwischen Mensch und Kröte schwer zu verteidigen. Denn einerseits spricht alles dafür, dass die Idee der Rechte mit der des Egalitarismus verknüpft ist: Wenn man sagt, man solle die Empfindungen und Wünsche anderer Subjekte berücksichtigen, scheint zwingend, dass sie (in gleichen Situationen) auch *gleichermaßen* berücksichtigt werden sollen. Anders hat die Sache doch wenig Sinn, jedenfalls, wenn es um grundlegende Rechte wie das auf Leben und Unversehrtheit geht. Man kann zu jemandem nicht sagen: Du hast das Recht auf Leben – ein bisschen.

Andererseits sehe ich nicht – noch nicht? –, wie wir mit diesem Egalitarismus ganz Ernst machen wollen oder können, gerade wenn es auch um wild lebende Tiere geht, die unseren Weg, oft im wahrsten Sinne des Wortes, kreuzen. Den brachialen Speziesismus, der unsere Landwirtschaft und unsere sonstigen Systeme von Tiernutzung beherrscht, können und sollten wir abschaffen; aber was ist mit subtileren Formen der Ungleichbehandlung? Können wir uns so etwas wie eine volle Gleichberechtigung auch nur annähernd vorstellen?

Vielleicht aber stelle ich hier die falsche Frage, oder zu früh. Zu früh insofern, als wir nun einmal in einer Welt aufgewachsen sind und in einer Welt leben, in der Speziesismus und die Ausbeutung von Tieren selbstverständlich und allgegenwärtig sind. Die grausamsten Dinge sind derzeit gang und gäbe, wenn sie einem Menschen nur ein klein wenig Gewinn bringen, sei es auch auf Kosten etlicher Tiere. Der Gedanke umfassender Tierrechte ist noch neu und unvertraut, beginnt sich gerade erst in der Praxis von immer mehr Menschen zu verankern. Doch moralische Überzeugungen werden auch durch unsere bisherigen lebenslangen Erfahrungen geformt, in diesem Fall durch unsere Erfahrungen mit Tieren. Und zwar nicht nur durch solche mit konkreten lebenden Tieren, sondern auch mit gesichtslosen toten, denen wir überall begegnen: im Supermarkt, bei der Grillparty, auf jedem Büfett. Zeitungen und Nachrichtensendungen berichten in munterem Ton von den qualvollsten Tierversuchen, die als Indiz für den Fortschritt gelten; unsere Biologiebücher legen beredtes, aber meist überhörtes Zeugnis davon ab, was man Lebewesen alles angetan hat, um den «Geheimnissen des Lebens» auf die Spur zu kommen.

Vergangenes Jahr habe ich mir ein Lehrbuch der Verhaltensbiologie gekauft; aber ich kann nicht mehr darin lesen.

In dem Abschnitt über die sinnesphysiologischen Grundlagen der räumlichen Orientierung bin ich auf ein Foto gestoßen, das ein Rotkehlchen mit einem abgeklebten Auge zeigt: ein gefangener Vogel mit Leukoplast überm halben Kopf.[44] Dank solcher Versuche wissen wir, wie großartig bei Vögeln die Orientierung am Magnetfeld der Erde funktioniert; aber ist es nicht paradox, das Rotkehlchen dafür zu bewundern, was es alles kann, nachdem man es ungeniert derart malträtiert hat? Und so etwas machen Biologen?

Solche Erfahrungen, Begegnungen und Bilder formen unser Verständnis davon, was Menschen sind, was Tiere sind und wie wir zueinander stehen. Die Ungleichbehandlung und Missachtung des Tiers ist tief in unserer Gesellschaft verankert – ich glaube, wir sind überhaupt erst dabei, die Decke am äußersten Zipfel ein wenig anzuheben. Selbst wenn wir wollen, können wir nicht beliebig weit über den Rand dieser Gesellschaft und unseres Erfahrungshorizonts hinausblicken und in einer komplett speziesistischen Welt völlig un-speziesistisch denken.[45]

Und wie sieht diese Welt eigentlich aus der Sicht der anderen aus? In welchem Licht erschiene unsere Gesellschaft, wenn wir sie aus den Augen unserer Nutztiere betrachten könnten? Aus der Sicht der Küken, die mutterlos auf dem Betonboden sitzen und piepen; aus der Sicht der Kuh, der man das Kalb nimmt; aus der Sicht der Zuchtsauen, die in Besamungsständen (englisch oft: *rape rack*, Vergewaltigungsgestell) künstlich besamt werden und nach wenigen Jahren Besamungs- und Gebärturnus mit Elektroschockern oder Kunststoffpaddeln auf die Transporter getrieben und zum Schlachthof gefahren werden?

Aus Sicht dieser Tiere erwartet sie fast überall, wo sie mit Menschen zusammentreffen, Gewalt. Und diese Gewalt vollzieht sich beinahe in Nachbarschaft, doch meist außerhalb der Sichtweite der Konsumenten. Selten wissen wir, wo die Massenställe stehen, deren Produkte oder Bewohner im

Supermarkt verkauft werden. Wenn sie langgestreckte Gebäude neben der Autobahn sehen, denken die meisten Leute, es seien Lagerhallen. Doch oft wird darin lebendes «Gut» gelagert; erst wenn man gelernt hat, zum Beispiel Schweinemastställe an den typischen hoch gelegenen Fenstern und den Futtersilos zu erkennen, merkt man, dass etliche Gegenden, auch touristische Gebiete, damit übersät sind.

Die Gewalt gegen Tiere ist überall, und meist ist sie sogar institutionalisiert und legalisiert. Dabei sind wir doch eigentlich eine Gesellschaft, die physische Gewalt, zumal gegen Schwächere, Unterlegene, Abhängige, als verwerflich ansieht. Mir selbst ist dieser Widerspruch – oder dieser blinde Fleck in unserer gesellschaftlichen Selbstwahrnehmung – nie aufgefallen, bis ich auf einer Konferenz im Mai 2010 einen Vortrag der Soziologin Melanie Bujok hörte. Er war viel differenzierter, als ich es wiedergeben kann, aber ehrlich gesagt war ich schon damals nicht in der Lage, alles aufzunehmen, weil meine Gedanken ständig um Bujoks einleitende Worte kreisten, die mir unmittelbar richtig schienen: Sie sagte sinngemäß, dass wir zwar oft über Gewalt gegen Menschen sprechen und dass es den Ausdruck «Gewalt gegen Sachen» gibt; aber «Gewalt gegen Tiere» gibt es in unserer Sprache und unserem Denken nicht.[46] Menschen zusammenzuschlagen ist selbstverständlich Gewalt. Autos abzufackeln nennen wir auch Gewalt. Das «außerplanmäßige» Zufügen von Schmerz nennen wir Tierquälerei – aber was ist mit all den täglichen physischen Verletzungen und Tötungen, zum Beispiel dem Schlachten? Das Zusammentreiben und physische Niederzwingen von Tieren, das Fixieren von Schweinen und Kühen zwecks Besamung – ist das nicht Gewalt?

Zudem wird Gewalt gegen Menschen als erklärungsbedürftig und potentiell pathologisch angesehen. Da muss doch irgendwas an dem Menschen «nicht stimmen», vermuten wir, wenn er immer wieder anderen Gewalt antut. Aber Gewalt gegen Tiere – die wir wie gesagt gar nicht so benennen – halten wir für normal. Wir meinen, es sei keine bestimmte psychische Konstellation, keine Aggression, keine moralische Verhärtung nötig, um Tieren das anzutun, was wir ihnen jeden Tag antun. Nur ganz selten fragen wir uns angesichts der Bilder aus Tierversuchslaboren, was das für Menschen sein mögen, die dort arbeiten. Wer kann eine Metallplatte am offenen Schädel einer Katze festschrauben?

Doch sollten wir dann nicht auch fragen: Welche Menschen können Dutzende von Tieren pro Stunde «abstechen»? Oder Schweine und Kühe künstlich besamen, oder Kühen die Kälber wegnehmen, oder lebende Hummer in einen Kochtopf stecken, oder tote Ferkel auf einen Spieß stecken, oder Fische auf ihren Tellern zerschneiden und aufessen ... Wer sind eigentlich die Menschen, die für die Opfer solcher Gewalthandlungen – darf ich das so formulieren? – Geld ausgeben wie für ganz normale Ware? Anscheinend wir alle ... Und wenn wir es inzwischen nicht mehr tun, haben wir es doch viele Jahre lang getan.

Was wir in den Supermärkten sehen, ist ja nur das Endprodukt einer langen Kette gewalttätiger Handlungen. Wir alle wissen von den vielen brachialen Handlungen, die dem vorausgegangen sind. Es sind nicht vereinzelte Individuen, die bisweilen in solche Gewalt «entgleisen», sondern wir sind eine wesentlich gewalttätigere Gesellschaft, als wir offenbar wahrhaben wollen. Gewalt gegen Tiere ist allgegenwärtig, findet jederzeit statt und gilt als normal. Die amerikanische Psychologin Melanie Joy nennt das Überzeugungssystem, das uns vermittelt, Tiere seien zum Essen da, «Karnismus». Karnismus erklärt Gewalt an Tieren für normal und bringt «ganz normale Leute dazu, Dinge zu tun, die wir normalerweise nie tun würden».[47] Viele Elemente unserer Fleisch erzeugenden Wirtschaft und Industrie sind sogar «derart gewalttätig, dass die meisten Menschen nicht bereit sind, Zeugen dieser Gewalt zu werden».[48] Darum, meint Joy, sei ein wichtiger erster Schritt, dass wir uns bereitfinden, diese Gewalt gegen Tiere überhaupt erst einmal wahrzunehmen und zu bezeugen.

Inwiefern hilft es, den Begriff der Gewalt in die Diskussion um Tierethik einzuführen? Insofern Gewalt etwas ist, das in einer zivilisierten Gesellschaft rechtfertigungsbedürftig ist. In einer zivilisierten Gesellschaft ist Gewalt der Idee nach so weit gebannt, dass sie sozusagen nur als Korrekturmaßnahme[50] oder im Notfall vorkommen darf. Wir lösen Konflikte nicht mit Fäusten, sondern mit Regeln oder Worten. Eigentlich. Natürlich gibt es außer dem Mensch-Tier-Verhältnis noch andere «blinde Flecken», die in dieser geschönten Bilanz unserer Gesellschaft nicht vorkommen. Sexuelle Gewalt zum Beispiel scheint seit Jahrzehnten einfach nicht zurückzugehen. Aber wir finden sexuelle Gewalt nicht in Ordnung. Politisch unternehmen wir wohl zu wenig gegen sie, aber sie ist immerhin verboten.

Gewalt gegen Tiere wiederum ist nicht nur erlaubt, sondern sogar institutionalisiert. Ein riesiger Wirtschafts-, Technik- und Wissenschaftsapparat beschäftigt sich damit, wie man aus Tieren noch gewinnbringender Nahrungsmittel erzeugen kann. Wir Bürger subventionieren die Tierhaltung und teils sogar den Bau von Großschlachtereien, wir bauen Straßen und Kläranlagen aus, um den An- und Abtransport von Futtermitteln und Gülle zu regulieren, die längst nicht mehr von gesunden Böden aufgenommen werden kann. Wir beschäftigen an Universitäten und landwirtschaftlichen Forschungsanstalten Menschen dafür, dass sie Metallketten zu Schweinespielzeug umfunktionieren; dass sie ausmessen, wie stark die Skelettschmerzen verzüchteter Masthühner sind; oder dass sie Kühen ein Loch in den Bauch operieren, damit man ihre Verdauungsvorgänge von außen besser manipulieren kann.

Wollen wir eine solche gewalttätige Gesellschaft sein? In der wir Kindern Bilderbücher über Heile-Welt-Bauernhöfe oder Trickfilme über das Schwein Lilly zeigen, das «gerne»

und «stolz» als Schnitzel endet, während der Tod im Schlachthof «undeutlich» bleibt – weil wir den Kindern die Wahrheit
über die Herkunft ihres Essens nicht zumuten können? Weil
sogar Thriller- und Actionfilm-gestählte Erwachsene abends
oft den Fernsehsender wechseln, wenn ein schier unerträg-
licher Bericht über Schweine- oder Putenmast kommt?

Wenn wir uns eingestehen, dass es sich bei unserer Landwirtschaft mit Tieren (und fast jeder weiteren Nutzung von
Tieren) um gewaltförmige und gewalttätige Vorgänge handelt, sollten wir uns erinnern: Gewalt muss gerechtfertigt
werden. Es ist nicht normal, sie massenweise auszuüben.
Gewalt erklärt sich nicht von selbst, und sie ist nicht von
vornherein erlaubt. Die Rechtfertigungslast liegt nicht auf
der Seite derer, die für eine gewaltfreiere Gesellschaft plä-
dieren. Die Rechtfertigungslast liegt bei denjenigen, die an
der bisherigen Form einer Gesellschaft, die routinemäßig
Gewalt gegen Tiere ausübt, festhalten wollen. *Sie* müssen erklären, warum dieses Ver-Züchten, dieses Einsperren, dieses
Des-Lebens-Berauben, dieses Schlachten moralisch akzeptabel sein sollen.

Und dieses «sie» sind natürlich: wir alle. Ich habe in den
letzten Jahren viele Dutzend Gespräche über diese Dinge
geführt, nicht nur mit Konsumenten, sondern auch mit
Landwirten (konventionell und bio), Tierzüchtern, Jägern,
Veterinärmedizinern, Angestellten von Firmen, die Futter-
mittel und Geräte produzieren, und Behördenvertretern.
Fast jedes dieser Gespräche war lehrreich, und die meisten
auch menschlich angenehm, sogar erfreulich. Die ganz über-
wiegende Zahl meiner Gesprächspartner hat Verständnis für
das Tier und Interesse am Tierschutz gezeigt. Was irgendwie
überraschend war, weil sie ja direkt in den Einrichtungen
arbeiten, in denen das Leid von Tieren praktiziert wird.

Irgendwann ging mir endlich auf, was der gemeinsame
Nenner aller Gespräche war: Jeder von ihnen – von uns! –
erklärt sein Handeln vor sich und anderen so, dass er die

Dinge etwas besser handhabt als der Durchschnitt. Ich traf keinen, der sagte, dass ihm das Schicksal der Tiere einfach egal ist. Aber noch während seine Schweine im tageslichtlosen Stall durch den wadenhohen Mist wateten und humpelten, erklärte mir ein Landwirt stolz und zufrieden, wie viel glücklicher die Tiere hier seien als in der Massentierhaltung. Die Betreiber der Massenställe heben umgekehrt hervor, bei ihnen müssten die Tiere nicht in ihrem eigenen Kot stehen. Der Kotelett-Käufer mitten in Berlin sagt, er wisse wohl, dass das ganze System nicht gut ist, aber er kaufe immerhin «nur beim Bauern um die Ecke», um eine bessere Landwirtschaft zu unterstützen. Der Bauer um die Ecke, also zum Beispiel der Betreiber eines Stalls von Bio-Legehennen, sagt, er arbeite an der Züchtung eines Zweinutzungshuhns und bei ihm hätten die Hühner Auslauf. Der Betreiber einer Anlage mit konventioneller Kleingruppenhaltung meint dagegen, seinen Hühnern gehe es besser, sie hätten nämlich weniger Sozialstress als bei Freilandhaltung. Der hiesige Schäfer liebt seine Tiere; damit sie weniger Stress haben, fährt er die Lämmer selbst zu einem nahegelegenen Schlachthof. Die Metzgerinnung warb kürzlich mit dem Slogan, sie liebe Tiere; demnach ist es besser, wenn die Tiere von tierlieben Menschen getötet werden als von Sadisten. Ein Metzger, der einmal von dem Magazin *Chrismon* interviewt wurde, sagte, er habe durchaus Mitleid mit den Tieren, und es mache ihn wütend, wenn Fleisch weggeworfen würde.[50] Jeder meint, es ethisch ein bisschen besser zu machen als andere; leider addieren sich diese kleinen Portionen des Besser-Machens für die Tiere nicht zu einem «Gut».

Einmal sprach ich auf einer Landwirtschaftsmesse mit zwei Herren, die Hühnerfangmaschinen verkauften; das sind traktorgroße Gefährte, die die Masthühner mit rotierenden Bürsten einwirbeln und über Transportbänder auf den LKW zur Schlachtung packen. Diese Männer erklärten mir, dass sie Tests angestellt hätten: Ihre Maschine verur-

sache den Hühnern weniger Knochenbrüche als das Einfangen von Hand. Allerdings könne man die Maschine
schneller laufen lassen, räumten sie ein, dann sei der Vorgang
brutaler – aber dafür könne der Hersteller nichts! (Die An-
wender der Maschinen sind schuld.) Ich fragte die Männer,
ob sie tatsächlich glaubten, dass es die Hühner bei ihrer
letzten Fahrt in den 23 Zentimeter hohen Transportkäfigen
gut hätten. Das wohl nicht, sagten sie, aber die Käfiggrö-
ßen würden von den EU-Normen vorgegeben. (Die EU ist
schuld.) Das Gespräch wurde ruhiger, nachdenklicher, fast
persönlich; die beiden sagten, dass sie das gesamte bisherige
System der intensiven Hühnermast nicht gut fänden. Ihre
Firma hätte Versuche gemacht mit Freilaufmast; die Brust-
muskulatur dieser Hühner sei dann aber weniger ausgebildet
und das Fleisch stärker durchblutet, also von intensiverem
Rot gewesen. Die Konsumenten nahmen es nicht an, sie
wollten nun mal leider helles Brustfleisch. (Die Konsumenten sind schuld.) – Und ich gehe jede Wette ein, dass der
Konsument sagt: Es gibt leider nichts anderes zu kaufen.
(Die Landwirte sind schuld.)

Es gibt eine soziologische Erklärung für dieses Phänomen, und die lautet zum Beispiel bei dem Soziologen Harald
Welzer: «Eigenverantwortung wird durch lange Handlungsketten, die immer nur partikulare Verantwortlichkeit zulassen, unterminiert, weshalb die meisten Handlungszusam-
menhänge in modernen Gesellschaften von systematischer
Verantwortungslosigkeit beherrscht sind und umgekehrt ein
Gefühl der persönlichen Verantwortung für das, was am
Ende einer Handlungskette herauskommt, kaum entwickelt
werden kann.»[51] Jeder ist also nur ein so kleines Rad im Getriebe, dass der eigene Beitrag zu dem Unrecht, das damit
insgesamt angerichtet oder institutionalisiert wird, nicht
abzusehen ist. Dazu kommen natürlich psychologische Ra-
tionalisierungsleistungen, die dem Einzelnen ermöglichen,
seinen Beitrag in relativ günstigem Licht zu sehen: «Besser

ich mache es, als ein anderer. Denn ich mache es immerhin ein bisschen humaner.»

Doch um ein bekanntes philosophisches Beispiel ein wenig abzuwandeln: Denken wir an hundert Menschen, denen ein Gefangener vorgeführt wird; sie sollen ihm je einen starken Peitschenhieb versetzen. Jeder der hundert lehnt das ab und versetzt dem Gefangenen nur einen leichteren Hieb. Das Ergebnis ist dasselbe: Der Gefangene wird ausgepeitscht, und sein Rücken blutet. Ebenso bei den Tieren in der Landwirtschaft: Auch wenn es alle beteiligten Menschen «etwas besser» machen, die Kette der Handlungen reißt nicht ab, solange der Landwirt züchtet und mästet, der Schlachter schlachtet und der Kunde kauft.

Ähnlich wie übrigens auch viele andere Ungerechtigkeiten der kompliziert verflochtenen globalisierten Wirtschaft zeigt uns die Gewalt gegen Tiere, dass wir oft nicht nur Verantwortung für das haben, was unmittelbar vor uns liegt. Wenn wir es mit solch langen Handlungsketten zu tun haben und an deren Ende stehen, haben wir auch Verantwortung dafür, uns zu informieren, wo die Kette anfängt. Wir haben die Verantwortung, das wieder in den Fokus unserer Aufmerksamkeit zu bringen, was genau deshalb systematisch unseren Blicken entzogen wird, weil wir sonst protestieren würden. Das gilt für Massenställe und Megaschlachthöfe ebenso wie für die Arbeitsbedingungen in den Textilfabriken oder den Rohstoffminen in weit entfernten Ländern.

Letztlich sind diese Unsichtbarkeiten und blinden Flecken oft unserer eigenen Inkonsistenz geschuldet: Wir sind «zivilisiert» genug, um nicht zu wollen, dass andere Menschen und Tiere für die Produktion unserer Waren bluten. Doch die Produkte wollen wir haben! Also kommt uns der Markt entgegen, indem er das vor uns verbirgt, was wir nicht sehen wollen, damit wir kaufen, was er verkaufen will und wir konsumieren wollen. Zugespitzt gesagt: Wer sich die grausamen Bilder aus den Mastställen anschaut, weiß genau, warum er oder sie keine Tiere mehr essen mag/kann/will; doch wer darauf besteht, Tiere zu essen, weiß genau, warum er sich die Bilder lieber nicht anschaut …

Eine neue Form des Zusammenlebens

Nun lässt sich das menschliche Leben nicht von jeder Widersprüchlichkeit bereinigen; wir können keine Heiligen werden, und unsere guten Absichten werden der Realität immer voraus sein. Einige Ungerechtigkeiten allerdings können und sollten wir zurücknehmen. Ich möchte den Leser, die Leserin nun nicht mit einer politischen To-Do-Liste behelligen, doch es dürfte auf der Hand liegen, dass ich einige Hoffnung in den ethisch begründeten Veganismus setze; einen, dessen Ablehnung tierischer Produkte also nicht von Lifestyle-Erwägungen, sondern primär von der Sorge um das Wohl und die Rechte der Tiere motiviert ist.

In diesem Zusammenhang möchte ich zwei naheliegende Missverständnisse ansprechen. Das erste lautet, Veganismus bestehe vorrangig in einem Verzicht. Dabei wird oft übersehen, welchen Gewinn wir durch eine Änderung unserer Konsumweise haben, einen Gewinn insbesondere an Selbstbestimmung, an Autonomie, also an genau der Freiheit, deren Wertschätzung uns vor vielen anderen Tieren auszeichnet und die uns doch angeblich so wichtig ist.

Schon seit Jahren lassen sich Fleisch- und Eieresser von einem Lebensmittelskandal zum nächsten vor sich her treiben, wechseln mal aus Protest zu dieser, dann wieder zu jener Marke – und wissen doch: an der einzelnen Marke liegt es nicht. Der Fehler liegt im System. Und wenn man nicht nur auf Schreckensmeldungen reagiert, sondern vorausschauende, bewusste Konsumentscheidungen trifft, ist es ermutigend zu erleben, dass man auch in einer ziemlich entfremdeten Welt doch einiges Relevante frei entscheiden

kann. Ich muss nicht alles kaufen, was mir die Supermarkt-
regale anbieten; ich brauche nicht alles, was mir die Werbung
anpreist. Wir leben zwar in einer stark arbeitsteiligen, sehr
verflochtenen Welt mit einer geradezu undurchschaubaren
und teils ziemlich gruseligen Wirtschaft; aber wir können
auch einen Teil der Verantwortung, die wir in der «langen
Kette» der Nahrungsmittelproduktion abgegeben haben,
wieder für uns re-klamieren. Zumal die meisten veganen Lebensmittel nicht annähernd so kompliziert hergestellt und
industriell produziert sind; den meisten von ihnen sieht
man – anders als dem Hackfleisch, der Wurst, der Lasagne –
an, woraus sie bestehen. Eine Aubergine ist eine Aubergine.
Das Zeug auf der Salamipizza kann alles sein.

Es fühlt sich gut an, die Komplizenschaft mit diesem System von Tierausbeutung zumindest weitgehend hinter sich
zu lassen: das vage schlechte Gewissen, weil man weiß, dass
die niedrigen Fleischpreise irgendwo ihre Ursache haben;
die Beklemmung, wenn Bilder aus Massentierhaltung im
Fernsehen kommen; die Ahnung, dass man gewisse Dinge
nicht ganz zu Ende denkt, die aber buchstäblich im eigenen
Kühlschrank enden. Ich finde auch nicht, dass Konsumboykotte oder Konsumentenkritik nur kleinteilige Politik sind,
vernachlässigbar im Vergleich zu der gesetzgebenden Politik
der Parteien und Parlamente – zumal sich das eine und das
andere nicht ausschließen. Einem altmodischen Vorurteil gemäß sind Konsumboykotte irgendwie «nicht politisch genug». Ich sehe es anders: Kritische Konsumenten erkennen,
dass der Markt zu einem großen Teil unser Leben bestimmt
und dass das Private auch hier politisch ist; dass der Markt
mitbestimmt, was wir essen, kaufen, wovon wir träumen,
was sich gut anfühlt, wer wir sind. Kritische Konsumenten
erkennen, dass es nötig und möglich ist, hier Macht über das
eigene Leben zurückzugewinnen. In leicht marxistisch ge-
färbter Terminologie gesagt: Der Kapitalismus produziert
eben nicht nur Waren, er produziert auch Bedürfnisse. Und

Seinsweisen. Die aber können wir teilweise ändern: Echte Männer müssen nicht am Grill stehen und Steaks wenden, und Mutterliebe definiert sich nicht über das Austeilen von *Kinder Pingui* oder *Toffifee*. Erotik besteht nicht darin, dass wir uns mit einem Milcheis in der Badewanne räkeln, und es ist nicht Höhepunkt sommerlicher Ausflüge, Wurstbrote oder in Plastik verschweißte Fleischsalate zu verzehren.

In anderen Bereichen kommt die Macht der Konsumenten rascher an ein Ende, zum Beispiel bei Medikamenten und den dafür nach wie vor üblichen und vorgeschriebenen Versuchen. Hier wäre es zu viel verlangt zu sagen, wir sollten solche Medikamente nicht einnehmen, zumal es meist noch keine Alternativen gibt. Hier gibt es nur wenige Möglichkeit zum Konsumenteneinfluss über Kaufen, Nicht-Kaufen und Firmen-Protestbriefe. Hier muss der Weg über die Politik gehen, über klassische Vereins- und Aufklärungsarbeit.

Um eine weniger gewalttätige Gesellschaft zu schaffen, müssen wir also neue Formen des Produzierens, des Konsumierens, auch des Genießens finden. In manchen Bereichen wirken die Konsequenzen auf den ersten Blick ganz schön radikal. Doch viele Konsequenzen scheinen ja nur so radikal, weil wir in den letzten Jahrtausenden, verschärft (industrialisiert/systematisiert) dann in den letzten Jahrhunderten ein sehr umfassendes, sehr engmaschiges und sehr grausames System der Tierbenutzung entwickelt haben – und dazu jede Menge rationalisierender, ideologisierender und psychologischer Rechtfertigungen, die vieles normal erscheinen lassen, was diese Bezeichnung nicht verdient. Wenn man bei einer öffentlichen Diskussion oder an einem veganen Infostand in der Fußgängerzone mit Interessierten ins Gespräch kommt, ist es aufschlussreich, einmal zu fragen, wie viele Hühner ihrer Meinung nach jedes Jahr in Deutschland geschlachtet werden. Viele Menschen nennen Zahlen unter einer Million! Manche tasten sich zaghaft hoch zu drei oder vier Millionen, und einmal sprach ich mit einem Mann, der nach längerem Nachdenken meinte, es seien vielleicht gar zwanzig Millionen. Doch tatsächlich sind es über 600 Millionen – allein in Deutschland, jedes Jahr.[52]

Weltweit haben wir im Jahr 2011 laut der Statistik der Food and Agriculture Organization of the United Nations 65 Milliarden 525 Millionen Tiere geschlachtet. (Diese Statistik enthält nur Landwirbeltiere, die geschlachtet wurden, also nicht die erjagten Tiere und keine Fische, die nochmals in die Abermilliarden gehen.)[53] Falls es zur Veranschaulichung irgendwie hilft: In den dreißig größten Kriegen der Menschheit sind insgesamt etwa 600 Millionen Menschen umgekommen.[54] Jemals auf der Erde gelebt haben seit der Steinzeit gut 100 Milliarden Menschen.[55] Wir schlachten in anderthalb Jahren so viele Tiere, wie je Menschen auf der Welt gelebt haben. Was ist in diesem Zusammenhang also radikal: Das Plädoyer für ein Ende des Gemetzels – oder das Gemetzel?

Man sollte sich von solchen Zahlen erschrecken, aber nicht abschrecken lassen. Natürlich kann da das Gefühl aufkommen, man könne als Einzelner nichts tun. Aber das gilt bei fast allem außer beim Zähneputzen oder dem Rechen des eigenen Rasens. Bei sieben Milliarden Menschen fällt ein Einzelner nicht stark ins Gewicht, egal in welchem Zusammenhang. Die Beendigung (oder die Verminderung) des Unrechts an Tieren ist ein moralisches Projekt und ein politisches; es gibt Handlungsspielräume für den Einzelnen, anderes geht nur gemeinsam. Es sind viele Einzelne, die einen Bewusstseinswandel anstoßen; und dieser Bewusstseinswandel erleichtert dann auch wieder ihnen selbst, nach den neuen Grundsätzen zu leben. Heute zum Beispiel sagen viele Menschen: «Ich finde Massentierhaltung auch schlimm, aber ich *kann* nicht auf Fleisch verzichten.» Wirklich nicht? Donald und Kymlicka meinen, vielleicht werde man einst dem Verzehr von Tierfleisch so wenig hinterherweinen, wie wir heute dem Kannibalismus der Ururahnen nachtrauern.[56]

Klingt das verrückt? Aber verrückt erscheint es doch nur im Verhältnis zu dem, was derzeit normal ist. Auch die Abschaffung der Sklaverei bedeutete einmal einen gesellschaftlichen Einschnitt und wirtschaftlichen Verzicht. Heute würde kaum jemand sagen, es sei schade, dass Sklavenhaltung nicht mehr erlaubt sei, «denn praktisch wäre das schon». Wenn man zum Beispiel immer einen Sklaven zur Hand hätte, der einem frische Luft zuwedelt. Oder wenn man seine Ehefrau ungestraft misshandeln könnte. Als 1997 der Straftatbestand der Vergewaltigung in der Ehe gesetzlich verankert wurde, wandten etliche Parlamentarier allen Ernstes ein, dies könne die Eheleute einander entfremden: nicht etwa die Vergewaltigung, sondern die Möglichkeit, dass eine Frau ihren Mann deswegen anzeigen könne! Bis sage und schreibe 1977 waren Frauen in der Bundesrepublik Deutschland auf das Einverständnis ihrer Ehemänner angewiesen, wenn sie berufstätig sein wollten. Man kann sich das nur noch schwer vorstellen.

Was jetzt als normal gilt, kann sich morgen schon ändern. Oder übermorgen. Vielleicht auch nie. Ehrlich gesagt glaube ich nicht, dass sich der Speziesismus leicht überwinden lässt und sich die Idee von Tierrechten bald durchsetzen wird; andererseits stehen auch das Erreichen des Weltfriedens oder die Abschaffung der Folter in den Sternen. Na und? Es ist trotzdem falsch zu töten und zu misshandeln, und es lohnt sich trotzdem, sich zu engagieren.

Ein zweites Missverständnis ist hoffentlich gar nicht erst entstanden: Weder bei der Tierethik noch beim ethischen Veganismus geht es allein ums Essen. Das Pro oder Contra Fleisch steht oft im Vordergrund, einfach weil zahlenmäßig so viele Tiere davon betroffen sind. Doch das eigentliche Vorhaben ist viel umfassender: eine ganze Denkweise und gesellschaftliche Sichtweise herauszufordern und zu verändern, nach der der Mensch vermeintlich sämtliche Verfügungsgewalt über alle Mitlebewesen besitzt. Das ist gleichzeitig eine viel forderndere Perspektive – und eine viel verlockendere! Es geht darum, ein neues Zusammenleben mit den anderen Spezies zu ermöglichen. Und die Hoffnung lautet, dass da, wo man alte Formen des Unrechttuns weglässt, neue Formen eines besseren Miteinanders von Menschen und Tieren entstehen.

Der bereits erwähnte Biologe Josef Reichholf, der an anderer Stelle die vermeintliche Unsitte des Tierfütterns im Park verteidigt, stellt auch klar: Oft müssen wir gar nicht füttern. Es reicht, wenn wir nicht schießen. Wenn wir stehen bleiben und beobachten: «Die Vertrautheit sehr vieler Tiere in der Stadt gibt uns diese [erwünschte] Nähe ... Es muss gar nicht die Fütterung sein, an die sich zuerst hungrige, dann faul gewordene Tiere gewöhnt haben, um Lebendiges ‹hautnah› erleben zu können. Kauz und Säger, Reiher und Kaninchen sind gute Beispiele für das Vertrautwerden scheuer Tiere, wenn die Verfolgung eingestellt wird. Der Mensch braucht nicht als Futter spendender Wohltäter aufzutreten, um akzeptiert zu werden. Es reicht, wenn er die Tiere so sein und so leben lässt, wie sie sind. Dann werden sie ganz von selbst vertraut.»[57]

Etwas Ähnliches beobachte ich gerade auf der Schafsweide ungefähr fünfzig Meter vor meinem Arbeitszimmerfenster. Eine Hirschkuh hat ihr Kälbchen offenbar irgendwo zwischen den hohen Binsenbüscheln geboren und verbringt jeden Tag etliche Stunden dort. Allein wie genau die Tiere des Waldes wissen, wann Jagdzeit ist und wann Schonzeit, ist beeindruckend; auch wissen sie, welche Gebiete bejagt werden und welche nicht. Da, wo sie sicher sind, kehren sie zu einer tagaktiven Lebensweise zurück. Anfangs habe ich mich geduckt, wenn ich die Hirschkuh sah, ich wollte sie nicht vertreiben. Inzwischen bleibe ich auf der Terrasse sitzen und frühstücke weiter. Anscheinend macht ihr das gar nichts aus. Zwei Mal hat sie ihr Kalb auf die offene Wiese geführt, als ich anwesend war, und einmal sah ich das Kalb sogar saugen. Es sind rührende Momente: die Fürsorge dieser Tiermutter zu sehen – und dass sie ihre Angst vor mir abgelegt hat. Wie sie das mit den Schafen «geregelt» hat, die diese Weide ebenfalls nutzen, ist mir allerdings nicht klar; und obwohl ich inzwischen ständig Ausschau halte und fast mehr Zeit auf der Terrasse verbringe als am Schreibtisch, werde ich das wohl leider nicht herausfinden.

Hirschkuh und -kalb sind wild lebende Tiere, die Schafe domestiziert und immerhin teilweise streichelzahm; dazu die Katzen, enge Gefährten und Mitbewohner in den Häusern der Menschen: Sie verkörpern drei verschiedene Arten, wie wir mit Tieren zusammenleben können. In den Schafen zum Beispiel sehen die meisten Menschen «Nutztiere», aber natürlich kann man sie auch zu ihren eigenen Zwecken «halten» und leben lassen. Dabei unterliegen sie nur minimalen Beschränkungen ihrer Freiheit, insofern ihre (große und abwechslungsreiche) Weide eingezäunt ist, auch weil sie ja die Gefahren des Straßenverkehrs nicht verstehen. Keiner von uns kann überall hinlaufen, und diese Begrenzung ist sicher in ihrem eigenen Interesse.[58] Dass wir Tiere nicht nutzen und essen sollen, heißt also nicht, dass sie ganz aus unserer Welt verschwinden würden. Im Gegenteil: Die 60 Millionen Schweine, die jedes Jahr in Deutschland geschlachtet werden, sieht der Konsument ja gar nicht; die Schweine auf Gnaden- oder Lebenshöfen kann man sehen, anfassen, kennenlernen. Daher meinte ich weiter oben: Ethische Veganer sind nicht gegen Tiere, sondern für ein anderes Verhältnis zu ihnen.

Aus Erlebnissen wie dem mit der Hirschkuh, aber auch einem abendlichen Besuch bei den Schafen im Stall oder angesichts der Freude von Hund und Katze, wenn sie uns nach einer Abwesenheit wiedersehen, kann man immer wieder den hoffnungsvollen Schluss ziehen: Wir Menschen sind gar nicht jene furchtbare Zumutung für andere Spezies, als die wir uns oft – schuldbewusst, aber irgendwie auch konse-

quenzlos – begreifen. Spätestens seit den Horrorprophe-
zeihungen des Club of Rome 1972 über *Die Grenzen des
Wachstums* befürchten wir insgeheim, dass wir eigentlich
eine Art Missgeschick der Evolution sind – jene sonderbare
Spezies, die Flurschaden hinterlässt, wo immer sie picknickt,
und eine Politik der verbrannten Erde sogar in ihrem Vorgarten betreibt. Es ist die Kehrseite jener Medaille, deren andere Seite eben die angeblich so hervorragende Sonderstellung des Menschen ist, seine Auszeichnung als «Krone» der
Schöpfung. Hier Überheblichkeit, da Minderwertigkeit, und
meistens beides.

Vielleicht wird es erleichternd sein festzustellen: Wir sind
eine Spezies von vielen. Wenn wir uns etwas mehr zurücknehmen in unseren Ansprüchen und Anmaßungen, werden
das die anderen Spezies begreifen … Unser Zusammenleben
wäre, wie jedes Zusammenleben, nicht frei von Konflikten
und nicht durchgängig idyllisch. Aber es würde unserem
Wunsch, andere Tiere in unserer Nähe zu haben, entgegen-
kommen, und auch der Tatsache Rechnung tragen, dass wir
in einer Hinsicht durchaus eine besondere, nämlich die moralische Spezies sind: Mit Hilfe unserer technischen Möglichkeiten, die doch vieles verbessern und erleichtern sollen,
schaffen wir gleichzeitig so viel unnötiges Leid auf der Welt;
und das bedrückt uns.

Auch wenn die Anerkennung der Rechte von Tieren für
uns Menschen zunächst bedeutet, dass wir dieses oder jenes
nicht tun dürfen, nicht tun sollen, besteht die tierethische
Vision nicht aus lauter Verboten, aus ständigem Ablehnen
oder Verzichten. Die Idee ist vielmehr: Wenn wir alte Formen des Umgangs mit Tieren hinterfragen, ändern, umbauen, kann eine neue, verträglichere Lebensweise entstehen, die auch befriedigender für uns Menschen sein wird. Es
ist die Vision von einer Menschheit, die sich diese Erde mit
anderen Tieren teilen kann und will.

Dank

«Artgerecht ist nur die Freiheit» ist ein Slogan der Tierrechtsbewegung, und zu allererst danke ich natürlich jenen, die ihn geprägt und verbreitet haben. Ich mochte diesen Slogan schon immer, aber was für ein theoretisches Programm hinter ihm stehen oder in ihm stecken könnte, wurde mir erst bei der Arbeit an diesem Buch so richtig bewusst. Das Manuskript trug lange Zeit keinen Namen, und erst, als ich seine Ergebnisse schon ganz gut absehen konnte, fiel mir auf: Vielleicht ist es das, was mit dem Spruch gemeint ist.

Von ganzem Herzen danke ich auch denen, mit denen ich in den letzten Jahren über Tiere, ihre Rechte, ihre Misshandlungen, über Fachliteratur, über aktuelle Entwicklungen der Massentierhaltung, aber auch über konkrete Erfahrungen mit individuellen Tieren diskutieren durfte und die auf diese Weise an diesem Buch mitgewirkt haben. Das sind insbesondere Sue Donaldson, Arianna Ferrari, Christina Focke, Jürgen Foss, Julia Gutjahr, Tanja Günther, Atacan Güzelsoy, Dario Herold, Bernd Ladwig, Inge Liehmann, Helen Macfarlane, Karin Mück, Erasmus Müller, Frieda Müller, Birgit Nolden, Friederike Schmitz, Claudia Schorcht, Marcell Sebastian, Ursula Sezgin, Katrin Simon, Timo Stoll und Jana Tereick. Unglaublich viel geholfen, mich angeregt und motiviert haben auch die zahlreichen Freundinnen und Freunde auf Facebook, die sich immer wieder mit Geduld und Verve in unsere Diskussionen gestürzt haben, ob es nun um Politikformen oder Ernährungsweisen, fachliche Hintergründe oder Medienberichterstattung ging. Ohne solch engagierte Diskussionskontexte wäre das Ganze nichts geworden.

Ich danke Karin Graf, die auf denkbar höfliche Weise vor Jahren gesagt hat, als meine Agentin habe sie zwar die

Pflicht, mich darauf hinzuweisen, dass es sich um ein aufgrund der langwierigen Vorbereitungen nicht ungemein
wirtschaftliches Buchprojekt handele – dass sie aber absolut
verstehe, warum ich dieses Buch schreiben müsse und dass
sie es vorbehaltlos unterstütze; und Daniel Graf, der darüber
hinaus Kapitel für Kapitel mit mir besprochen und mich
immer wieder ermutigt hat. Für sachkundige biologische
und veterinärmedizinische Erläuterungen und Korrekturen
danke ich Beate Bünger, Martin Ganter, Claudia Preuß-
Ueberschär und Siegfried Ueberschär. Etliche weitere hilfsbereite Personen haben das gesamte Manuskript gelesen,
verbessert, diskutiert, und ihnen allen danke ich: Frieda
Müller, Birgit Rosenthal, Claudia Schorcht, Friederike
Schmitz, Maggie Sezgin, Ursula Sezgin, Jana Tereick; und
natürlich Gisela Muhn und Ulrich Nolte im Lektorat von
C.H.Beck.

In der Zeit, die ich an diesem Buch gearbeitet habe, haben
mich viele Menschen beschenkt (oft mit Essen) oder mir
E-Mails und Briefe zu Tier-Themen geschrieben. Viele haben mich mit einzelnen Handlungen oder Sätzen sehr berührt. Zum Beispiel der Bekannte, der mich während des
Elbhochwassers 2013 anmailte: «Hallo Hilal, ich hab ehrlich
gesagt vergessen, wo Du genau wohnst – aber wenn Du mit
den Schafen Hilfe brauchst wegen dem Hochwasser, sag Be-
scheid.» Mein Vater, der sich in jedem einzelnen Telefonat
der letzten Jahre nach dem Fortgang des Buches erkundigte,
denn dieses Buch sei doch «für die Tiere». Die Menschen,
die einen, wenn man um ein Tier trauert, nicht mit dem Satz
zu besänftigen versuchen: «Aber es war doch nur ein Tier»,
sondern die sich an ihre (menschlichen) Verluste erinnern.
Jene Juristin, der ich einen Zeitungsartikel über eine Ferkelzucht zu lesen gab mit der Frage, ob er in dieser Form abge-
druckt werden dürfe, und die mir sagte, sie sei so erschüttert
gewesen, als sie von den eingesperrten Sauen und ihren Ferkeln las: «Ich bin ja selbst Mutter.» Der Aktivist von Animal

Rights Watch, der mir erzählte, um die Ställe zu kontrollieren, «muss man die Schweine mal bitten aufzustehen». Er sagte: «bitten». Nicht etwa: «machen, dass». Ich weiß nicht, ob man Schweine im Vollsinn um etwas bitten kann, aber ich habe viel darüber nachgedacht.

Allen, die sich so sensibel und liebevoll verhalten und äußern, ist dieses Buch gewidmet.

Anmerkungen

Einleitung

1 Mary Midgley: *Animals and Why They Matter*. The University of Georgia Press, Athens, Georgia 1983. S. 9.

Erstes Kapitel: Was heißt hier Ethik?

1 Der Begriff «Subjekt eines Lebens» geht ursprünglich auf Tom Regan zurück (*The Case for Animal Rights*. University of California Press, Berkeley 1983) und hat sich tierethisch bereits weit durchgesetzt. Eine sehr gute Diskussion der Begriffskonstellation «Empfindungsfähigkeit», «Interesse» und «Recht» gibt Johann S. Ach (der u. a. davon spricht, dass das Gegenüber ein «Innenleben» besitzt). *Warum man Lassie nicht quälen darf. Tierversuche und moralischer Individualismus*. Harald Fischer Verlag, Erlangen 1999. S. 48 ff.

2 Dieser Begriff des Alter Ego findet sich bei Jürgen Habermas – dessen *Theorie des kommunikativen Handelns* Tiere ja zunächst per definitionem nicht berücksichtigen zu können scheint, eben weil Tiere keine Teilnehmer eines rationalen Diskurses sind, in dem sich alle Beteiligten über moralische Belange verständigen könnten. Dennoch meint auch Habermas: «Eine moralanaloge Verantwortung besteht gegenüber Tieren, die uns in der (wenn auch nicht *vollständig* ausgefüllten) Rolle einer zweiten Person entgegentreten – denen wir in die Augen sehen wie einem Alter ego.» – Dies habe ich zuvor in dem Begriff «Jemand» gefasst. – Habermas überlegt weiter, dass Vegetarier vielleicht «heute schon eine moralische Sensibilität zur Geltung bringen, die sich unter entlasteten sozialen Bedingungen allgemein als die richtige moralische Intuition erweisen könnte. Dann würden Tiere in allen Situationen als mögliche Interaktionsteilnehmer anerkannt …». Es ist interessant, welches Augenmerk Habermas mit dem marxistischen Hintergrund der Frankfurter Schule auf die «entlasteten sozialen Bedingungen» legt, die moralische Fortschritte erst möglich machen. Vielleicht zu ergänzen wäre noch, dass wir mit einer bestimmten Form von Auslagerung geradezu dafür sorgen, dass wir Tieren eben nicht in die Augen sehen (müssen). Mastställe sind ebenso gut vor den Augen von Laien getarnt wie Schlachthöfe etc. Unter anderem daher erfahren wir Schweine eben nicht als Interaktionsteilneh-

mer, sondern eher als etwas, das wie Gemüse in Gewächshäusern wächst, auf Fließbändern zusammengesetzt wird oder, wie man oft scherzhaft sagt, wie Strom aus der Steckdose kommt. – Jürgen Habermas: «Die Herausforderung der ökologischen Ethik für eine anthropozentrisch ansetzende Konzeption», in: Angelika Krebs (Hrsg.): *Naturethik. Grundtexte der gegenwärtigen tier- und öko-ethischen Diskussion.* Suhrkamp Verlag, Frankfurt am Main 1997, S. 92–99. S. 93.

3 Obwohl Thomas Nagel hier mit dem Begriff der Person operiert, ist offenbar das Gleiche gemeint, wenn er sagt: «Ich muss anerkennen, dass ich objektiv nicht wichtiger bin als irgendeine andere Person – dass meinem Glück und meinem Leid keine größere Bedeutung zukommt als beliebigem anderen Glück und Leid. Und der Teil meines Selbst, der dies begreift, ist absolut zentral und nicht weniger ein Stück meines Wesens als meine persönliche Perspektive.» Thomas Nagel: *Der Blick von nirgendwo.* Suhrkamp Verlag, Frankfurt am Main 1992. S. 348.

4 Nichts anderes besagt ja der Kantsche Grundgedanke, dass jeder auch als Zweck an sich und niemals nur als Mittel zum Zweck (anderer Leute) zu behandeln sei. Zwar wurde dieser Kantsche Gedanke lange Zeit – wie von ihm selbst – nur auf (menschliche) Personen bezogen; die amerikanische Neo-Kantianerin Christine Korsgaard argumentiert aber sehr überzeugend, dass die Idee der Zweckhaftigkeit an sich (und das daraus folgende Recht auf Respektierung durch andere) für alle mit Subjektivität ausgestatteten Wesen gilt, insofern sie etwas wollen und etwas als gut *für sich* empfinden können. «A Kantian Case for Animal Rights», in: Margot Michel/Daniela Kühne/Julia Hänni: *Animal Law – Tier und Recht. Developments and Perspectives in the 21st Century – Entwicklungen und Perspektiven im 21. Jahrhundert.* Dike Verlag, Zürich/St. Gallen 2001. S. 1–29. Korsgaard schreibt dort: «When I make the original choice, I have no other reason for taking my end to be absolutely good, than that it is good *for me.* This suggests that the pertinent fact about me is simply that I am the sort of being *for* whom things can be good or bad, a being with interests.» S. 17 Und sie folgert später: «Suppose my earlier argument is correct, and we ourselves are committed to the principle that all beings for whom things can be good or bad, all beings with interests should be treated as ends in themselves.» S. 25

5 Kognitionsleistungen von Tieren und ihre angemessene Interpretation und sprachliche Kategorisierung sind natürlich nicht nur ein wichtiges Thema der Biologie, sondern auch der theoretischen Philosophie. Diese Bereiche abzudecken, kann eine Fußnote nicht leisten. Ich möchte aber vier Bücher hervorheben: zunächst den 1996 erschienenen, doch frisch gebliebenen Klassiker zum Thema: David DeGra-

zias *Taking Animals Seriously. Mental Life and Moral Status.* Cambridge University Press, Cambridge/New York/Melbourne 1996. Ich übernehme hier auch DeGrazias Verständnis des Unterschiedes zwischen Wirbeltieren und Insekten – obwohl ich mir gleichzeitig erlaube, DeGrazias moralphilosophische Diskussion von Zukunftsinteresse und Tod nicht überzeugend zu finden (s. Kapitel 3, Anm. 27). Eine neue Arbeit aus dem deutschsprachigen Raum widmet sich explizit der Frage der Kontinuität kognitiver Leistung(sfähigkeit): Judith Benz-Schwarzburg: *Verwandte im Geiste – Fremde im Recht. Soziokognitive Fähigkeiten bei Tieren und ihre Relevanz für Tierethik und Tierschutz.* Harald Fischer Verlag, Erlangen 2012. In *Tierphilosophie. Eine Einführung.* Junius Verlag, Hamburg 2008 gibt Markus Wild die Debatte darum, ob man bei Tieren von «Denken» sprechen könne, wieder und stellt sein eigenes Modell mentaler Repräsentationen vor. Martin Balluch gibt eine sehr gut verständliche Darstellung der biologischen Grundlagen von Bewusstsein in *Die Kontinuität von Bewusstsein. Das naturwissenschaftliche Argument für Tierrechte.* Verlag Guthmann & Peterson, Wien/Mülheim an der Ruhr 2005. S. 82–114 und S. 192–240.

6 Auch das deutsche Tierschutzgesetz trägt diesem Umstand Rechnung, indem es verlangt, dass Versuche an diesen Tieren gemeldet werden müssen; genehmigungspflichtig sind sie allerdings nicht. Doch immerhin heißt es in der *RICHTLINIE 2010/63/EU DES EUROPÄISCHEN PARLAMENTS UND DES RATES vom 22. September 2010 zum Schutz der für wissenschaftliche Zwecke verwendeten Tiere* unter den «Gründen»: «(8) Neben Wirbeltieren, zu denen Rundmäuler gehören, sollten auch Kopffüßer in den Geltungsbereich dieser Richtlinie aufgenommen werden, da es wissenschaftliche Belege dafür gibt, dass sie Schmerzen, Leiden und Ängste empfinden sowie dauerhafte Schäden erleiden können.»

7 Manche Leser könnten über diesen Ausdruck «nicht-menschliche Säugetiere» oder überhaupt «nicht-menschliche Tiere» stolpern, daher versuche ich sparsam damit umzugehen. Aber seien wir ehrlich: Auch wir Menschen sind nun einmal Tiere, genauer: Säugetiere. Diese Grenze zwischen «ihnen» und «uns» ist keine kategorische, und es ist ein wenig unzutreffend, sie durch die übliche Sprachregelung – sie sind Tiere, wir nicht – zu befestigen.

8 «Im üblichen Lehrbetrieb wird dieses nach dem Gehirn zweitmächtigste Nervensystem nicht selten schlichtweg übergangen. Und doch ist es umfangreicher als das ganze Nervensystem der Wirbellosen (Ausnahmen: große Tintenfische), und es verleiht dem Magen-Darm-Trakt eine weitgehende Autarkie, in die das ZNS nur fallweise über sympathische und parasympathische Bahnen modifizierend eingreift. Zwischen ZNS und ENS gibt es aber auch viele stille Zwiegespräche

über hormonale Signale. ‹Still› meint hier: Die Kommunikation zwischen ZNS und ENS läuft nicht über unser Bewusstsein.» Müller, Werner A./Frings, Stephan: *Tier- und Humanphysiologie. Eine Einführung.* 4. Auflage. Springer Verlag, Heidelberg/Dordrecht/London/New York 2009. S. 244.

9   Steve F. Sapontzis: *Morals, Reasons, and Animals.* Temple University Press, Philadelphia 1987. S. 220.

10   «Fundamentally an organism has conscious mental states if and only if there is something that it is to be that organism – something it is like *for* the organism.» Thomas Nagel: «What Is It Like to Be a Bat?» *The Philosophical Review*, Vol. 83, No. 4 (Oct., 1974), S. 435–450. S. 435.

11   Marian Stamp Dawkins: «What is good welfare and how can we achieve it?» in: Marian Stamp Dawkins/Roland Bonney (Hrsg): *The Future of Animal Farming. Renewing the Ancient Contract.* Blackwell Publishing, Malden/Oxford/Carlton 2008. S. 75.

12   «Bei einstreuloser Haltung findet ein Pseudowühlen statt, indem die hochtragenden Sauen längere Zeit mit der Rüsselscheibe auf dem Fußboden hin- und herreiben», schreibt Steffen Hoy in dem von ihm herausgegebenen Buch *Nutztierethologie*, Verlag Eugen Ulmer, Stuttgart 2009. S. 107. Dieses ergebnislose Verhalten lässt sich zum Beispiel auf dieser Übungsseite für angehende Landwirte betrachten: http://www.animal-welfare-indicators.net/site/index.php/learning-objects/sow-farrowing-systems. Neue Versuche haben gezeigt, dass die «Ferkelverluste» gesenkt und bei der Geburt die Gaben des Hormons Prostaglandin vermindert werden können, wenn man Sauen immerhin einen Jutesack zum Hin- und Herschieben gibt. http://www.topagrar.com/news/Schwein-News-Schwein-Jutesaecke-stillen-Nestbautrieb-der-Sauen-1053433.html.

13   Sandra D. Mitchell: «Anthropomorphism and cross-species modeling», in: Susan J. Armstrong/Richard G. Botzler: *The Animal Ethics Reader.* 2nd Edition. Routledge, London/New York 2008, S. 88–98. S. 96. Mitchell konzentriert sich auf Ähnlichkeiten zwischen den Spezies der Menschenaffen und hier besonders auf deren kognitive Zustände und Fähigkeiten; grundsätzlich lässt sich das von ihr zur Methodik Gesagte aber auch auf emotionale Zustände anderer Tierarten und deren Ähnlichkeit/Unähnlichkeit übertragen.

14   Interessant ist daher Mary Midgleys Blick auf das Phänomen «Anthropomorphismus» bzw. auf das erwähnte Werk Darwins. Midgley schreibt: «Darwin simply ignored the unreal scepticism which had long insisted that, even if animals have feelings, we could never know anything about them … As he pointed out, we, along with other social animals, absolutely need to know the feelings of those around us, and we often need this just as much with other species as with our own … Darwin was, however, one of the last people who was allowed

to think like this. Soon after his death, this branch of psychology abruptly entered an ice-age where any suggestion of sympathy with animals – any nuance insinuating that they could have a mental life comparable in any way with that of humans – became ‹anthropomorphism› and amounted to professional suicide.» Mary Midgley: «Why farm animals matter», in: Marian Stamp Dawkins/Roland Bonney (Hrsg.): *The Future of Animal Farming.* Blackwell Publishing, Malden/Oxford/Carlton 2008, S. 21–32. S. 26.

15 Als der amerikanische Zoologe Donald Griffin in den 1970er Jahren mit seinen Forschungen begann, die er «Kognitive Ethologie» nannte, und seine Bücher über *The Question of Animal Awareness* (1976) und *Animal Thinking* (1984) veröffentlichte, galt sein Ansatz vielen seiner Kollegen als anthropomorphistisch – wegen der Ausgangsunterstellung, Tiere verfügten über mentale Prozesse wie Denken. Inzwischen ist die kognitive Ethologie längst anerkannte Disziplin der Biologie. Siehe auch Marian Stamp Dawkins' populären Klassiker *Die Entdeckung des tierischen Bewusstseins* (dt. 1996, engl. Original 1993). In der Primatenforschung zeichnete sich zur selben Zeit die Entwicklung einer Forschungsrichtung ab, die das Sozial- und Problemlösungsverhalten der Tiere nicht mehr allein unter Laborbedingungen, sondern vorzugsweise in ihrer natürlichen Umgebung erforschte. Berühmteste Vertreterin dieser Freilandforschung ist wohl Jane Goodall, die mehrfach berichtete, dass sie sich für ihre Praxis, ihren «Untersuchungsobjekten» (sprich: den Affen, die sie jahrelang aus nächster Nähe beobachtete) Namen zu geben statt Nummern, den Vorwurf des Anthropomorphismus zuzog. Auch in den Forschungen des niederländisch-kanadischen Primatologen und Verhaltensforschers Frans de Waal stehen nicht primär Unterschiede zwischen dem Menschen und allen anderen Spezies, sondern oft genug Gemeinsamkeiten im Vordergrund. Ein weiteres Beispiel für diesen neueren Zugang zu Unterschieden und Gemeinsamkeiten zwischen den Spezies in Deutschland ist die Leipziger Forschergruppe um Christophe Boesch am dortigen Max-Planck-Institut für evolutionäre Anthropologie. Im Mittelpunkt des Interesses steht nicht nur die Spezieszugehörigkeit per se, sondern die jeweilige individuelle (oder kollektive) Ausprägung von kognitiven Leistungen unter dem Einfluss bestimmter Umweltbedingungen und entsprechender Anforderungen. Z. B. weist Boesch darauf hin, dass herkömmliche Vergleiche zwischen Primaten-Spezies oft Verzerrungen ganz anderer als anthropomorphistischer Art mit sich bringen: «… most claims of human cognitive uniqueness are based on comparisons of White middle class Westerners (Homo sapiens) with captive chimpanzees (Pan troglodytes). However, humans are much more than only White middle class Westerners, and chimpanzees are much more than only captives.» Chris-

tophe Boesch: «What Makes Us Human (Homo Sapiens)? The Challenge of Cognitive Cross-Species-Comparison.» *Journal of Comparative Psychology* 2007, Vol. 121, No. 3, S. 227–240.

16 Siehe dazu auch Jennifer Everetts eingehende Diskussion in «Environmental Ethics, Animal Welfarism, and the Problem of Predation. A Bambi Lover's Respect for Nature». In: *Ethics and the Environment 6*, no.1, S. 42–67.

17 Frans de Waal: *Das Prinzip Empathie. Was wir von der Natur für eine bessere Gesellschaft lernen können.* Carl Hanser Verlag, München 2011. Das Beispiel des Affen findet sich auf Seite 124, das der Elefantenkuh auf Seite 186, das des Hundes und der Robbe auf Seite 170 und das der sich bedankenden Walkuh auf den Seiten 170–171. Siehe dazu auch Christophe Boesch/Camille Bolé/Nadin Eckhardt/Hedwig Boesch: «Altruism in Forest Chimpanzees: The Case of Adoption». PLoS ONE, 5 January 2010, Volume 5/Issue 1, e8901. Auch Peter Kropotkin soll an dieser Stelle nicht vergessen sein, der bereits 1902 der Malthus'schen Idee eines allgegenwärtigen (und ausschließlichen) Konkurrenzkampfs mit seinem Werk *Gegenseitige Hilfe im Tier- und Menschenreich* begegnete.

18 So die Ergebnisse einer Studie von Inbal Ben-Ami Bartal, Jean Decety und Peggy Mason an der University of Chicago 2011. «Empathy and Pro-Social Behavior in Rats», *Science* 9 December 2011: vol. 334, no. 6061, S. 1427–1430.

19 Frans de Waal: *Das Prinzip Empathie. Was wir von der Natur für eine bessere Gesellschaft lernen können.* Carl Hanser Verlag, München 2011. S. 183–188.

20 Wir sollten Tiere auch nicht unterschätzen: Ohne eine gewisse Impulskontrolle kann ein Lebewesen viele Situationen nicht meistern, und ein soziales Tier käme schon gar nicht klar. Zur Impulskontrolle zählt bereits das (an sich eher «unmoralisch» motivierte) Stillhalten der Katze vor dem Mausloch, während es sie doch sichtbar in allen Pfoten juckt, sich jetzt schon auf die erst wenig sichtbare Maus zu stürzen. Und wenn der gehorsame Hund auf menschliche Erlaubnis wartet, obwohl er dem Stock am liebsten sofort hinterherrennen würde, kann man funktionell sogar von einer Art Proto-Moral sprechen: Der Hund stellt einen starken Impuls zugunsten des Befolgens sozialer Normen zurück.

21 Die Neo-Kantianerin Christine Korsgaard formuliert das so: «… once you are aware of the influence of a potential ground of action, as we human beings are, you are in a position to decide whether to allow yourself to be influenced in that way or not. As I have put it elsewhere, you now have a certain reflective distance from the impulse that is influencing you, and you are in a position to ask yourself, ‹but *should* I be influenced in that way?› » «Interacting with Animals:

A Kantian Account», in: Tom L. Beauchamp und R. G. Frey (Hrsg): *Oxford Handbook of Animal Ethics,* Oxford University Press, Oxford 2011, S. 91–118. S. 102.

22 «Vermutlich nur» will besagen, dass es sich nicht um eine kategorische, sondern eine fließende Grenze handelt, wie unter anderem die bereits mehrfach erwähnten Arbeiten von Frans de Waal, aber auch etliche andere Ethologen zeigen. Überhaupt sind Aussagen, die kategorische Trennungen zwischen den kognitiven und emotionalen Leistungen von Menschen und anderen Tierarten vornehmen, immer mit Vorsicht zu genießen; wir menschlichen Betrachter sind in diesen Fragen ja nicht unvoreingenommen, auch nicht in der Verhaltensforschung und bei kognitiven Versuchen. – Für eine sehr gute Einführung in die interdisziplinären Human-Animal Studies, die genau die Konstruktion der Mensch-Tier-Grenze zum Gegenstand haben, siehe Margo de Mello: *Animals and Society. An Introduction to Human-Animal Studies.* Columbia University Press, New York 2012. Zum Thema der Klassifizierung insb. S. 3–55.

23 Eine prominente Rolle spielt das Mitleid in ihrem ersten Buch zum Thema *Das Tier in der Moral,* Vittorio Klostermann, Frankfurt am Main 1990. Ich habe den Eindruck, dass sie diesen Aspekt des Mitleids in ihrer Überarbeitung *Ethik der Mensch-Tier-Beziehung* (Vittorio Klostermann, Frankfurt am Main 2012) zugunsten eines stärker heterogen verfassten Moralkonzepts etwas zurücknimmt.

24 Ein naheliegender Einwand könnte lauten: Was ist mit den Menschen, bei denen diese Art von intersubjektiver Einsicht nicht angelegt zu sein scheint? Bei denen, mit den Worten der modernen Neurobiologie gesagt, keine Spiegelneuronen feuern, oder die gemäß ihrer Veranlagung Soziopathen sind? Angeblich soll es etwa einem Prozent der Bevölkerung anderen gegenüber völlig an Mitgefühl mangeln; auf Menschen mit dissoziativer Persönlichkeitsstörung scheint auch das Androhen von Strafen keine Wirkung zu haben. Somit mag es Menschen geben, die sich so wenig in andere hineinversetzen können und die so wenig den Impuls verspüren, sich von anderen «anstecken» zu lassen, dass wir sie schlicht nicht überzeugen oder motivieren können, am Wohl und Wehe anderer ein Interesse zu entwickeln. Und natürlich kann auch diesseits pathologischer Störungen jeder Mensch auf die Frage, warum er oder sie sich nur für sich selbst interessiere, mit den Schultern zucken und sagen: «Die anderen sind mir egal.» Hier taucht die Frage der Letztbegründung auf, die in der Philosophie allerdings zum Glück etwas aus der Mode gekommen ist. Sie nahm nämlich oft auch die Form der folgenden Überlegung an: Was sagen wir denn zu einem, dem Moral schlicht egal ist? Den kompletten Soziopathen, wie überzeugen wir den?

Die einzige ehrliche Antwort darauf ist: Wir können versuchen, ihn zu überzeugen, aber wenn er völlig uneinsichtig ist – dann klappt es eben nicht. Und das ist bei allen philosophischen Systemen, bei allen Moralbegründungen, bei der besten Rhetorik und der verständnisvollsten Psychologie so: Es gibt kein Zaubermittel, mit dem wir andere garantiert überzeugen werden. Sogar jemanden, der sich weigert, an die Existenz der Schwerkraft zu glauben, können wir nicht davon überzeugen. Wir können ihm etwas auf den Fuß fallen lassen, und er wird sagen: «Na und?»

Mit der Moral ist es hier wie mit anderen Bereichen menschlichen Lebens, die einerseits charakteristisch für die menschliche Gattung sind, doch nicht für jeden Einzelnen unabdingbar sind. Nehmen wir den Sinn fürs Schöne, fürs Geformte, für die Kunst: Das Spiel mit Worten, Bildern, Farben und Formen scheint dem Menschen in die Wiege gelegt, in der einen oder anderen Weise praktizieren es Menschen aller Orte und Zeiten. Es lässt sich sinnvoll darüber sprechen, was wir schön finden, was und wie es uns berührt, wie sich darstellende Kunst zu ihrem Gegenstand verhält etc.. Doch jemandem, dem jede Form von Kunst gleichgültig ist, lässt sich nichts entgegnen. Es gibt keine Letztbegründung der Kunst, und es gibt keine Letztbegründung der Moral. Glücklicherweise ist beides sehr vielen Menschen doch sehr viel wert.

25 Wobei wir bisweilen einen Unterschied zwischen intrinsischem und instrumentellem Wert des Schmerzes o.ä. bemerken werden. Intrinsisch ist zunächst so gut wie jeder Schmerz ein negativer Zustand, den wir verlassen wollen (eine Ausnahme könnte lustvoll empfundener Schmerz im Rahmen bestimmter Sexualpraktiken sein). Evolutionsbiologisch hingegen ist Schmerz oft etwas Positives, insofern er einen gefährlichen Zustand anzeigt (im Falle einer Verletzung zum Beispiel – nicht aber hingegen beim Gebärschmerz, der schlicht Nebeneffekt eines «Kompromisses» zwischen Körperbau der Mutter und Geburtsgröße des Kindes ist und offenbar keine biologische Funktion erfüllt).

26 *Das Tier in der Moral.* Vittorio Klostermann, Frankfurt am Main 1990. S. 108. Ebenso in *Ethik der Mensch-Tier-Beziehung,* Vittorio Klostermann, Frankfurt am Main 2012. S. 139. An beiden Stellen bezieht sich Wolf auf einen Text von Stephen R. L. Clark, nämlich «Animals, Ecosystems and the Liberal Ethic», *The Monist* 70, S. 114–144. S. 128.

27 Dabei orientieren wir uns auch am derzeitigen Stand von Wissen und Möglichkeiten. So wäre es zum Beispiel unsinnig, der Gesellschaft des Mittelalters von heute aus vorzuwerfen, sie hätte nicht alle Gesellschaftsmitglieder durch kostenlose Impfungen vor Kinderkrankheiten und Seuchen geschützt. Schließlich wusste man damals nicht,

was Bakterien, Viren und Impfungen sind. Heute hingegen kann man von einem allgemeinen Gesundheitssystem fordern, dass Arm und Reich gleicher Impfschutz gewährt wird – in den Industrieländern zumindest. Wir können von jungen Eltern hier erwarten, dass sie mit ihren Kindern zu bestimmten Vorsorgeuntersuchungen gehen; nicht dieselben Sorgfaltspflichten besitzen Eltern in Gegenden der Welt, wo die nächste, notdürftig ausgestattete Klinik 200 Kilometer entfernt ist.

28 «Interacting with Animals: A Kantian Account», in: Tom L. Beauchamp und R. G. Frey (Hrsg): *Oxford Handbook of Animal Ethics,* Oxford 2011, S. 91–118. S. 111.

29 Wobei für Habermas natürlich insbesondere die Diskurseigenschaften Bedingung dafür sind, dass Wahrheit «generiert» wird: «Die Konsensustheorie der Wahrheit beansprucht, den eigentümlich zwanglosen Zwang des besseren Arguments durch formale Eigenschaften des Diskurses zu erklären und nicht durch etwas, das entweder, wie die logische Konsistenz von Sätzen, dem Argumentationszusammenhang zugrundeliegt oder, wie die Evidenz von Erfahrungen, von außen gleichsam in die Argumentation eindringt. Der Ausgang eines Diskurses kann weder durch logischen noch empirischen Zwang allein entschieden werden, sondern durch die ‹Kraft des besseren Arguments›. Diese Kraft nennen wir *rationale Motivation.» Theorie des kommunikativen Handelns. Bd. 1: Handlungsrationalität und gesellschaftliche Rationalisierung.* Suhrkamp Verlag, Frankfurt am Main 1981. S. 161.

30 Mary Midgley: *Animals and Why They Matter.* The University of Georgia Press, Athens, Georgia 1983. S. 61.

31 Dazu gibt es natürlich einen unglaublichen Kanon an Literatur, aber am prägnantesten hat es meines Erachtens Seyla Benhabib dargestellt in ihrem Aufsatz «Der verallgemeinerte und der konkrete Andere. Ansätze zu einer feministischen Moraltheorie». In: Elisabeth List/ Herlinde Studer: *Denkverhältnisse und Kritik.* Suhrkamp Verlag, Frankfurt am Main 1989, S. 454–487. Aus einer kantianischen Perspektive legt Christine Korsgaard dar, dass die gemeinhin als zentral angesehenen Merkmale des Mensch-Seins oder Person-Seins eben nicht die allein bestimmenden sind bzw. sich der Wert der von uns gewünschten Dinge/Zustände meist nicht aus ihrer rationalen Begründbarkeit ergibt: «A Kantian Case for Animal Rights», in: Margot Michel/Daniela Kühne/Julia Hänni: *Animal Law – Tier und Recht. Developments and Perspectives in the 21st Century – Entwicklungen und Perspektiven im 21. Jahrhundert.* Dike Verlag, Zürich/St. Gallen 2012, S. 1–29.

32 Selbstverständlich spielen moralische Argumente auch im politischen Kontext eine große Rolle und können dazu führen (zum Beispiel im

Tierschutzbereich), dass lange Zeit Erlaubtes untersagt wird oder dass lange Zeit gesetzlich Verbotenes erlaubt wird (man denke nur an die Entwicklung der Sexual«moral»). Umgekehrt fließen politische, (empirisch-)praktische und pragmatische Überlegungen natürlich auch in die Moral mit ein. Ich will also nicht sagen, dass moralische Rechte und politische Rechte keinen gemeinsamen Diskussionsraum besäßen, sondern nur, dass sie nicht deckungsgleich sind und ihr Rechtfertigungsrahmen ein anderer ist.

33 So verstehen sich moderne Zoos gern als «Arche Noah», in der Arten weitergezüchtet werden können, bis dereinst ... was eigentlich? Wenn die geeigneten Habitate zerstört, die Urwälder abgeholzt oder die Steppen zersiedelt sind, kann man die jeweiligen Tiere auch nicht mehr auswildern. Und typischerweise züchten Zoos besonders häufig diejenigen Tierarten, die viel Raum bräuchten, nämlich größere Wirbeltiere, vor allem Säugetiere: 20 bis 25 Prozent aller gefährdeten Säugetierarten finden sich in Zoos; bei den Amphibien beherbergen die «Archen» nur ganze 3 Prozent der gefährdeten Arten («Biodiversity Conservation: Zoos Urged to Breed Animals from Threatened Populations». *Science News*, 17. März 2011). Allein diese Auswahl lässt vermuten, dass die Wiederansiedelung bzw. Bewahrung einstiger Populationen nicht im Vordergrund der Züchtung steht, sondern das Gefallen, das Menschen an bestimmten Spezies finden. Diese Arterhaltung folgt einem Interesse der Menschen, unbedingt diese oder jene Tierart konservieren zu wollen, wofür dann aber individuelle Tiere (die zum Beispiel das Pech haben, solch ein «besonderes» Tier zu sein) mit einem Leben in Gefangenschaft bezahlen müssen. – Die Problematik der Zoos wird in Kapitel 4 nochmals aufgenommen.

34 Die Firma Venneker zum Beispiel wirbt damit, «ein Herz für Schweine» zu haben und sich an der «Rettung» diverser alter Schweinerassen zu beteiligen. Zum Beispiel: «Gemeinsam wollen die Firmen Tönnies und Venneker noch weitere Rassen retten: etwa das chinesische Maskenschwein. ‹Wir bemühen uns, Zuchttiere aus China zu bekommen›, erklärt Albert Venneker. Sie sollen per Flugzeug nach Frankfurt gebracht werden.» Was für die Schweine sicher kein Spaß wird. Ebenso wenig wie später die Fahrt zur Schlachtung in den firmeneigenen Viehtransportern, auf denen ein von Herzen umschwebtes, verliebtes Kuh- und Schweinepaar abgebildet ist. *Ruhr Nachrichten* N. 129, 23. Woche, Samstag, 6. Juni 2009. www.ruhrnachrichten. de   http://www.viehvenneker.de/fileadmin/daten/pdf/Zeitungsartikel.pdf.

35 Gewiss kann man auf mittelbare Weise, auf politischem Weg etwa, Gemeinschaften Rechte zuschreiben; zum Beispiel respektieren Staaten einander, schließen Verträge etc. Aber dies sind wiederum Zusammenschlüsse von Individuen. Möglicherweise kann sich der Mensch

vornehmen, bestimmte Tierarten auf diese Weise zu respektieren, und dennoch werden damit nicht die Rechte der einzelnen Individuen zunichte gemacht. Ein Zucht- und Schlachtvertrag mit einzelnen Schweinerassen ist – selbst in fiktiver Form – nicht denkbar, eben weil die Rechte der individuellen Schweine dabei vollkommen ignoriert würden. Das entspräche ungefähr der Moral jener Märchen, in denen sich ein Dorf verpflichtet, einem Drachen jedes Jahr zwei Jungfrauen zu «schenken». Ein solcher Vertrag, der die Opferung zweier unschuldiger Mitglieder beinhaltet, wäre nach heutigen Moralstandards kaum legitim. – Der meines Wissens erste Versuch, tierlichen Gemeinschaften im Rahmen einer politischen Theorie Rechte zuzuschreiben, findet sich bei Sue Donaldson/Will Kymlicka: *Zoopolis. Eine politische Theorie der Tierrechte.* Suhrkamp Verlag, Berlin 2013. Mich überzeugt dies bisher noch nicht ganz – in der Intention wohl, aber eben nicht in der Durchführung, und zwar insbesondere, weil mir scheint, dass Donaldsons und Kymlickas Begriff tierlicher Gemeinschaften stark der Idee der Spezies verhaftet ist – während unklar ist, worin eine politische Gemeinschaft von Tieren eben bestehen könnte. Diese Frage wird in Kapitel 5 wieder aufgenommen.

36 Jeremy Bentham: *An Introduction to the Principles of Morals and Legislation.* London 1823 (zuerst: 1789). S. 235.

37 Ziemlich ernüchternd ist in dieser Hinsicht Günther Rogauschs Aufsatz «Tierliebe, Tierschutz und Noblesse Oblige als Manifestation des Speziesismus. Ein Plädoyer für Ideologiekritik statt ‹Tierethik›». In: Susann Witt-Stahl (Hrsg.): *Das steinerne Herz der Unendlichkeit erweichen. Beiträge zu einer kritischen Theorie für die Befreiung der Tiere.* Alibri Verlag, Aschaffenburg 2007. S. 344–373.

38 Thomas Nagel: *Der Blick von nirgendwo.* Suhrkamp Verlag, Frankfurt am Main 1992. S. 348.

Zweites Kapitel: Dürfen wir Tiere quälen?

1 Diese Bilder veröffentlichte PETA im Jahr 2011.

2 Wer einmal einen wirklich schlechten Nachmittag verbringen will, schaue sich auf www.datenbank-tierversuche.de um, wo wissenschaftlich dokumentierte Tierversuche gesammelt sind; von dort stammen auch alle Beispiele dieses Kapitels, soweit nicht anders angegeben. Diese Datenbank wird zwar von Tierschützern geführt, ist aber für jeden Nutzer überprüfbar, weil die ausgewerteten wissenschaftlichen Quellen jeweils mit angegeben sind. U. a. geht einem dabei auf, dass sich auch etliche angehende Veterinärmediziner ihre Doktortitel auf eine Art und Weise erarbeiten, die Grund genug sein könnte, ihnen später nie ein Haustier zur Behandlung anzuvertrauen.

3 Jäger betonen oft, sie erfreuten sich nicht an Tod und Todesangst der
Tiere, sondern … eben an der Jagd. Dennoch kommt man nicht um-
hin festzustellen: Der Lustgewinn an der Jagd verursacht das Leid der
Tiere nicht nur im Sinne eines Kollateralschadens, sondern deren
Leid und vor allem Tod sind konstitutiv für dieses Tun. Auch außerhalb von Treibjagden sind eine Menge Qual und Todesangst involviert. Jagdhunde beispielsweise werden in vielen Bundesländern legal
an Enten, die mit einem Klebstreifen flugunfähig gemacht worden
sind, und an lebenden Füchsen in speziellen Übungsgeländen trai-
niert. Auch das, heißt es, ist natürlich nicht Quälerei, sondern zählt
zur Tradition des «Waidwerks». Die Fuchsjagd am Bau, bei der ein
Hund in den Fuchsbau geschickt wird und dort entweder den Fuchs
hinaustreibt, bis er «springt», oder auch mit einer Fuchsmutter
kämpft, die ihre Jungen verteidigen will, gilt vielen Jägern als «die
spannendste Form der Jagd». Im Übrigen treffen auch bei weitem
nicht alle Kugeln aus Jagdgewehren tödlich, und die verwundeten
Tiere sterben langsam und qualvoll. Laut dem «Blase», dem Stan-
dardwerk der Jagdausbildung, bleibt auch die Nachsuche mit Hund
meist erfolglos.

4 Ich werde die Frage nach der Tierqual in der Massentierhaltung nicht
an dieser Stelle, sondern im vierten Kapitel unter der Frage «Dürfen
wir Tiere nutzen?» diskutieren. Dass die mit der Massentierhaltung
verbundenen Qualen oft genug drastisch sind, haben in den letzten
Jahren viele Autoren empirisch breit und erzählerisch überzeugend
dargelegt. Eine Mehrheit der Deutschen scheint inzwischen den reinen Essgenuss, ähnlich wie den willkürlichen Spaß, für keinen hin-
reichenden Grund zu halten, dass man Tieren außer dem Tod selbst
auch noch erhebliche Qualen zufügen dürfe, und so finden sie die be-
stehende Praxis der Massentierhaltung unangemessen (auch wenn sie
merkwürdig wenig praktische Konsequenzen daraus ziehen). Die
umstrittenste Frage an der Nutztierhaltung ist nicht, ob man Tiere
qualvoll halten, sondern ob man sie überhaupt nutzen darf; daher
werde ich mich der Herausforderung dieser grundsätzlichen Frage
später auch direkt stellen.

5 Johann S. Ach: *Warum man Lassie nicht quälen darf.* Harald Fischer
Verlag, Erlangen 1999. S. 116 ff.

6 Genau besehen ist der radikale Speziesist entweder auch ein absolu-
ter Speziesist oder, wahrscheinlicher, es kann ihn gar nicht geben. Jemand nämlich, der einer Gruppe von Wesen nur moralische Ansprüche zubilligt, sofern sie nicht mit eigenen (oder denen anderer
Menschen) in Konflikt geraten, billigt ihnen in Wahrheit keinerlei
Ansprüche zu. Moralische Ansprüche werden nämlich nur dann relevant, wenn verschiedene Interessen gegeneinander abgewogen werden müssen und dabei auch einmal «gewinnen» können. Sonst ist der

Anspruch ja nur «fürs Protokoll» und gar nicht für die moralische Urteilsfindung relevant. Tatsächlich stehen hingegen immer, wo wir gefragt sind, uns in unseren Handlungen nach den Bedürfnissen eines anderen zu richten, auch unsere eigenen Interessen zur Debatte. Nicht nur, wenn ich um eines anderen willen auf etwas verzichten müsste (auf Fleischessen, auf den Pelzmantel), sondern immer, wenn ich etwas jemand anderem zuliebe tun würde, ist mein Interesse betroffen – eben unter der Voraussetzung, dass auch trivialste Interessen zählen.

Doch gerade weil ja meist nicht-triviale Interessen gegeneinander stehen, ist es schwierig, ein wirklich völlig triviales Interesse zu konstruieren; in gewisser Weise sind moralische Aktionen einfach dadurch ausgezeichnet, dass sie mit unseren Interessen kollidieren und wir ihnen trotzdem den Vorzug geben. Wenn man trotzdem an der Existenz des radikalen Speziesisten festhalten und ihn in Aktion erleben will, muss man Beispiele finden, bei denen auf der Seite des Handelnden kein *bestimmtes* Interesse vorliegt, wohl aber auf der Seite des zu berücksichtigenden Gegenübers. Mir fallen dafür nur extrem wenige mögliche Situationen ein, zum Beispiel dieses: Ein radikaler Speziesist fährt eine Straße entlang, die sich just an dieser Stelle auf zwei Spuren erweitert; und auf einer davon sitzt in absehbarer Entfernung ein Jungvogel. Um diesen nicht zu überfahren, wählt der Autofahrer die andere Fahrbahn; er hat damit eine Handlung absichtsvoll so angelegt, um den Jungvogel zu schonen, und musste selbst dafür nicht das Geringste opfern. Man könnte nachher zu ihm sagen: Aha, der Jungvogel war dir also nicht ganz egal, bzw. er könnte sagen: Wo es mir nichts ausmacht, berücksichtige ich Tiere mit. – Aber wie viele solche Fälle gibt es? Schon wenn es um eine normale zweispurige Straße ginge, bei der der Autofahrer die bisherige Spur wechseln müsste, hätte er ja kurzfristig dem Interesse eines Tiers den Vorrang vor dem eigenen Komfort gegeben.

7 Es gibt noch (mindestens) einen weiteren Grund dafür, dass wir es mit der Moral unter Menschen manchmal genauer nehmen sollten als gegenüber Tieren. Er ist eher indirekter Art, sozusagen eine Art Klugheitsgrund nach kontraktualistischem Vorbild: Wir geben uns Regeln für den gegenseitigen Umgang und sollten uns um der sozialen Stabilität der Regeln willen an diese halten, selbst wenn bei ihrer Verletzung kein unmittelbarer Schaden zu erwarten ist. Der Umgang mit den Toten und das Halten von Versprechen gegenüber Sterbenden könnten solche Fälle quasi-kontraktualistischer Verpflichtungen unter Menschen darstellen.

8 «Persons, Character and Morality», in: *Moral Luck: Philosophical Papers 1973–80,* Cambridge University Press 1981, S. 1–19. S. 18.

9 Zum Trauerverhalten etlicher sozial lebender Tiere siehe Barbara J. King: «When Animals Mourn». In: *Scientific American,* July 2013. http://www.scientificamerican.com/article.cfm?id=when-animals-mourn.

10 Andrew Wilson: *Beautiful Shadow: A Life of Patricia Highsmith.* Bloomsbury, New York 2004. S. 332.

11 Dass solche Beispiele extrem unrealistisch sind, ist nur das eine Problem. Man kann es auch anders sagen: Viele solcher Beispiel konstruieren Situationen, in denen man vielleicht gar nichts richtig und gut machen kann, sondern nur nicht-ganz-falsch und weniger-schlecht. So ist meiner Meinung nach keine moralische Entscheidung als «gut» zu bezeichnen, wenn am anderen Ende der Tod oder das schwere Leid eines Beteiligten steht. Vielleicht müssen wir so etwas manchmal in Kauf nehmen, manchmal wird es sich nicht vermeiden lassen. Aber ist es wirklich «gut»? Es ist richtig in dem Sinne, dass wir uns keine Vorwürfe machen müssen (obwohl uns vermutlich trotzdem Schuldgefühle heimsuchen werden, egal, wen wir aus dem Wasser retten); aber eigentlich ist es doch eher eine Notlösung, keine Standardlösung und sicher keine moralisch befriedigende Lösung.

12 Geringfügige Schmerzen gehören in einem gewissen Maße wohl zum Leben dazu, ohne dass wir dieses Lebens notwendigerweise «beeinträchtigt» nennen würden – insbesondere natürlich, wenn es sich nicht um kontinuierliche Schmerzen handelt.

13 Eine ausführliche Darstellung der verschiedenen Prozesse bei der gentechnischen Veränderung von Tieren gibt Arianna Ferrari im dritten Kapitel von *Genmaus & Co. Gentechnisch veränderte Tiere in der Biomedizin.* Harald Fischer Verlag, Erlangen 2008.

14 Aus der «RICHTLINIE 2010/63/EU DES EUROPÄISCHEN PARLAMENTS UND DES RATES vom 22. September 2010 zum Schutz der für wissenschaftliche Zwecke verwendeten Tiere», Anhang III: ANFORDERUNGEN AN EINRICHTUNGEN SOWIE PFLEGE UND UNTERBRINGUNG VON TIEREN. Unter Punkt 3.3. werden «stabile Gruppen kompatibler Tiere» angeordnet, aber wenn aus «wissenschaftlichen Gründen» nötig, darf es Einzelhaltung geben. – Seitdem ich dies gelesen hatte, habe ich in allen TV-Berichten, in denen das Innere eines Labors zu sehen war, darauf geachtet: In den meisten Fällen waren die Mäuse und Ratten dort alleine in ihrer Box.

15 Ebd. Stellt man diesen Flächenangaben die Ausführungen gegenüber, wozu diese Käfige angeblich alles nutzen sollen, kann man nur staunen. Zum Beispiel unter 3.3. b): «Ausgestaltung. Alle Tiere sollten über Räume mit hinreichender Komplexität verfügen, um eine große Palette arttypischer Verhaltensweisen ausleben zu können. Sie müssen ihre Umgebung in bestimmtem Maße selbst kontrollieren und

auswählen können, um stressbedingte Verhaltensmuster abzubauen. Alle Einrichtungen müssen über angemessene Ausgestaltungsmöglichkeiten verfügen, um die den Tieren zur Verfügung stehende Palette von Tätigkeiten und ihre Anpassungsfähigkeiten zu erweitern, einschließlich Bewegung, Futtersuche, manipulativem und kognitivem Verhalten je nach Tierart. Die Ausgestaltung des Lebensumfelds in Tierbereichen muss der Tierart und den individuellen Bedürfnissen der Tiere angepasst sein.»

16 Corina Gericke: *Was Sie schon immer über Tierversuche wissen wollten. Ein Blick hinter die Kulissen.* 2., vollständig neu bearbeitete und aktualisierte Auflage. Echo Verlag, Göttingen 2011. S. 19.

17 Die beiden anderen Faktoren sind nach dem von Patrick Bateson vorgeschlagenen Modell die Qualität der wissenschaftlichen Arbeit sowie die Wahrscheinlichkeit verwertbarer Funde. Johann S. Ach: *Warum man Lassie nicht quälen darf.* Harald Fischer Verlag, Erlangen 1999. S. 222 ff. Für eine sehr gute Darstellung und Diskussion von «Ethiktools» siehe Dagmar Bochers: «Ethiktools für die Güterabwägung oder: Wie pragmatisch dürfen Ethiker sein?», in: Dagmar Borchers u. Jörg Luy (Hrsg): *Der ethisch vertretbare Tierversuch. Kriterien und Grenzen.* Mentis Verlag, Paderborn 2009. S. 15–52.

18 Toni Lindl et al: «Evaluation von genehmigten tierexperimentellen Versuchsvorhaben in Bezug auf das Forschungsziel, den wissenschaftlichen Nutzen und die medizinische Relevanz». Altext 2001, 18(3), S. 171–178.

19 Dieses philosophische Problem geht auf Judith Jarvis Thomson zurück: «The Trolley Problem», 94 *Yale Law Journal* 1395–1415 (1985).

20 Die Veterinärmedizinerin und Tierversuchsgegnerin Corina Gericke gibt unter Berufung auf zwei Quellen den Spielraum 90 bis 99 Prozent an. Das heißt, vor dem eigentlichen Versuch fallen bereits neun bis zehn Mal so viele getötete Tiere an wie während der eigentlichen Versuche, weil sie den gesuchten genetischen Defekt nicht besitzen (Corina Gericke: *Was Sie schon immer über Tierversuche wissen wollten. Ein Blick hinter die Kulissen.* 2., vollständig neu bearbeitete und aktualisierte Auflage. Echo Verlag, Göttingen 2011. S. 14). Auch bei Hal Herzog fällt die Zahl 99 Prozent, und auch hier wird hinzugefügt, dass man den genauen Anteil nicht wisse, weil diese «Überschussmäuse» statistisch nicht erfasst werden (*Wir streicheln und wir essen sie. Unser paradoxes Verhältnis zu Tieren.* Carl Hanser Verlag, München 2012. S. 242–243).
Ich sprach einmal mit einer Forscherin, die zu einem anderen Zweck (der Sprachforschung) die Schaffung einer Maus mit einem bestimmten Defekt in Auftrag gegeben hatte. Für so etwas werden Spezialfirmen zumeist in den USA engagiert; bis die Maus «geliefert» werden konnte, dauerte es zwei, drei Jahre. Niemand kann sagen, wie viele

tausende, hunderttausende Mäuse bei diesem Vorlauf bereits getötet wurden (der Reproduktionszyklus von Mäusen ist ja kurz und passt viele Male in eine Zeitspanne von zwei oder drei Jahren). Bei dem Experiment kam übrigens später heraus, dass man nicht sicher sagen konnte, ob der genetische Defekt einen Unterschied machte oder nicht. Ob dieses Mini-Ergebnis die mehrjährige Versuchsreihe mit den Mäusen in moralischer Hinsicht wert gewesen sei, fragte ich die Forscherin. Sie dachte kurz nach und sagte dann, sie fände, schon. Leider habe ich nicht gefragt, wie sie zu diesem Ergebnis gelangt ist. Denn wie wenig muss eine Maus in diesem Abwägungsprozess moralisch wert sein? Ein milder Speziesismus ist das jedenfalls nicht mehr.

21 Im Grunde sieht das auch die EU-Tierversuchsrichtlinie so. In deren einleitender Darlegung von Gründen heißt es: «(23) Aus ethischer Sicht sollte es eine Obergrenze für Schmerzen, Leiden und Ängste geben, die in wissenschaftlichen Verfahren nicht überschritten werden darf. Hierzu sollte die Durchführung von Verfahren, die voraussichtlich länger andauernde und nicht zu lindernde starke Schmerzen, schwere Leiden oder Ängste auslösen, untersagt werden.» (Man beachte den Konjunktiv: «sollte».) Aus der «RICHTLINIE 2010/63/ EU DES EUROPÄISCHEN PARLAMENTS UND DES RATES vom 22. September 2010 zum Schutz der für wissenschaftliche Zwecke verwendeten Tiere».

22 Man kann nicht einmal sagen, dass wir die Mäuse dann auch wieder gesund machen würden, denn die Mäuse in der Krebsforschung werden zumeist nicht gesund. Für eine Versuchsreihe zieht man meist viele Exemplare nebeneinander auf und lässt nur einigen die womöglich rettende Behandlung zukommen. Doch selbst wenn diese Teilmenge von Mäusen wieder «gesund» wird, tötet man die Tiere doch immer, um sie von innen zu inspizieren. Das verleiht manchen positiven Schlagzeilen der Forschung einen etwas bitteren Nachgeschmack. Im Jahr 1998 erschien in der New York Times ein Artikel mit dem Titel «Hope in the Lab» über eine Studie, die große Hoffnung für Krebspatienten versprach. Die Studie begann mit zwanzig Mäusen, die große Tumore auf dem Rücken (gezüchtet bekommen) hatten. Die Experimentatoren entfernten die Tumore, injizierten von nun an zehn Mäusen täglich das zu testende Mittel Angiostation und zehn weiteren Salzwasser. Nach 15 Tagen «töteten die Experimentatoren die Mäuse und schnitten sie auf. In der Gegenwart von mehr als einem Dutzend Wissenschaftlern öffnete Dr. Folkman die erste Maus. Große Tumore füllten ihre Lunge. Dann kontrollierte Dr. Folkmann die Notizen und sah nach, was das Tier erhalten hatte: Salzwasser. Sie untersuchten die nächste Maus. Keine Tumore. Dr. Folkmann schaute das Mittel nach: Angiostation. Und so ging es weiter.» In den folgen-

den Jahren wiederholten die Wissenschaftler das Experiment zig Mal an sämtlichen Arten von Krebs. Das Mittel wirkte jedes Mal – aber die Mäuse selbst hatten nichts davon.

Und die Menschen? «Von Mäusen zu Menschen ist es ein großer Sprung, mit vielen Fehlermöglichkeiten», sagte der Forscher. Laut dem erwähnten Artikel besteht die Möglichkeit, dass chemotherapeutische Mittel entwickelt werden, die zwar bei Mäusen wirken, aber bei Menschen versagen würden. Ebenso verhalte es sich mit Therapien, die das Immunsystem stimulieren, und auch gentherapeutische Verfahren wirkten gut gegen Mäusekrebs, hätten aber geringen Erfolg bei Menschen. «Wenn Sie Krebs haben und eine Maus sind, können wir Sie gut versorgen», sagte Dr. Judah Folkman (anscheinend ganz unironisch). Der Nobelpreisträger Dr. James Watson war weniger skeptisch und sagte damals voraus, Dr. Folkman werde den Krebs innerhalb von zwei Jahren besiegen. Das ist nun auch schon fünfzehn Jahre her. Der Krebs ist immer noch nicht besiegt. – Nach «Hope in the Lab: A special report. A Cautious Awe Greets Drugs That Eradicate Tumors in Mice». Von Gina Kolata, *New York Times,* 3. 5. 1998.

23 Diesen Unterschied zwischen Tun und Lassen übersehen die allermeisten Ethiker, die die Interessen von Tieren und Menschen abwägen. Der amerikanische Bioethiker Baruch A. Brody zum Beispiel setzt folgende Fragekonstellationen analog: «Warum sollten die Interessen meiner Kinder (für mich) mehr zählen als die anderer?» sowie «Warum sollten die Interessen von Menschen (für Menschen) mehr zählen als die von Tieren?» Baruch Brody: «Defending Animal Research: An International Perspective», in: Susan J. Armstrong u. Richard G. Botzler: *The Animal Ethics Reader.* Zweite Auflage. Routledge, London/New York 2008, S. 317–325. S. 323. Nun ist Brody allerdings ein Befürworter von Tierversuchen – anders als Ursula Wolf, die zwar zahlreiche Argumente gegen Tierversuche formuliert, aber nicht auf diesen offensichtlichen Unterschied hinweist, dass wir ja vollkommen unbeteiligte Wesen in diesen «Interessenkonflikt» erst hineinziehen. *Ethik der Mensch-Tier-Beziehung,* Vittorio Klostermann, Frankfurt am Main 2012. S. 132–148. Jean-Claude Wolf wiederum scheint Ursula Wolf (m. E. fälschlicherweise) in diese Richtung zu interpretieren und meint, gemeinsam mit anderen Argumenten lasse sich wegen der Verletzung von Grundbedürfnissen aus einem «komplizierten, aber überschaubaren Argument» die Ablehnung von Tierversuchen folgern. *Tierethik. Neue Perspektiven für Menschen und Tiere.* Harald S. Fischer Verlag, Erlangen 2005, S. 101–103. – Ich muss zugeben, so kompliziert finde ich den Gedankengang, dass man Unbeteiligte nicht ihres kompletten Lebens berauben und deutlichen Qualen aussetzen darf, aber nicht.

24 Sogar die Hilfsbereitesten unter uns orientieren sich tagtäglich an dieser Grenze. Sie würden niemanden töten, geschweige denn ein Kind; sie würden niemanden bestehlen, geschweige denn um die Nahrung; aber selbst tadellose, großzügige und hilfsbereite Leute opfern selten ihr letztes Hemd, um möglichst viele hungernde Kinder weltweit vor dem sicheren Tod zu bewahren. Das ist nicht nur eine Frage der geografischen Distanz, sondern gilt bereits für den Umgang mit dem Obdachlosen, der am Eingang zum Gebäude mit seinem Pappschild sitzt. Bei weitem nicht alle geben auch nur einen Euro; jemanden bestehlen hingegen würden auch die anderen nicht.

25 Dieses Beispiel stammt von Peter Singer, und zwar aus jenem Kapitel der *Praktischen Ethik*, in dem Singer aus den Rechten von Armen umfangreiche Verpflichtungen zur Hilfeleistung auf Seiten der Reicheren ableitet. Peter Singer: *Praktische Ethik*. Reclam Verlag, Stuttgart 1984. S. 229 ff.

26 Eine sehr schöne Diskussion des (leicht variierten) Singer-Beispiels und überhaupt der Frage nach Tun und Lassen findet sich bei Arnd Pollmann: *Unmoral. Ein philosophisches Handbuch. Von Ausbeutung bis Zwang*. Verlag C.H.Beck, München 2010. S. 200–208.

27 Dass diese Tiere gar nicht existieren würden, wenn man sie nicht extra für die Versuche züchtete, ist kein triftiges Argument. Denn sobald ein Wesen existiert, besitzt es seine Rechtsansprüche auch gegenüber seinem «Erschaffer». Oder umgekehrt: Der Erschaffer (ob nun Elternteil oder Züchter) ist nicht befugt, nach eigenem Belieben die moralischen Bedingungen zu diktieren, zu denen sämtliche Interaktionen mit «seinem» Geschöpf stattfinden werden. Daher können wir weder Menschen noch Tiere unter der Bedingung, wir dürften ihre Rechte später beliebig verletzen, in die Existenz bringen. Wenn dies moralisch zulässig wäre, würde sich die Frage nach dem Tierversuch übrigens gar nicht stellen – wir könnten eine zweite «Klasse» von Menschen züchten nur für Versuche, und von jedem Menschen «erster Klasse» würde es Klone «zweiter Klasse» geben, die beliebig als Ersatzteillager genutzt werden dürften.

28 Wenn wir uns entscheiden müssten, ob wir einem Menschen oder einem Schwein, die beide an Nierenversagen leiden, die neue Niere eines (anderen) Schweins einpflanzen sollten, könnte man verstehen, wenn sich der Arzt für den Menschen entscheiden würde, ja sogar, dass er dies moralisch für geboten hielte. Aber so liegt der Fall nicht. Wir stehen nicht vor der Entscheidung, einen Menschen oder dieses Schwein zu retten – sondern die Frage ist, ob wir jenes andere Schwein, das in unserem Beispiel so großzügig als (unfreiwilliger) Organspender auftaucht, extra zu diesem Zwecke züchten, halten und töten dürfen. Sogar wenn wir hier einen geringen Speziesismus legitimieren wollen – also erlauben, dass wir Menschen leicht bevor-

zugen –, bleiben trotzdem alle Einwände bestehen, dass es moralisch keinesfalls zulässig ist, eine Population oder gleichsam Klasse von empfindungsfähigen Wesen extra zu dem Zweck zu züchten, zu halten und zu töten, um sie als Organspender für andere (ob Menschen oder Schweine) zu verwenden. Die systematische «Produktion» solcher Lebewesen oder lebender Ersatzteillager ist ungefähr der eklatanteste Verstoß gegen das Prinzip, andere als Zweck an sich zu betrachten (s. a. Kapitel 1, Anm. 4).

29 «RICHTLINIE 2010/63/EU DES EUROPÄISCHEN PARLA-MENTS UND DES RATES vom 22. September 2010 zum Schutz der für wissenschaftliche Zwecke verwendeten Tiere», Abschnitt (23).

30 Hal Herzog: *Wir streicheln und wir essen sie. Unser paradoxes Verhältnis zu Tieren.* Carl Hanser Verlag, München 2012. S. 245 ff.

31 Ebd. S. 247.

32 Außerdem gilt im Falle von starken moralischen Unsicherheiten ohnehin: Wenn man nicht weiß, ob eine nur potentiell nützliche Handlung legitim ist, sollte man sie unterlassen. Auch dieser Grundsatz stützt sich auf die Unterscheidung von Tun und Lassen; wenn ich ohnehin zwischen zwei aktiven Handlungen wählen muss und mir unsicher bin, muss ich mich natürlich entscheiden. Wenn ich aber zwischen einer Handlung und einer Unterlassung wählen soll und nicht sicher bin, ob ich die Handlung vollziehen *darf*, dann sollte ich sie unterlassen. (Wenig überraschend entscheiden wir uns, wenn es um die Rechte von Tieren geht, in unsicheren Fällen allerdings immer für den Menschen.)

33 Erst kürzlich meldete *Bild der Wissenschaft* unter dem Titel «Übergewichtsepidemie: Selbst Laborratten sind zu dick», dass Laborratten aufgrund ihres Übergewicht bereits schlechte «Modelle» seien für Versuche, bei denen eigentlich ein gesundes Herz-Kreislauf-System vorausgesetzt wird. 19. 7. 2012 http://www.wissenschaft.de/wissenschaft/news/315851.html

34 Ich spreche übrigens nicht von diesen kleinen Knuddeltieren, die man seit ein paar Jahren am Schlüsselbund oder Rucksack trägt, sondern von Kuscheltieren von der Größe vielleicht eines halben Fußballs.

35 Ich danke Prof. Dr. Martin Ganter von der Tierärztlichen Hochschule Hannover für diese Information.

Drittes Kapitel: Dürfen wir Tiere töten?

1 Die klima- und entwicklungspolitischen Nebenwirkungen der in den Industrieländern rasant gestiegenen Nachfrage nach Lebensmitteln tierischer Herkunft sind durch viele internationale Publikationen so umfassend belegt, dass ich sie hier nicht wiedergeben muss (oder

kann). Zusammenfassend heißt es in einem Positionspapier des Umweltbundesamtes: «Vor allem Fleisch und hoch konzentrierte Lebensmittel wie zum Beispiel Käse haben einen hohen ökologischen
Fußabdruck. Produkte auf pflanzlicher Basis (bspw. Obst, Gemüse)
haben im Allgemeinen einen sehr geringen ökologischen Fußabdruck. Tierische Lebensmittel benötigen wesentlich mehr Ressourcen jeglicher Art und generieren mehr Abfall.» *UBA-Positionspapier:
Globale Landflächen und Biomasse nachhaltig und ressourcen-
schonend nutzen*, eine Online-Publikation des Umweltbundesamtes
aus dem Oktober 2012, S. 30. Sehr empfehlenswert ist der – auf tierethische Aspekte gänzlich verzichtende – *Fleischatlas*, hrsg. von der
Heinrich-Böll-Stiftung in Kooperation mit BUND und Le Monde
Diplomatique, Berlin 2013. Kostenloser Download unter http://
www.boell.de/downloads/2013-01-Fleischatlas.pdf.

2 http://www.wasserstiftung.de/wasserfakten.html

3 Bisweilen wird die Quelle des Romantischen an den «edlen Wilden»
abgetreten. Ich erinnere mich, dass in den 1980er Jahren immer wieder betont wurde, wie gut die Indianer Nordamerikas angeblich mit
den erjagten Tieren umgegangen sind. Doch auch ein Tod durch «Indianer»hand ist nicht idyllisch. Für die menschliche Seele mag es besser sein, wenn ein Tier vor dem finalen Schuss um Verzeihung gebe-
ten wird, wie es uns von nordamerikanischen Ureinwohnern berichtet wird; das ändert nichts daran, dass das Tier selbst von dieser
Abbitte nichts merkt. Für den Sterbenden zählt nur, wie schmerzhaft,
angstvoll oder schnell der Tod kommt. Alles andere betrifft den
Überlebenden und sein Verhältnis zur Welt. Auch die «Indianer» haben im Übrigen mitnichten immer nur so viele Tiere getötet, wie sie
zum eigenen Überleben benötigten. Bisweilen haben sie ganze Bison-
herden in Abgründe getrieben, obwohl sie danach nur wenige Tiere
verwerten konnten. Den Rest haben Archäologen später anhand der
Knochen sozusagen als immense Kollateralschäden identifiziert.
Diese Form der Büffeljagd nennt sich *buffalo jump* und wurde in der
Zeit vor Einführung der Pferde praktiziert.

4 Zu archäologischen Befunden zum Kannibalismus siehe zum Beispiel Timothy Taylor: *The Buried Soul. How Humans Invented
Death*. Fourth Estate, London/New York 2002, insb. S. 56–85. Siehe
auch Matthias Schulz: «Der Kelch der Kannibalen». In: *Der Spie-
gel 6/2011* oder http://www.spiegel.de/spiegel/print/d-77222655.
html. – Überbleibsel nicht-menschlicher Körper zu essen, die von
anderen Raubtieren zurückgelassen wurden, ist eine völlig normale,
kräfteschonende Futterstrategie zumal in den Zeiten vor Erfin-
dung der Feuerwaffe. Siehe z.B. die Beschreibung der prähisto-
rischen menschlichen Lebensweise bei Yuval Noah Harari: *Eine
kurze Geschichte der Menschheit*. Deutsche-Verlagsanstalt, München

2013. S. 20 f. Bei Bernhard Kegel kann man nachlesen, wie im Nachkriegsberlin verendete Pferde aufgegessen wurden, in: *Tiere in der Stadt. Eine Naturgeschichte.* DuMont Buchverlag, Köln 2013. S. 333.

5 Der Zusammenhang mit Antibiotika ist anscheinend nicht allen Menschen klar, wenn sie Fleisch angeblich essen, weil es natürlich sei. Nicht nur haben einige der Konsumenten ihr jetziges Lebensalter nur dank Antibiotika erreicht, sondern auch zur «Herstellung» von Fleisch in der Massentierhaltung werden Antibiotika eingesetzt, weil man anders des hohen Keimdrucks bei dieser Dichte von Tieren und ihren Exkrementen kaum Herr werden könnte. Bekanntlich ist denkbar, dass die Menschheit dereinst genau daran zugrunde gehen wird: weil die industrielle Tierhaltung mit ihrem breitgestreuten Antibiotikaverbrauch (unfreiwillig) mehr resistente Bakterienvarianten züchtet, als neue Antibiotika generiert werden können. Überhaupt ist die Geschichte mit den Antibiotika nicht ganz frei von Ironie, insofern Bakterien zu den ältesten Organismen dieser Erde zählen und selbst ganz wunderbar natürlich sind.

6 Für eine gründliche Zusammenschau der Forschungslage siehe Bernhard Hörning: *Auswirkungen der Zucht auf das Verhalten von Nutztieren.* kassel university press, Kassel 2008. Für Masthühner siehe auch die entsprechende Passage in Steffen Hoy (Hrsg.): *Nutztierethologie.* Verlag Eugen Ulmer, Stuttgart 2009. S. 222–223.

7 Die Situation bei der Zucht von Masthühnern ist so dramatisch, dass auch der sich ansonsten sehr vorsichtig äußernde Professor für Tierhaltung Steffen Hoy schreibt: «Die Grenze des ethisch Vertretbaren scheint dabei zumindest erreicht zu sein.» Steffen Hoy (Hrsg.): *Nutztierethologie.* Verlag Eugen Ulmer, Stuttgart 2009. S. 75.

8 Zumindest als diejenigen körperlich definierten Individuen, die wir hier auf Erden nun einmal sind. – Für eine Theorie der Subjektivität, die zwar einerseits den naturwissenschaftlichen Materialismus als reduktionistisch kritisiert, andererseits dennoch kein theistisches Weltbild vertritt, siehe Thomas Nagel: *Mind and Cosmos: Why the Materialist Neo-Darwinian Conception of Nature Is Almost Certainly False.* Oxford University Press, Oxford 2012.

9 Dorothée Lulé/Sonja Häcker/Albert Ludolph/Niels Birbaumer/Andrea Kübler: «Depression und Lebensqualität bei Patienten mit Amyotropher Lateralsklerose. Depression and Quality of Life in Patients With Amyotrophic Lateral Sclerosis». Deutsches Ärzteblatt 2008; 105(23): 397–403. Ich danke Prof. Dr. Christopher Baethge vom *Deutschen Ärzteblatt* für den Hinweis.

10 Dasselbe gilt natürlich für andere Behinderungen: Jemandem das Augenlicht zu nehmen, ist ein Verbrechen. Doch wer blind ist, versteht sein Leben nicht vornehmlich als eines, dem etwas fehlt, und auch wir

Sehenden sollten ein Leben ohne Augenlicht nicht als defizitär, sondern natürlich als vollwertiges Leben betrachten.

11 Diesen Gedanken legt Jean-Claude Wolf nahe, wenn er schreibt:
«Deshalb gibt es einen direkten moralischen Grund, empfindungsfähige Wesen nicht zu töten: Wir berauben sie ihres ‹praemium
vitae› … Gemeint ist damit all das Gute, das einem Wesen während
seiner ganzen Lebenszeit widerfahren kann.» Jean Claude Wolf: *Tierethik. Neue Perspektiven für Menschen und Tiere*. 2., durchgesehene
Auflage. Harald Fischer Verlag, Erlangen 2005. S. 75–76. Ebenso
schreibt er an anderer Stelle: «Man beraubt *diese* Wesen um die Erfüllung künftiger Interessen, man nimmt ihnen künftige Freuden.» In:
«Tötung von Tieren», in: Julian Nida-Rümelin/Dietmar v.d. Pfordten
(Hrsg.): *Ökologische Ethik und Rechtstheorie*. Nomos Verlagsgesellschaft, Baden-Baden 1995, S. 219–230. S. 224. Wolf ist durchaus der
Ansicht, dass das Leben eines empfindungsfähigen Tiers ein Wert ist,
der ein Lebensrecht begründet. Meines Erachtens gibt es dafür aber
einen weiteren, viel einfacheren direkten Grund: Man beraubt sie
nicht nur ihres zukünftigen Guten oder ihrer künftigen Freuden,
sondern ihres Lebens. Tatsächlich provoziert der Verweis auf das
«zukünftige Gute» auch die Frage nach den potentiell schlechten Erfahrungen, die man jemandem ersparen würde, wenn man ihn tötete.
Im Grunde müsste man das gegeneinander verrechnen, und derjenige, dem ein glücklicheres Leben bevorstehe, hätte dann ein «stärke-
res» Recht auf Leben. Ich halte das für unplausibel. Selbst wenn man
(bei einem Tier) aufgrund absehbarer extremer Qualen eine Euthanasie befürwortet, ändert die meiner Auffassung nach nichts an dem
Lebensrecht dieses Tiers, sondern man stellt eine Interessenabwägung
an, stellvertretend für das Tier: Ein hohes Gut (Leben) wird gegen ein
anderes (Freiheit von extremen Qualen) abgewogen. Siehe in diesem
Kapitel unter «Euthanasie und Paternalismus».

12 Der «Lebendrupf» ist in Deutschland verboten, oft werden solche
Federn aber aus anderen Ländern importiert.

13 Diese von mir hier abgelehnte Sicht vertritt am wohl prominentesten
der amerikanische Philosoph (und Tierrechts-Gegner) Raymond
G. Frey. «Der Wert eines Lebens ist abhängig von seiner Qualität,
seine Qualität ist abhängig von seiner Reichhaltigkeit, und seine
Reichhaltigkeit ist abhängig von seinen Fähigkeiten und seinem
Spielraum der Bereicherung.» «Die Ethik der Suche nach dem Nutzen. Tierversuche in der Medizin». In: Ursula Wolf (Hrsg.): *Texte zur
Tierethik*. Reclam Verlag, Stuttgart 2008, S. 236–249. S. 242. Dadurch
handelt sich Frey natürlich sofort die Frage ein, wie man denn dann
das Leben behinderter Menschen einordnen solle. Diese sind bei ihm
indirekt geschützt, zum Beispiel gegen medizinische Versuche: «Im
Moment bin ich mir sehr sicher, dass die Nebenwirkungen solcher

Versuche wirklich ausgesprochen negativ wären. Die Menschen wären entsetzt über solche Versuche, würden nur widerwillig ins Krankenhaus gehen und sich von Medizinern behandeln lassen, und sie sähen das Arzt-Patienten-Verhältnis mit Sicherheit in einem neuen, von starkem Misstrauen gekennzeichneten Licht.» Ebd., S. 247, Anm. 10. – Gemeint ist das Entsetzen anderer, nicht-behinderter Menschen; nur um *deren* Angst vor der Ärzteschaft zu vermeiden, seien also auch stark geistig behinderte Menschen vor Versuchen zu schützen!

14 Während einer öffentlichen Diskussion mit Peter Singer im Rahmen der Konferenz «Minding Animals» in Utrecht 2012.

15 *Praktische Ethik.* Reclam Verlag, Stuttgart 1984. S. 143 bzw. 145. Tatsächlich unterscheidet Singer sogar drei moralisch relevante Gruppen, nämlich Personen, selbst-bewusste Wesen und nicht selbst-bewusste Wesen, ebd. Kapitel 4 und 5. Direkte Gründe gegen eine Tötung gibt es bei den ersten beiden Gruppen; viele andere Philosophen verwenden «personal» und «selbst-bewusst» als eine gemeinsame Kategorie, vielleicht erklären sich dadurch die unterschiedlichen Konsequenzen.

16 Siehe zum Beispiel Dieter Birnbacher: «Lässt sich die Tötung von Tieren rechtfertigen?» in: Ursula Wolf (Hrsg.): *Texte zur Tierethik.* Reclam Verlag, Stuttgart 2008, S. 212–231. Insb. S. 216–217 und S. 227–228. Oder Norbert Hoersters Diskussion unter dem Stichwort «Überlebensinteresse und Personalität» auf den Seiten 69 ff., zum «fraglichen» Lebensrecht sogar von Tieren mit Personalität auf S. 86 und seine Ausführungen zum bloß «punktuellen Lebensinteresse» von Säugetieren wie z. B. einer Katze S. 91 ff. in: Norbert Hoerster: *Abtreibung im säkularen Staat. Argumente gegen den § 218.* Suhrkamp Verlag, Frankfurt am Main 1991. Raymond G. Frey lehnt die Zuschreibung tierlicher Zukunftsinteressen bereits aus einem anderen Grund ab: Er bezweifelte in seinem berühmten Aufsatz «Rechte, Interessen, Wünsche und Überzeugungen» aus dem Jahr 1979, dass wir nicht-sprachlichen Wesen Interessen zuschreiben können. Allerdings habe ich den Eindruck, dass diese Position in den letzten Jahren nicht mehr aufgegriffen und von anderen vertreten wird. Ein deutschsprachiger Nachdruck dieses Aufsatzes von Frey findet sich in: Angelika Krebs (Hrsg.): *Naturethik. Grundtexte der gegenwärtigen tier- und ökoethischen Diskussion.* Suhrkamp Verlag, Frankfurt am Main 1997, S. 76–91.

17 An dessen Rechte erinnerte Kymlicka ebenfalls im Rahmen der Konferenz «Minding Animals» in Utrecht 2012.

18 Zum Beispiel, wenn Norbert Hoerster argumentiert, dass eine Katze ab «dem Augenblick, in dem ... [sie] einschläft» über kein «Überlebensinteresse» mehr verfügt, dass hier ein deutlicher Unterschied

zwischen personalen und nicht-personalen Lebewesen erkennbar sei und wir *daher* «empfindungsfähigen Wesen kein eigentliches *Recht* auf Leben zuzusprechen» hätten. In *Abtreibung im säkularen Staat. Argumente gegen den § 218.* Suhrkamp Verlag, Frankfurt am Main 1991. S. 92. – Ich denke, es ist bereits ein Fehler, die Entität dieser Katze als Individuum auf ihren momentanen Bewusstseinsinhalt zu reduzieren.

19 So schreibt Thomas Nagel: «Man sollte sich jedoch über Folgendes im Klaren sein: Wären dies wirklich stichhaltige Einwände dagegen, im Tod ein Übel zu sehen, dann müssten sie sich auch auf viele andere vermeintliche Übel anwenden lassen. Die erste Art von Einwänden wird in allgemeiner Form durch das Sprichwort ausgedrückt: ‹Was ich nicht weiß, macht mich nicht heiß.› Das würde bedeuten, dass wir sogar von jemandem, der von seinen Freunden betrogen, hinterrücks verspottet und von denselben Leuten, die ihm freundlich ins Gesicht lächeln, verachtet wird, solange nicht sagen können, er sei unglücklich, wie er nicht darunter leidet.» Thomas Nagel: «Tod», in: *Letzte Fragen.* Erweiterte Neuausgabe mit einem Schriftenverzeichnis. Herausgegeben von Michael Gebauer. Wissenschaftliche Buchgesellschaft, Darmstadt 1996, S. 17–28. S. 21.

20 Umgekehrt kann man Dinge nicht ungeschehen machen, indem man den Menschen die Erinnerung daran raubt. Nach traumatischen Erlebnissen kann eine hohe Dosis von Benzodiazepinen einen Ausfall des Kurzzeitgedächtnisses bewirken und die potentiell traumatisierenden Erinnerungen auslöschen. Dem Betreffenden bliebe also vieles erspart. Dennoch wird das Verbrechen selbst dadurch nicht ausgelöscht und bleibt ein Verbrechen.

21 Allerdings: Dass Vergangenes vergangen ist, trifft auf alles Geschehene zu. Dennoch verliert es nicht seine Realität als Geschehenes. Wenn man jemanden bestiehlt, und dieser Bestohlene stirbt, bevor er den Diebstahl bemerken konnte, aus ganz anderen Gründen kurz darauf an einem Herzinfarkt – hat dann etwa der Diebstahl nicht stattgefunden? Und selbst wenn ein Mordopfer nicht mehr selbst Anklage erheben kann, bleibt ja der Schuldige auf der Anklagebank derselbe. Der Ermordete ist tot – aber der Mord und der Mörder bestehen weiter. Wenn es nicht die Kontinuität des Ermordeten ist, die die frühere Tat und das Heute verbindet, so ist es doch zumindest die fortbestehende Identität des Täters.

22 Möglicherweise war es Epikur, der die Philosophie bereits früh auf das falsche Gleis setzte mit seinem berühmten Diktum: «Gewöhne dich daran zu glauben, dass der Tod keine Bedeutung für uns hat. Denn alles, was gut, und alles, was schlecht ist, ist Sache der Wahrnehmung. Der Verlust der Wahrnehmung aber ist der Tod. [...] Das schauerlichste aller Übel, der Tod, hat also keine Bedeutung für uns;

denn solange wir da sind, ist der Tod nicht da, wenn aber der Tod da ist, dann sind wir nicht da.» Nach der bei Wikipedia zitierten Ausgabe: Epikur: *Wege zum Glück.* Herausgegeben und übersetzt von Rainer Nickel. Artemis & Winkler, Düsseldorf/Zürich 2005. S. 117.

23 Der Tod ist rational schlechthin nicht zu fassen. Während ein Teil unseres Bewusstseins sofort versteht, was gemeint ist, wenn uns eine Todesnachricht überbracht wird, bleiben so viele andere Fragen offen. Wo ist diese Person «hin»? Nirgendwohin. Wie Leben aus Materie entstehen und wieder verschwinden kann, ist kaum zu begreifen. Dieses Verwirrende begegnet uns allerdings nicht erst beim Tod, sondern schon mit dem Beginn des Lebens. Schließlich werden wir nicht vom Storch als vollständige kleine Wesen vor der Haustür abgelegt, sondern wachsen aus einem zunächst noch empfindungslosen (aber aktiven) Zellklumpen innerhalb eines anderen Menschen heran. Wir sind zunächst sogar Teil eines anderen Menschen! Wir, die wir uns heute hauptsächlich als bewusste, unserer selbst bewusste, vernunftbegabte Individuen verstehen, besaßen «an unseren Anfängen» weder Bewusstsein noch Selbst-Bewusstsein noch waren wir im strengen Sinne ein Individuum. Auch das ist ein biologisches Faktum unseres Lebens, das schwer zu begreifen ist – und ich glaube, ebenso wie viele Auswüchse der Debatte um den Tod verdanken sich auch viele Sackgassen der philosophischen Abtreibungsdebatte dem Umstand, dass wir diesem Faktum nicht das ihm gebührende Gewicht zumessen wollen. In den bei weitem meisten philosophischen Diskussionen zur Abtreibung wird so getan, als handele es sich um zwei menschliche Personen (die Mutter und das Kind), die ebenso gut nebeneinander sitzen könnten, im Falle der Schwangerschaft aber nur wie zufällig und unpraktischerweise aneinander gebunden sind. Das aber ist meines Erachtens eine völlig falsche (philosophische) Beschreibung von Schwangerschaft. Tatsächlich ist es viel komplizierter: Die schwangere Frau beherbergt nicht bloß ein zweites Wesen; dieses Wesen ist ein Teil von ihr, gehört aber nicht nur ihr. Das ist ähnlich schwer zu verstehen wie der Tod.

24 «Tötung von Tieren», in: Julian Nida-Rümelin/Dietmar v.d. Pfordten (Hrsg.): *Ökologische Ethik und Rechtstheorie.* Nomos Verlagsgesellschaft, Baden-Baden 1995, 219–230. S. 224.

25 So erklärt sich nach Jean-Claude Wolf der besondere Vorrang, den «das Verbot des Homizids in der menschlichen Rechtsgemeinschaft» genießt. Jean Claude Wolf: *Tierethik. Neue Perspektiven für Menschen und Tiere.* 2., durchgesehene Auflage. Harald Fischer Verlag, Erlangen 2005. S. 225.

26 Etwas unübersichtlicher ist die Lage bei Ursula Wolf, und zwar nicht nur in ihrem Klassiker *Das Tier in der Moral* von 1990, sondern auch

in der stark überarbeiteten Fassung *Ethik der Mensch-Tier-Beziehung* aus dem Jahr 2012. Wolf scheint der Ansicht zu sein, dass Primaten und Delphine eine Form von Selbst-Bewusstsein haben, die bei ihnen ein Tötungsverbot begründet. Weiterhin ist sie überzeugt, dass auch bei weiteren Tierarten ein wichtiges Kriterium erfüllt ist, nämlich «ein Weiterlebenwollen bzw. ein gewisser Zukunftsbezug des Lebens. Die Fähigkeiten, die Voraussetzung für dieses Wollen sind, besitzen aber alle höher entwickelten Tiere.» (S. 123) Man könnte nun vermuten, dass sie damit Wirbeltiere meine, doch bei Fischen (die ja auch Wirbeltiere sind) möchte sie sich nicht festlegen (ebenfalls S. 123).

27 Dieser Schaden bezieht sich auf einen intrinsischen, nicht instrumentellen Wert. Das sieht der Tierethiker David De Grazia zum Beispiel anders, der nicht nur für sich, sondern auch für die beiden anderen einflussreichen Tierrechtstheoretiker Tom Regan und Steve F. Sapontzis zusammenfasst, sie sähen das Töten vor allem als «an instrumental harm in so far as it forecloses the valuable opportunities that continued life would afford». David DeGrazia: *Animal Rights. A Very Short Introduction*. Oxford University Press, Oxford 2002. S. 61. In DeGrazias eigenem «abgestuften» (*sliding-scale*) Konzept ist der einem getöteten Menschen zugefügte Schaden *noch* etwas größer als der eines getöteten Tiers, siehe S. 62 ff.

28 Siehe bereits Kapitel 1, Anm. 4.

29 Mark Rowlands: *Animals Like Us*. Verso, London/New York 2002. S. 121. Es ist etwas ungeschickt, dass Rowlands hier von «something» spricht – denn bei Gegenständen mag es ja zutreffen, dass man einige Rechte an dem eigenen Produkt hat. Das beginnt schon bei der Sandburg, die irgendwie «meine» ist, obwohl mir weder der Sand noch die Form dauerhaft gehören. Doch die Tiere und Menschenkinder, von denen Rowlands spricht, sind eben keine Gegenstände (natürlich auch nicht Rowlands' Ansicht nach).

30 Auch die Kühe, die die Milch für Joghurt und Käse liefern, landen beim Schlachter, und auch ihr Lebenszyklus wurde drastisch verkürzt. Haben Kühe früher 15, 20 oder mehr Jahre gelebt, so sind die heutigen Hochleistungskühe nach etwa fünf Jahren aufgrund abnehmender Milchmenge und/oder zunehmender Krankheiten für den Landwirt nicht mehr «rentabel» und somit «reif» für den Schlachter. Auch Hühner konnten früher zehn Jahre oder älter werden – legten allerdings auch nur einige Dutzend Eier pro Jahr. Die heutigen Legehybriden, die weltweit und auch im Biobereich fast ausschließlich vorkommen, legen 300, 320 Eier pro Jahr und wurden von vornherein so gezüchtet, dass sie nur eine Legeperiode «durchhalten». Im regelmäßigen Turnus von meist 13 Monaten kommt der gesamte Bestand eines Legestalls zum Schlachter. Aufgrund ihrer geringen Mus-

kelmasse werden diese Tiere dann nicht als Brathühnchen, sondern als Suppeneinlage oder Nuggets etc. verkauft.

31 Auch Hühner in dem modernen Mega-Schlachthof im niedersächsischen Wietze werden per Kohlendioxid betäubt. Warum eine solche «Betäubung» besser sein soll als schnelles direktes Töten, erschließt sich mir allerdings nicht. Diese Kammer ist für Angestellte und Veterinäre währenddessen aus guten Gründen nicht einsehbar. Bei Schweinen sind die einzelnen Phasen «aversiver Reaktionen» in der Kohlendioxidkammer genau beschrieben bei Muriel Machtholf/Klaus Troger: «Die Gasbetäubung von Schlachtschweinen: Alternativen zum Einsatz von Kohlendioxid» in: *Rundschau für Fleischhygiene und Lebensmittelüberwachung* 4/2013. S. 137–139.

32 Diese Zahlen stammen aus einer Antwort der Bundesregierung auf eine Kleine Anfrage der Bundestagsfraktion BÜNDNIS 90/DIE GRÜNEN zum «Tierschutz bei der Tötung von Schlachttieren», http://dip21.bundestag.de/dip21/btd/17/100/1710021.pdf.

33 Zum Beispiel setzt Notwehr das Verbot der Tötung eines anderen außer Kraft, und nicht nur, wenn Leben gegen Leben steht. Auch um eine Vergewaltigung abzuwehren, sind – rechtlich wie moralisch – Maßnahmen der Gegenwehr erlaubt, die den Angreifer töten könnten. In anderen Fällen entscheidet sich bisweilen ein Mensch, sein eigenes Leben zu opfern, beispielsweise um das seiner Kinder oder Nächsten zu sichern. – Dies nur zwei ganz unterschiedliche Beispiele für Situationen, in denen ein anderes Gut vor dem Leben Vorrang haben kann.

34 Dieses Problem teilt die Tierethik allerdings mit allen ethischen Anwendungen, die sich auf nicht sprachbegabte Wesen, also auch kleine Menschenkinder, verwirrte Erwachsene, Erwachsene in Krisen- und Ausnahmesituationen etc., beziehen. In all solchen Fällen haben wir als Außenstehende eine moralische Verantwortung, können allerdings zum Abschätzen des Wohls der betreffenden Person und zum Bestimmen dessen, was «das Beste für sie» ist, entweder nicht deren eigene Meinung heranziehen oder sie jedenfalls nicht als «voll informiert» gelten lassen. – Lange Zeit hat man philosophisch argumentiert, derart nicht-autonome Individuen hätten daher nur moralische Rechte, nicht aber politische. Für einen neueren Vorstoß, Tieren politische Rechte zuzusprechen, und eine hochinteressante Darstellung, wie dieses Thema in der neuen politischen Theorie diskutiert wird, siehe Sue Donaldson/Will Kymlicka: *Zoopolis. Eine politische Theorie der Tierrechte.* Suhrkamp Verlag, Berlin 2013. U. a. S. 248 ff.

35 Ich glaube übrigens nicht, dass solcher Zwang immer gerechtfertigt ist. Der spätere Nutzen löscht die momentane Angst im Transportkorb und beim Tierarzt nicht aus, und auch solche Belastungen müssen ernst genommen und abgewogen werden gegen den zu erwarten-

den Nutzen. In anderen Fällen nämlich hat das Tier von dem rein hypothetischen längerfristigen positiven Effekt nichts oder nur wenig, insbesondere wenn der Weg dahin sehr qualvoll und dem Tier nicht zu erklären ist. Wir können ihm die langfristige Perspektive weniger zumuten, die wir ihm ja nicht verbal nahelegen können, und sollten bei unserem Beurteilen der Situation davon ausgehen, dass es sozusagen mehr in der Gegenwart lebt. – Darüber hinaus habe ich den Eindruck, dass wir alle aufgrund unserer Sozialisation in einer durch und durch speziesistischen Gesellschaft auch bei geliebten Haustieren etc. dazu neigen, diesen Tieren mehr Zwang und «ruppige Behandlung» zuzumuten, als wir selbst zumutbar fänden.

36 Ich beziehe mich hier auf die Unterscheidung zwischen extensionalem und epistemischem Anthropozentrismus bei Angelika Krebs sowie auf deren Spezifizierung einer Variante des letzeren als «general epistemic anthropocentrism». Angelika Krebs: *Ethics of Nature*. Verlag Walter de Gruyter, Berlin/New York 1999. S. 21–23.

37 «We may interact with the other animals as long as we do so in ways to which we think it is plausible to think they would consent», schreibt Christine Korsgaard in etwas anderem Zusammenhang und erinnert: «But it is not plausible to suppose a nonhuman animal would consent to being killed before the term of her natural life is over in order to be eaten or because someone else wants the use of her pelt, and it is not plausible to think she would consent to be tortured for scientific information.» «Interacting with Animals: A Kantian Account», in: Tom L. Beauchamp und R. G. Frey (Hrsg): *Oxford Handbook of Animal Ethics*, Oxford University Press, 2011, S. 91–118. S. 110. – Zum Paternalismus siehe auch die entsprechende Passage in Tom Regan: *The Case for Animal Rights*. University of California Press, Berkeley 1983. S. 103–109.

38 Vermutlich war ein Ei im Legedarm zerbrochen. Ich habe Ähnliches später bei anderen Hühnern erlebt und auf Röntgenaufnahmen gesehen. Zerbrochene Eierschalen im Innern verursachen starke Schmerzen, daher bewegen sich die betroffenen Tiere oft nicht.

39 Dieser Bericht lässt sich derzeit (Oktober 2013) nur im Internet nachlesen, zum Beispiel unter http://www.tierrechtsstimme-entlemax. de/2013/08/09/gesichter-der-angst/. Bei der Autorin handelt es sich um keine fiktive Stimme, sondern belegtermaßen um eine praktizierende Tierärztin.

40 Von der Firma Infood GmbH, anzusehen zum Beispiel unter http:// www.youtube.com/watch?v=BoJmiO8NWts. Ähnlich verhält es sich auch bei neueren «pädagogischen» Vorstößen, Kindern den Wert von Tieren nahezubringen, indem man die Kinder einer Schlachtung bewohnen lässt. Dabei zeigt man natürlich die denkbar mildeste Form einer Schlachtung, erwähnt nicht die Umstände der Haltung,

des Transports und des massenhaften Tods am Fließband etc., sondern praktiziert das viel verspottete «Totstreicheln», das es ansonsten gar nicht gibt.

41 Auf der Schweinezucht-Website meinekleinefarm.org.

42 Jochen Brenner: «Landwirtschaft im Internet: Pig Brother», 16. 2. 2012 auf *spiegel.de.* http://www.spiegel.de/panorama/gesellschaft/landwirtschaft-im-internet-pig-brother-a-812541.html

43 Zum Beispiel ist das Schwein gewiss nicht «gern eingesprungen», wie es auf meinekleinefarm.org heißt, weil ein anderes trächtig war und nicht geschlachtet werden konnte. Mit solcher Marketingsprache wird alles verniedlicht, dadurch aber nicht besser. Der Werbeslogan dieser Firma heißt zum Beispiel: «Wir geben Fleisch ein Gesicht.» Nun, die Tiere hatten bereits ein Gesicht. Als Fleisch haben sie keines mehr. Und ist es nicht bereits Verrohung, anzuerkennen, dass jemand ein Gesicht hat, und ihm trotzdem die Elektrozange aufzudrücken? Man lese einmal Passage Nr. 68 von Theodor W. Adornos *Minima Moralia. Reflexionen aus dem beschädigten Leben.* Erstmals erschienen im Suhrkamp Verlag, Berlin/Frankfurt am Main 1951. Siehe dazu auch meinen Beitrag: «Es ist ja bloß ein Tier» in Pedro de la Fuente (Hrsg.): Gerechtigkeit auch für Tiere. Harald Fischer Verlag, Erlangen. Im Erscheinen. – Der Schweizer Tierrechtler Klaus Petrus hat weitere Beispiele für diesen Prozess der, wie er es nennt, «Re-Subjektivierung» aus aktuellen Werbekampagnen zusammengestellt und interpretiert sie in seinem Beitrag: «Tiere als fragmentierte Subjekte», http://www.tier-im-fokus.ch/mensch_und_tier/fragmentierte_subjekte/

Viertes Kapitel: Dürfen wir Tiere nutzen?

1 Einen Überblick über das beeindruckende Sozialverhalten und die kognitiven Leistungen von (frei lebenden) Schweinen geben die entsprechenden Teile in Jeremy N. Marchant-Forde (Hrsg.): *The Welfare of Pigs.* Springer Science + Business Media, Luxemburg/Berlin 2009.

2 S. Kapitel 3, Anm. 30.

3 Man muss allerdings etwas auf der Hut sein, denn dies sind natürlich keine geschützten Begriffe. In den Fachpublikationen der Agrarindustrie hantiert man recht freizügig mit dem Begriff «Tierwohl», doch entspricht das meiste davon keinerlei ethischen Anforderungen, sondern der Begriff profitiert dann sozusagen unausgewiesenermaßen von dem ethischen Beiklang. Dasselbe gilt für die erwähnte Rede von der «Tiergerechtigkeit». Eigentlich hätte man diesen Begriff wunderbar innerhalb einer politischen Theorie benutzen können, wenn er nicht leider im landwirtschaftlichen Kontext zuerst erfunden

worden wäre, wo er bisweilen an die Stelle von «Artgerechtigkeit» tritt. Mir ist nicht bekannt, welche inhaltlichen Gründe dahinter stecken, und ich habe auch niemanden gefunden, der es mir hätte erklären können. Ich nehme an, es handelt sich schlicht um eine weitere Marketingentscheidung; morgen könnte es wieder umgekehrt oder ganz anders sein, und aus diesen Gründen hat es auch wenig Sinn zu versuchen, jeweils den derzeitig korrekten Begriff zu verwenden oder zu meiden.

4 Diese Fünf Freiheiten wurden 1993 vom UK Farm Animal Welfare Council festgeschrieben. Für eine ausführliche Diskussion siehe SM Korte/B Olivier/JM Koolhaas: «A new animal welfare concept based on allostasis» in: *Physiological Behaviour* 2007, Oct 22; 92(3), S. 422–428. Epub 2006, Dec 15.

5 Marlene Wartenberg: «Tierschutz und Vollzug in Europa», *Der Praktische Tierarzt, 93*. Jahrgang 12, 2012, S. 1074–1075.

6 Steffen Hoy (Hrsg.): *Nutztierethologie*. Verlag Eugen Ulmer, Stuttgart 2009. S. 105.

7 Ebd. S. 129.

8 Dies bezieht sich auf die Besamungsstände, in denen die Sauen einige Tage vor der Besamung bis vier Wochen nach der Besamung verbringen müssen, und das im Schnitt ungefähr zweieinhalb Mal im Jahr. Die Größenangaben entnehme ich dem Niedersächsischen Landesamt für Verbraucherschutz und Lebensmittelsicherheit: Ausführungshinweise zur Tierschutz-Nutztierhaltungsverordnung i. d. F. v. 30. Nov. 2006 (BGBl. I S. 2759), geändert durch V v. 1. 10. 2009 (BGBl. I S. 3223). Stand 23. 02. 2010. Abschnitt 5, Anforderungen an das Halten von Schweinen, § 24 Abs. 4 Nr. 2.

9 Steffen Hoy (Hrsg.): *Nutztierethologie*. Verlag Eugen Ulmer, Stuttgart 2009. S. 105.

10 In der heutigen Schweinezucht hingegen gilt es schon als Fortschritt, dass man von den (Einzel-)Kastenständen überhaupt zur Gruppenhaltung von Sauen zurückkehrt (und die Sauen seither «nur noch» ca. ihr halbes Leben im Kastenstand verbringen müssen). In der Ferkelzucht versucht man die Trächtigkeitszeiten der Sauen derart abzustimmen, dass alle möglichst gleichzeitig werfen und daher auch später wieder in derselben Gruppe zusammenkommen. Man hat nämlich gemerkt, dass es ansonsten bei jeder neuen Zusammensetzung zu aggressiven Hierarchiekämpfen kommt. Das Leben in stabilen Gruppen, das für freilebende Schweine eine Selbstverständlichkeit ist, gilt in modernen Ställen bereits als Zugeständnis an eine tierschonende Haltung und bedarf der Feinabstimmung vieler (menschlicher) Prozesse wie des termingerechten Besamens inkl. der chemischen Stimulierung der Ovulation etc.

11 Ebd. S. 11.

12 Aus diesem Grund wird das letzte Stück des Schwanzes (ohne Betäubung) kupiert, damit die Schweine einander keine blutigen Verletzungen und Infektionen zufügen. Allerdings ist dieses Kupieren eben nur das Verhindern von noch Schlimmerem, nicht die Lösung des zugrundeliegenden Problems. «Das Kupieren des letzten Drittels des Schwanzes bedeutet lediglich eine Behandlung der Symptome, die Ursachen der Verhaltensstörung werden dadurch nicht beseitigt. Maßnahmen gegen das Schwanzbeißen müssen immer das gesamte Spektrum der möglichen Ursachen berücksichtigen und auf eine Optimierung der Haltungs- und Fütterungsverhältnisse abzielen.» Steffen Hoy (Hrsg.): *Nutztierethologie.* Verlag Eugen Ulmer, Stuttgart 2009. S. 137.

13 *Schweinezucht und Schweinemast,* Ausgabe 6/2012, S. 32. Um die Attraktivität dieses Stallinventars zu steigern, erfindet man ständig neue Geräte. Eine andere Möglichkeit ist, das Spielmaterial nur stundenweise in den Stall zu hängen. Dadurch wird es interessanter. Allerdings entsteht ein neues Problem: «Die Annahme durch die Tiere ist hoch, allerdings auch die Mehrkosten. So müssen … sehr viele Spielzeuge gekauft werden. Denn während der begrenzten Spielzeiten wollen alle Tiere gleichzeitig zum Zuge kommen.» – Ironischerweise sind in vielen Ställen ohnehin – gesetzeswidrig – keinerlei Spielzeuge vorhanden (was die ganzen wissenschaftlichen Berechnungen etwas absurd erscheinen lässt); das ergaben wiederholte Recherchen der Tierrechtsorganisation Animal Rights Watch.

14 Ebd. S. 33.

15 Ebd. S. 31.

16 Marian Stamp Dawkins: «What is good welfare and how can we achieve it?» in: Marian Stamp Dawkins/Roland Bonney (Hrsg): *The Future of Animal Farming. Renewing the Ancient Contract.* Blackwell Publishing, Malden/Oxford/Carlton 2008, S. 73–82. S. 74 ff.

17 Ebd. S. 77.

18 Dass ein Tier auch in der Natur bisweilen hungert, heißt ja nicht, dass man es absichtlich und ohne Not hungern lassen darf. Gerade weil wir es unfrei halten, haben wir auch die besondere Pflicht, es eben nicht hungern zu lassen; solche besonderen Fürsorgepflichten für die, die wir von uns abhängig halten, sind natürlich vorausgesetzt. Dass wir Tieren (und Menschen) gegenüber in unterschiedlichen Kontexten unterschiedliche Verpflichtungen haben, diskutiert Clare Palmer ausführlich und innovativ in: *Animal Ethics in Context.* Columbia University Press, New York 2010. Zu domestizierten Tieren siehe insb. S. 91 ff. und 125 ff.

19 Auch diesem Umstand kann der Brambell-Ansatz übrigens nicht gerecht werden. Dieser Einwand wird oft unter dem Stichwort «coping» vorgebracht, siehe z. B. Kenneth G. Johnson/D. M. Broom:

Stress and Animal Welfare. Kluwer Academic Publishers, Norwell 1993/2003/2008. Auch das Autorenteam um Korte schreibt: «Not constancy or freedoms, but capacity to change is crucial to good physical and mental health and good animal welfare.» SM Korte/B Olivier/JM Koolhaas: «A new animal welfare concept based on allostasis» in: *Physiological Behaviour* 2007 Oct 22;92(3):422–428. Epub 2006 Dec 15. Ein anderes Autorenteam: «An animal's welfare status might best be represented by the adaptive value of the individual's interaction with a given environmental setting, but this dynamic welfare concept has significant implications for practical welfare assessments.» F. Ohl, F. J. van der Staay: «Animal welfare: at the interface between science and society», in: *The Veterinary Journal* 2012 Apr; 192(1): 13–9. doi: 10.1016/j.tvjl.2011.05.019. Epub 2011 Jun 23.

20 Ich lasse hier – neben Empfindungen, Wünschen und Interessen – kognitive Überzeugungen *über* solche Interessen aus, die ein viertes Element des Wohls beim Menschen darstellen könnten, bei Tieren aber eher nicht ins Gewicht fallen.

21 Beim Nachdenken über das Wohl stark Behinderter oder kleiner Kinder stellen sich ähnliche Fragen. Dabei rechtfertigen, ja verlangen unser Wissensvorsprung und unsere Verantwortung bisweilen paternalistische Maßnahmen gegenüber einem anderen, für dessen Wohl man (mit-)verantwortlich ist – und sei es nur vorübergehend: Es gibt Situationen, in denen wir alle, ob jung, erwachsen oder alt, gesund, momentan oder dauerhaft verwirrt, in eine Situation kommen können, in der wir davon profitieren, dass ein anderer uns davon abhält, unserem momentanen Impuls entsprechend zu handeln. («Danke, dass du mir gestern Abend den Autoschlüssel abgenommen hast.») Der hier gemeinte Paternalismus bedeutet die berechtigte Anmaßung, gegen den momentanen Willen des Betreffenden zu handeln, aber typischerweise eben unter Rechtfertigung durch den Bezug auf dessen eigenes Wohl. Wir sagen dabei streng genommen nicht, dass wir von außen besser als der Betreffende wissen, wie sein Wohl objektiv aussehe, sondern wir befürchten nur, dass sein derzeitiges Urteilsvermögen beeinträchtigt ist. Wir rekonstruieren also sein Wohl aus der (hypothetischen) Sicht seines vollen Urteilsvermögens und hoffen meist, dass er uns nachher zustimmen wird. – Siehe dazu auch Kapitel 3, Abschnitt «Euthanasie und Paternalismus».

22 Siehe dazu das Interview mit dem Pädagogen Haci Halil Usluscan «Einwanderer im Bildungssystem. Hochbegabt und unentdeckt» in *Mediendienst Integration* vom 12. 11. 2012. http://mediendienst-integration.de/artikel/hochbegabt-und-unentdeckt.html

23 Martha Nussbaum: *Die Grenzen der Gerechtigkeit. Behinderung, Nationalität und Spezieszugehörigkeit.* Suhrkamp Verlag, Berlin 2010. S. 110.

24 Ebd. S. 484 und S. 528 ff.

25 Siehe ihre sechs Hinsichten des Pluralismus, ebd. S. 115.

26 Die Gefahr ist also einerseits, dass die Punkte auf Nussbaums Liste nicht besonders konkret sind; sobald man sie aber zu konkretisieren beginnt, droht andererseits die Gefahr der Bevormundung der betroffenen Individuen. Glücklicherweise jedoch stellt sich genau dieses Problem bei Tieren wegen deutlich geringerer individueller und kulturabhängiger Variation so nicht.

27 Zum Begriff tierischer Kultur und zu weiteren Beispielen v. a. aus dem Bereich unterschiedlicher Schimpansenpopulationen siehe Christophe Boesch: *Wild Cultures. A Comparison Between Chimpanzee and Human Cultures.* Cambridge University Press, Cambridge 2012.

28 Der Begriff der Art hat hier also nur die Bedeutung, den Rahmen dafür anzugeben, wie die Bedürfnisse und Verhaltensweisen des jeweiligen Individuums vermutlich ungefähr ausfallen werden; Objekt dieser ethischen Überlegungen ist aber natürlich das Individuum und nicht die Art (vgl. Kapitel 1, S. 43). Auch Artgerechtigkeit bedeutet daher nicht Gerechtigkeit für die Art, sondern für das Individuum *gemäß* seiner Art bzw. deren üblicher Lebensweise/Spielräume.

29 Von Jutta Bauer, Lappan Verlag, Oldenburg 2008.

30 Steffen Hoy (Hrsg.): *Nutztierethologie.* Verlag Eugen Ulmer, Stuttgart 2009. S. 71.

31 Ebd. S. 101.

32 Die «muttergebundene Kälberhaltung» bei Milchkühen ist extrem selten. Ein 24stündiges Beisammensein und ungehindertes Trinken des Kalbs scheint nicht möglich, siehe dazu die ehrlichen Bemühungen zum Beispiel bei http://www.hof-gasswies.de/mk.html: «Die praktische Umsetzung der Idee, das Kalb direkt bei der Kuh saugen zu lassen, obwohl die Mutter zweimal am Tag gemolken wird, hat bereits zahlreiche Varianten und Änderungen erfahren. So blieben bei unseren ersten Versuchen Kuh und Kalb 24 Stunden am Tag zusammen. Das unerfreuliche Resultat: das Kuheuter und somit unser Milchtank waren stets leer. Der Berater unserer Hausbank räusperte sich sehr vernehmlich ob des ausbleibenden Milchgeldes. So ging's also nicht, wollten wir unseren Betrieb nicht ruinieren …» Daher gewöhnte man die Kälber frühzeitig ans Fressen von Heu und Gras und verbrachte sie nach drei Monaten zu Ammen: «Nach drei Monaten, wenn die Kälber sich so langsam von der Milch entwöhnen sollen, werden die Kälber von ihren Müttern räumlich getrennt und mehrere Kälber einer Amme zugeteilt. Dies mindert den Trennungsschmerz seitens des Kalbes erheblich. Die Mütter können ihre Kälber immer noch sehen und viele gehen gelassen mit der neuen Situation um. Sie

haben in den vergangenen drei Monaten gelernt, über viele Stunden des Tages ihr Kalb ‹loszulassen›. Wenn ein Tier stärker unter der Trennung leidet, versuchen wir, es ihm mit homöopathischen Mitteln leichter zu machen. Bei den Ammen verbleiben die Kälber noch ungefähr einen Monat.» – In der Natur setzt die Mutter das Kalb erst mit acht oder neun Monaten ab.

33 Steffen Hoy (Hrsg.): *Nutztierethologie.* Verlag Eugen Ulmer, Stuttgart 2009. S. 83.

34 Mary Midgley sieht in dieser wissenschaftlichen Sprache eine Art Verlängerung der alten Descartes'schen Auffassung vom Tier als Maschine. Für Descartes galt bekanntlich: «Any noises such as screams and groans that might emerge were merely grinds and creakings of their mechanism. (Today, these are called ‹vocalizations›).» in: «Why farm animals matter», in: Marian Stamp Dawkins/Roland Bonney (Hrsg): *The Future of Animal Farming. Renewing the Ancient Contract.* Blackwell Publishing, Malden/Oxford/Carlton 2008, S. 21–31. S. 24. Und Joyce D'Silva bemerkt zutreffend: «But let's be honest here too. The scientific world is also slow to attribute emotional states to farm animals. The literature is littered with ‹might indicate› and ‹is likely to be›. … It is, after all, only 40 years since Jane Goodall was accused of anthropomorphism for naming the chimpanzees with whom she had been living and working for a year. They should have had numbers instead, she was told.» in: «The urgency of change: a view from a campaigning organization», in: Marian Stamp Dawkins/ Roland Bonney (Hrsg): *The Future of Animal Farming. Renewing the Ancient Contract.* Blackwell Publishing, Malden/Oxford/Carlton 2008, S. 33–44. S. 40.

35 Steffen Hoy (Hrsg.): *Nutztierethologie.* Verlag Eugen Ulmer, Stuttgart 2009. S. 83.

36 Ebd. S. 85.

37 «Besonders eng ist der Kontakt zwischen den weiblichen Tieren und ihren eigenen Lämmern. Diese Bindung besteht meist lebenslang. Individuelle Freundschaften kommen vor.» Steffen Hoy (Hrsg.): *Nutztierethologie.* Verlag Eugen Ulmer, Stuttgart 2009. S. 147. Die Marburger Zoologin Anja Wasilewski hat ihre Doktorarbeit der Untersuchung von Freundschaften bei Schafen und anderen Huftieren gewidmet, für eine Kurzdarstellung siehe: http://www.uni-marburg. de/aktuelles/unijournal/jan2004/Tierfreundschaft. Der Originaltext als PDF hier: http://archiv.ub.uni-marburg.de/diss/z2003/0639/pdf/ z2003-0639.pdf.

38 Zum Trauerverhalten etlicher sozial lebender Tiere siehe erneut Barbara J. King: «When Animals Mourn», in: *Scientific American,* July 2013. http://www.scientificamerican.com/article.cfm?id=when-animals-mourn.

39 Steffen Hoy (Hrsg.): *Nutztierethologie.* Verlag Eugen Ulmer, Stuttgart 2009. S. 97.

40 Ebd. S. 94.

41 «Zunächst wurde davon ausgegangen, dass Mangel an Beschäftigung, hauptsächlich fehlende Möglichkeiten zum Abreagieren des Bedürfnisses bei der Futtersuche und beim Futterpicken, dazu führt, dass Gefieder und Haut der Gruppengenossen bepickt werden. Diese Hypothese wird dadurch gestützt, dass Maßnahmen, die die Dauer der Futteraufnahme reduzieren, wie z. B. pelletiertes Futter und restriktive Fütterung, zu einer Verstärkung des Federpickens und Kannibalismus führen. Dagegen spricht jedoch, dass in Haltungssystemen, welche ausreichend Beschäftigungsmöglichkeiten bieten, wie z. B. Boden- und Auslaufhaltung, Federpicken und Kannibalismus nicht nur nicht verhindert werden, sondern dass unter diesen Bedingungen sogar mehr Schäden durch Kannibalismus auftreten.» Steffen Hoy (Hrsg.): *Nutztierethologie.* Verlag Eugen Ulmer, Stuttgart 2009. S. 221.

42 Das bereits erwähnte Autorenteam um Korte zum Beispiel hält das Brambell'sche Kriterium «Freiheit von Angst und Stress» für ein typisch anthropozentrisches Missverständnis, weil Angst und Stress eben zum Leben von Tieren dazugehören. (SM Korte/B Olivier/ JM Koolhaas: «A new animal welfare concept based on allostasis» in: *Physiological Behaviour* 2007 Oct 22;92(3):422–428. Epub 2006 Dec 15. S. 423) Doch das ist selbst bereits ein Missverständnis. Dass Angst und Stress zum Leben gehören und bisweilen sogar notwendig sind, um auf lange Sicht ein besseres oder vollständigeres Leben zu erhalten, ist nicht allein beim Tier so, sondern auch beim Menschen. Die Philosophie unterscheidet daher zwischen dem intrinsischen und dem instrumentellen Wert von Schmerz: Intrinsisch ist (fast) jeder Schmerz unangenehm; aber er kann instrumentell auch positiv sein, oder zumindest im neutralen Sinn zu ertragen. So ist Schmerz ein wichtiger Indikator für ungesunde Zustände, und manchmal (wie auf dem Zahnarztstuhl) ein notwendiges Durchgangsstadium.

Korte et al. haben natürlich recht, dass es sich hier um ein Manko des Brambell-Ansatzes handelt, doch können auch sie es nicht beheben bzw. diagnostizieren seinen Ursprung falsch, weil sie anscheinend nicht über das begriffliche Instrumentarium (intrinsisch/instrumentell) verfügen. Auch treffen sie m.W. keine Unterscheidung zwischen kurzfristigen und längerfristigen Auffassungen von «gut» oder «Wohl».

43 Siehe dazu auch die grundlegende, über die Details divergierender Tierwohl-Konzepte hinweg Einigkeit konstatierende Überlegung aus agrarwissenschaftlicher und biologischer Sicht in: Jeremy

N. Marchant-Forde (Hrsg.): *The Welfare of Pigs*. Springer Science + Business Media, Luxemburg/Berlin 2009. S. 46 f.

44 In der veterinärmedizinischen Sprache von Korte et al. – deren ethische Position von meiner ansonsten ziemlich weit entfernt ist – liest sich dieselbe Aussage so: «Die genetische Selektion, die besonders auf die Massenproduktion ausgerichtet ist, ... hat strukturelle Veränderungen der Organe hervorgerufen, die den Körper in Ungleichgewicht bringen. In einem Organismus sollte die strukturelle Anlage (z.B. aller inneren Komponenten wie Blut, Herz, Muskel, Kapillargefäße und Mitochondrien) funktionellen Anforderungen genügen. Dies wird Symmorphose genannt. Bei vielen Nutztieren (insb. Masthühnern) entspricht die strukuelle Anlage der inneren Organe den funktionalen Anforderungen nicht. Dieses Ungleichgewicht ist für viele Gesundheitsprobleme von Nutztieren verantwortlich.» SM Korte/B Olivier/JM Koolhaas: «A new animal welfare concept based on allostasis», in: *Physiological Behaviour* 2007, Oct 22; 92(3): 422–428. Epub 2006, Dec 15. S. 427.

45 Der deutsche Tierschutzbund macht auf dem Infoportal zum Tierschutzlabel keine exakten Angaben zu den Platzanforderungen in der Schweinemast. Zu der «Einstiegsstufe» scheint es gar keine Informationen zu geben, siehe http://www.tierschutzlabel. info/home/, bei der «Premiumstufe» heißt es «Platzangebot: circa doppeltes Platzangebot als gesetzlich vorgeschrieben», http://www. tierschutzlabel.info/tierschutzlabel/premiumstufe/, Stand 14.9.2013. Der Konzern Westfleisch («Aktion Tierwohl») nennt nur die Zahlen des Platzverhältnisses für Sauen in der Ferkelzucht, was an Irreführung grenzt, weil sie mit denen der Mastschweine nicht vergleichbar sind. http://www.aktion-tierwohl.de/glossar/#c363, Stand 14.9. 2013.

46 Joachim Radkau: *Natur und Macht. Eine Weltgeschichte der Umwelt.* Verlag C.H.Beck, München 2000. S. 91.

47 Das ergaben die Funde von Pferdeschädeln bei den Grabungen im Hafen des Theodosius. *Konstantinopels versunkener Hafen.* Dokumentation. Frankreich/Kanada 2011, Regie: Hannes Schuler.

48 Peter Dinzelbacher: «Gebrauchstiere und Tierfantasien. Mensch und Tier in der europäischen Geschichte», in: *Aus Politik und Zeitgeschichte. Mensch und Tier.* 62. Jahrgang 8–9/2012, S. 27–34. S. 28.

49 Heute noch ist Anbindehaltung bei Rindern in Deutschland erlaubt (bis zum Jahr 2020). Nach der letzten Landwirtschaftszählung des Statistischen Bundesamts 2010 wurden 18,4 % der Mastrinder und 27 % der Milchkühe fixiert. https://www.destatis.de/DE/ZahlenFakten/Wirtschaftsbereiche/LandForstwirtschaftFischerei/Landwirtschaftszaehlung2010/Tabellen/9_1_LandwBetriebeHaltungsplaetze-Rinder.html. Zum Leben der Milchkühe heute siehe den sehr guten

Überblick bei https://albert-schweitzer-stiftung.de/tierschutzinfos/massentierhaltung/milchkuhhaltung.

50 Clare Palmer diskutiert verschiedene Varianten, was mit einem «Vertrag» gemeint sein könnte: dass es zwar keinen Vertrag im Wortsinne geben könne, dass man aber bisweilen von schweigender Zustimmung sprechen oder an ein Reglement denken kann, bei dem anzunehmen ist, dass Tiere dem zustimmen *könnten*. Allerdings macht Palmer auch auf einen entscheidenden Unterschied aufmerksam: In diesem «Vertrag» gäbe es keine Exit-Option, keine Möglichkeit des Ablehnens; doch die ist für einen Vertrag ja entscheidend! Clare Palmer: *Animal Ethics in Context.* Columbia University Press, New York 2010. S. 58–61.

51 M. Boelhauve/I. Kobusch: «Mindestens drei Minuten spülen!», in: *Schweinezucht und Schweinemast.* Ausgabe 1/2013.

52 Siehe «Klares, frisches Wasser» in: *DGS – Das Magazin für Geflügelwirtschaft und Schweineproduktion,* Ausgabe 18/2013.

53 Siehe meinen Artikel «Grillfleisch mit Federn. Kleine Frage ans Veterinäramt: Wie viele Hühner krepieren in überhitzten Ställen?» In: *DIE ZEIT* vom 3. 8. 2012. http://www.zeit.de/2012/35/Huehner-Tod-Stall, und die Reaktion des Landwirtschaftsministeriums Niedersachsen, beschrieben in: Hans Ettemeyer: «Im Sommer mehr Stallkontrollen. Land reagiert auf Hitzetod von 45.000 Hühnern und Puten» im *Weserkurier* vom 28. 12. 2012. http://www.weser-kurier.de/region/niedersachsen_artikel,-Im-Sommer-mehr-Stallkontrollen-_arid,464161.html.

54 Es gibt dazu keine offiziellen Zahlen; das Ergebnis meiner kleinen Recherche habe ich beschrieben in «Das Heim als Falle», *Frankfurter Rundschau* 2. 4. 2013. http://www.fr-online.de/kultur/untermstrich--das-heim-als-falle,1472786,22254120.html.

55 Jeremy N. Marchant-Forde (Hrsg.): *The Welfare of Pigs.* Springer Science + Business Media, Luxemburg/Berlin 2009. S. 30.

56 Das war der «Pig Park» von David Wood-Gush, beschrieben bei Marian Stamp Dawkins: «What is good welfare and how can we achieve it?» in: Marian Stamp Dawkins/Roland Bonney (Hrsg): *The Future of Animal Farming. Renewing the Ancient Contract.* Blackwell Publishing, Malden/Oxford/Carlton 2008, S. 73–82. S. 78. Auch das bereits deutlich unaufwändigere (britische) System, gebärenden Sauen einen Auslauf mit Nestbaumaterial anzubieten, lässt sich u. a. aufgrund klimatischer und räumlicher Bedingungen nicht beliebig übertragen (und wird m.W. in Deutschland nicht praktiziert). Ruth Layton: «Animal needs and commercial needs» in: Marian Stamp Dawkins/Roland Bonney (Hrsg): *The Future of Animal Farming. Renewing the Ancient Contract.* Blackwell Publishing, Malden/Oxford/Carlton 2008, S. 83–93. S. 90 ff.

57 Sue Donaldson/Will Kymlicka: *Zoopolis. Eine politische Theorie der Tierrechte.* Suhrkamp Verlag, Berlin 2013. Zur Wolle S. 300 ff., Eier S. 304 ff.

58 Zwei Dinge habe ich ausgelassen: Dung und die von Donaldson und Kymlicka erwähnte Wolle. Dung ist wohl das einzige Produkt, das man dem Tier ohne Schaden nehmen darf, denn Exkremente sind ja per definitionem etwas, das ein Tier nicht mehr braucht. Doch Wolle fällt von den Schafen nicht einfach so herunter. Zwar müssen die Schafe, die dazu gezüchtet werden, geschoren werden, weil die Wolle nachwächst und dem Schaf entsprechend heiß wird; aber das Scheren ist ein belastender Vorgang. Auf meinem kleinen Hof sind die Schafe zahm, viele handzahm, kennen sogar ihre Namen und kommen zum Streicheln freiwillig herbei – doch vor dem Scheren fliehen sie. Nach der Atemfrequenz und der «Mimik» zu schließen, empfinden viele Tiere dabei anscheinend regelrecht Todesangst. Sie wehren sich, zappeln, manche müssen niedergedrückt werden; nicht oft, aber gelegentlich kommt es dabei zur Verletzung von inneren Organen. Zu Schnitten in die Haut sowieso. (Und ich habe viele Schafscherer kennengelernt, inklusive einen, der längst selbst Veganer und Tierrechtler ist und früher einmal deutscher Schafschermeister war. Professioneller geht es nicht.) Andere Wesen regelmäßig und mutwillig mehrere Minuten lang Todesangst auszusetzen ist meines Erachtens moralisch bedenklich. Aber auch hier kann man natürlich die Gedanken spielen lassen: Vielleicht ließen sich Schafe züchten, die keine Angst davor hätten? Die man fast-frei und selbstbestimmt leben ließe, allerdings zahm genug wären, dass man sie (dann entsprechend gezüchtet?) angstfrei scheren könnte? Auch hier: Kategorisch ist das Erhalten kleiner Mengen von Wolle unter auch fürs Tier fairen Bedingungen nicht auszuschließen. Aber ist es auch nur annähernd realistisch? Der Weg zur Kunstfaser scheint mir deutlich kürzer.

59 Das sind 670000 Landwirte. Dazu kommt eine unklare Anzahl von Saisonarbeitern und Familienangehörigen. http://www.die-deutschen-bauern.de/wissen.

60 «Jeder deutsche Landwirt ernährt heute 133 Menschen.» *Landvolk Presse Dienst,* Meldung vom 22. Dezember 2009. http://www.landvolk.net/Presseservice/LPD-Meldungen/2009/12/0951/Produktion.php.

61 Gary Francione: «Animals – Property or Persons?», in: *Animals as Persons. Essays on the Abolition of Animal Exploitation.* Columbia University Press, New York 2008. S. 26–66.

62 SM Korte/B Olivier/JM Koolhaas: «A new animal welfare concept based on allostasis.» in: *Physiological Behaviour* 2007, Oct 22; 92(3): 422–428. Epub 2006, Dec 15. S. 423 und mit demselben Wortlaut S. 426.

63 «The answer to this question depends on the answer to an unresolved
theoretical question: whether exercising one's natural capacities – or
species-typical functioning – is intrinsically valuable … If so, the
comfortable kangaroo is to some degree harmed by remaining in the
zoo, which severely limits his ability to exercise his natural capacities.
If, on the other hand, liberty is valuable only to the extent that it pro-
motes experiential well-being, then our kangaroo is clearly better off
in comfortable captivity.» David DeGrazia: *Animal Rights. A Very
Short Introduction.* Oxford University Press, Oxford 2002. S. 58–
59.

64 Kürzlich habe ich auf der Seite eines «vorbildlichen» Schweinezucht-
betriebs eine Werbung für «Freilaufhaltung» gesehen. Direkt unter
dem Schriftzug «Freilauf» sah man Metallgitter, die einen Bereich von
ungefähr 6 mal 6 Metern umschlossen. Dass Gitter nichts mit Freiheit
und 6 mal 6 Meter nichts mit Laufen zu tun haben, fällt den Inhabern
der Website wohl nicht auf.

65 «And the self for whom things can be naturally good or bad is not
merely your rational self. It is also, or rather it is, your animal self.»
«Interacting with Animals: A Kantian Account», in: Tom L. Beauchamp und R. G. Frey (Hrsg): *Oxford Handbook of Animal Ethics,*
Oxford University Press, 2011, S. 91–118. S. 108. Der Grundgedanke
für moralische Berücksichtigung ist bei Korsgaard der folgende: «I
have just suggested that what we share with the other animals – the
condition of being beings *for whom* things can be naturally good
or bad – is morally significant.» (S. 92). Siehe dazu auch Kapitel 1,
Anm. 4 bzw. Christine Korsgaard: «A Kantian Case for Animal
Rights», in: Margot Michel/Daniela Kühne/Julia Hänni: *Animal
Law – Tier und Recht. Developments and Perspectives in the 21st
Century – Entwicklungen und Perspektiven im 21. Jahrhundert.* Dike
Verlag, Zürich/St. Gallen 201, S. 1–29.

66 Oder jedenfalls: nicht gänzlich, nicht grundsätzlich. Faktisch wird
dies dennoch immer wieder auftreten, auch in Fällen, wo sich die
menschliche Seite nichts direkt zuschulden kommen lässt. Schon allein aufgrund unserer technischen Möglichkeiten gibt es zwischen
Mensch und Tier ein derart großes Machtgefälle, dass es eine Form
höherer Selbsttäuschung wäre zu leugnen, dass wir de facto auch Verfügungsgewalt über sie haben und ausüben. Zum Beispiel hat all
unser Gärtnern Auswirkungen auf sämtliche Tiere des Gartens; und
wir versuchen auch Mäuse abzuwehren, die in die Vorratskammer
eingefallen sind. Ich persönlich meine, dass wir unser Haus nicht mit
den Mäusen teilen müssen und dass wir grundsätzlich dazu berechtigt sind, sie fernzuhalten. Das heißt nicht, dass jedes Mittel (wie zum
Beispiel das handelsübliche Gift, das sie nach vielen qualvollen Stunden an inneren Blutungen sterben lässt) erlaubt ist. Wir dürfen eben

nicht *alles* mit ihnen machen; sie sind Wesen mit eigenen Rechten und gehören uns nicht.

67 Auf das Artenschutz«argument» der Zoos gehe ich nicht weiter ein, siehe Kapitel 1, Anm. 33. Meinem Eindruck nach handelt es sich entweder um ein nostalgisches Missverständnis, demzufolge von jedem Käfer ein paar «Exemplare» aufgehoben werden müssen, so wie Insektenforscher einstmals alles für ihre Vitrinen aufspießten. (Aber genau das – seltene Käfer züchten – tut man ja kaum, man züchtet in Zoos vor allem große Säugetiere, deren Freiheitsverluste noch viel drastischer sind.) Manchmal dient der Verweis auf bedrohte Arten wohl auch nur als Feigenblatt. Die Art ist nun einmal keine moralisch relevante Größe, es ist das Individuum, das Rechte uns gegenüber hat. Und wir können ihm nicht zumuten, seine Freiheiten aufzugeben, um für seine Art als «Botschafter» zu fungieren, wie es manchmal heißt, oder seine Spezies hinter Gittern zu «vertreten».

68 Ich danke Karen Duve für den Hinweis auf diesen Frosch!

69 Für mich als Betreiberin eines kleinen Gnadenhofs/Lebenshofs ist eine andere Frage viel interessanter: was nämlich von den Freiheitseinbußen zu halten ist, mit denen die Tiere leben, die wir retten oder beherbergen. Denn nicht alle von uns können allen Tierarten freie (oder analoge) Lebensbedingungen bieten. Die moralische Frage ist hier ganz anders gelagert als beim Zoo: Für die willkürliche Gefangenhaltung um des eigenen Wunsches (Freizeit o. ä.) willen muss man sicherstellen können, grob gesagt, dass die Bedingungen, unter denen man ein Tier hält, mindestens und auf Dauer denen in Freiheit an Qualität gleichkommen. Das gilt für Tiere, die man aus tierquälerischen (privaten oder landwirtschaftlichen) Verhältnissen übernimmt, so nicht: Gerechtfertigt (bzw. hilfreich) ist eine Übernahme dann, wenn sich eine deutliche Verbesserung zur ursprünglichen Haltung erkennen lässt. Es gibt dabei aber auch Grenzen «nach unten», wo eine Rettung ihren Namen nicht verdient.
Grundsätzlich muss man hier allerdings zugestehen, dass dieses Problem nicht individuell, sondern kollektiv geschaffen wurde und daher auch nicht auf individueller Ebene allein zu lösen ist. Wenn eine ganze Gesellschaft institutionalisierte Formen des Gefangenhaltens und Ausbeutens von Tieren gefunden hat, können dies natürlich nicht einige wenige wohlwollende Individuen auffangen. Ihre Lösungen werden oft unbefriedigend sein, und sei es, weil sie nicht alle Tiere aufnehmen können, die ihrer Hilfe bedürften.
Und nun noch eine letzte knifflige Frage: Wie wäre es aber, wenn einige Tiere zum Beispiel in einem von Dürre oder Flut bedrohten Gebiet lebten und man verbrächte sie in einen mitteleuropäischen Zoo? Wäre das dann keine Verbesserung für sie? Dürfte man wenigstens das tun? Das kommt natürlich ganz auf die Einzelheiten der

Notlage an. Grundsätzlich gilt auch hier: Wir dürfen nicht nur einzelne Komponenten des Wohlergehens wie Futter, Wasser, Komfort etc. einrechnen, sondern müssen darauf achten, ob auch die Verluste und Gewinne an Freiheiten ausgeglichen bleiben. Also nur geringe Einbußen an Freiheit als Autonomie, kaum Einbußen an Handlungsfreiheit und ein deutlicher Anstieg der Wahlfreiheit – so würde jedenfalls meine «Formel» lauten.

70 Ich danke Prof. Dr. Martin Wähner, Professor für Tierproduktion an der Hochschule Anhalt, für diese Informationen.

71 Von Schweinen, die entweder Ställen oder, wie 1959 in einem australischen Nationalpark, einem Transporter entkamen, weiß man, dass sie sich gut zurechtfinden und das gesamte Verhaltensrepertoire wilder Schweine an den Tag legen. Jeremy N. Marchant-Forde (Hrsg.): *The Welfare of Pigs.* Springer Science + Business Media, Luxemburg/Berlin 2009. U. a. S. 16 f.

72 «Vom Dunkel ins Licht», bei YouTube: http://www.youtube.com/watch?v=4cuZKBSLyA4.

Fünftes Kapitel: Wie können wir mit Tieren leben?

1 Bernd Ladwig: Menschenrechte und Tierrechte, in: *Zeitschrift für Menschenrechte* Nr. 1/2010, S. 130–157. S. 131.

2 S. Kapitel 4, Anm. 19.

3 Der Begriff «handeln» wird oft nur im Zusammenhang mit Lebewesen (Menschen) verwendet, die bei ihrem Tun bewussten Absichten folgen, die bewusste Pläne fassen und ausführen können. Das ist bei Tieren vermutlich nicht genauso: dass ihnen also, zumal gedanklich, bewusst ist, worauf eine Kette von Tätigkeiten hinauslaufen «soll», insbesondere wenn diese sehr lang ist. Ich halte es trotzdem für sinnvoll, bei Tieren von einem Handeln zu sprechen. Denken wir an die (frei lebende) Muttersau, die vor der Geburt ein Nest aus allerlei losen Materialien (Stroh, Blätter etc.) anlegt, um ihre Kleinen darin warm zu halten. Und die jedes Mal, wenn sie von draußen ins Nest zurückkehrt, mit dem Rüssel eine Furche zieht, bevor sie sich niederlässt – womit sie zugleich sicherstellt, dass sie sich nicht versehentlich auf eins der Ferkel legt (was im Stall bisweilen geschieht). Sowohl Nestbau als auch «Freischaufeln» sind genetisch angelegt. Gleichzeitig handelt es sich um bewusste Tätigkeiten, die sie nicht wie ein empfindungsloser Roboter, sondern ein wahrnehmungsfähiges Subjekt vollzieht. Insgesamt kann man mit Fug und Recht sagen: Sie tut dies, um ihre Jungen gut aufzuziehen. Aber was heißt hier «um»? Von einer «Absicht» zu sprechen, unterstellt wohl zu viel Rationalität. Aber ein *Ziel* dieses Tuns liegt doch offensichtlich vor.

Und so würde ich sagen, Handeln ist nicht notwendig absichtsvolles, aber doch zielgerichtetes Tun, und das finden wir bei Tieren ständig.

4 Letter 2814 Charles Darwin to Asa Gray, 22 May [1860]. Man kann daraus übrigens schließen, dass Darwin davon ausging, dass Raupen ein Schmerzempfinden besitzen – sonst wäre es für sie ja nicht weiter schlimm, bei lebendigem Leib aufgefressen zu werden.

5 Stephen Jay Gould: «Nichtmoralische Natur», in: *Wie das Zebra zu seinen Streifen kam. Essays zur Naturgeschichte.* Suhrkamp Taschenbuch Verlag, Frankfurt am Main 1991. S. 30–43.

6 Ich werde diese Frage später ausführlich beantworten, aber hier möchte ich noch einmal an das erste Kapitel erinnern, in dem ich zu argumentieren versuchte, dass Rechte im Grunde die garantierten (oder zugesagten, versprochenen, zugestandenen, anerkannten) Ansprüche sind, die man an andere zu stellen berechtigt ist. Sprich: Rechte kommen immer in der Relation von moralischen Subjekten und Objekten zustande. Ich denke, dass es ein Missverständnis wäre zu meinen, Tiere (und Menschen) hätten Rechte unabhängig von allen Kontexten, gleichsam wie man körperliche Attribute besitzt oder zum Beispiel eine Nase. Rechte hat man immer gegenüber anderen; diese anderen können einzelne Individuen, eine Gruppe oder eine Gemeinschaft sein – und müssen moralische Subjekte (oder Zusammenschlüsse davon) sein.

7 Und zwar ist er zum einen philosophisch schwer zu bestimmen, siehe Dieter Birnbacher: *Natürlichkeit.* Verlag de Gruyter, Berlin 2006. Zum zweiten zeigen ethnologische Vergleiche, wie unterschiedlich diese Grenze gezogen werden kann, siehe Philipp Descola: *Jenseits von Natur und Kultur.* Suhrkamp Verlag, Berlin 2011. Zum dritten kennen auch Tiere tradierte soziale Praktiken, siehe Christophe Boesch: *Wild Cultures. A Comparison Between Chimpanzee and Human Cultures.* Cambridge University Press, Cambridge 2012.

8 Und natürlich die heimlichen Sieger der Evolution, die nicht bloß weiter existierenden, sondern auch in ständig neuer Fülle neu entstehenden Bakterien, siehe dazu Stephen Jay Goulds eindringliche Schrift gegen den Fortschrittsgedanken in der Evolutionstheorie: *Illusion Fortschritt. Die vielfältigen Wege der Evolution.* S. Fischer Verlag, Frankfurt am Main 1998.

9 Bernhard Kegel: *Tiere in der Stadt. Eine Naturgeschichte.* DuMont Buchverlag, Köln 2013. S. 120.

10 Im Zuge einer Internetdiskussion sind mir einmal welche begegnet. Der Vorschlag, Löwen mit Tofu zu füttern, ist ja nur der Einstieg. Diese «Experten» habe ich daher gefragt, wie sie denn mit den erwähnten Fällen der Aggression und des brutalen Sex im Tierreich

verfahren wollen – Umerziehung oder genetische Umprogrammierung? Einer entgegnete, man könne den Tieren vielleicht Gummispielzeug (zum Kämpfen) und Gummipuppen (zum Sex) als Ersatz darbieten. Als ich dann fragte, wie er den Tieren den Tofu, das Gummispielzeug und die Puppen nahebringen wolle, ohne dabei seinerseits wieder kleinere Tiere zu zertreten, antwortete er mir doch tatsächlich: Eventuell könne man dazu Anti-Schwerkraft-Schuhe entwickeln – man dürfe doch wohl einmal darüber spekulieren!

11 Bernhard Kegel: *Tiere in der Stadt. Eine Naturgeschichte.* DuMont Buchverlag, Köln 2013. S. 97.

12 «Obwohl wir all dies nicht ohne Gegenwehr über uns ergehen lassen, tanzen die Milben uns buchstäblich auf der Nase herum. Manche von ihnen sind so winzig, dass sie unerkannt in den Poren unserer Gesichtshaut existieren können. Beliebte Aufenthaltsorte sind Nasenwurzel, Augenlider und Gehörgänge, wo sie von den Sekreten unserer Talgdrüsen naschen. Die maximal 0,4 Millimeter messenden *Demodex*-Milben leben im Gesicht fast jedes Menschen, aber nie sind es mehr als etwa tausend Tiere. Unser Immunsystem scheint ihrer weiteren Vermehrung einen Riegel vorzuschieben. Nur wenn es schwächelt, zum Beispiel bei Aidskranken, kann *Demodex* zum Problem werden.» Ebd., S. 156–157.

13 Die *policing-nature*-Frage ist, wie ich sie hier diskutiere, nicht identisch mit jener anderen skeptischen Frage: Wenn der Löwe eine Antilope frisst, wieso darf ich es nicht tun? Bzw. im (falschen) Umkehrschluss: Wenn der Löwe jagen darf, darf der Mensch es auch. Diese Wendung der Diskussion um *policing nature* hat Jennifer Everett ausgiebig und, wie ich finde, schlagend durchdiskutiert in: «Environmental Ethics, Animal Welfarism, and the Problem of Predation. A Bambi Lover's Respect for Nature». In: *Ethics and the Environment* 6, Nr.1, S. 42–67. In zwei kurzen Zitaten: «The relevant comparison … is not between two wholly different acts that lead to comparable consequences, but rather between the various consequences of the acts that are available to a given moral agent in a given situation.» (S. 48) und «The relevant question is whether what he or she is doing is worse than what he or she otherwise could do.» (S. 49) Diese Begründung arbeitet Everett sowohl für eine deontologische (Kantianische) als auch konsequentialistische (utilitaristische) Ethik aus. Anders verhält es sich mit ihrer Antwort auf die Frage, die uns hier beschäftigt; hier bewegt sich Everett für mein Gefühl unplausibel nah an eine umweltethische Verklärung der Natur als Ganzer heran, wenn sie schreibt: «An animal welfarist can consistently hold that suffering (taken in itself) is not valuable, but that nature, which contains suffering, is valuable, because the values in nature (taken as a whole) outweigh or overshadow the disvalues. Nature, then, let us say, is good.

It is very good; indeed, it is truly, magnificently, splendidly good.»
(S. 59)

14 «A first (if somewhat trite) response is to say that there is no reason
to think that many ethical decisions *should* be straightforward. Situations involving exotic sentient animals introduced into fragile ecosystems, native wild animals driven from their habitats by human de-
velopment, feral animals living in urban areas, and animals affected by
anthropogenic climate change all do raise complicated questions. It is
implausible that a ‹one-size-fits-all› answer is going to be appropriate
to these situations … ». Clare Palmer: *Animals in Context.* Columbia
University, New York 2010. S. 139.

15 Ebd. S. 158.

16 Vielleicht nicht ganz unmöglich: Wenn uns das Eulenjunge direkt vor
die Füße fällt, könnte man sagen, wir hätten eine sich aus der speziellen Situation ergebende besondere Verantwortung … Andererseits:
Woher stammen eigentlich die Mäuse? Haben sie, sobald wir sie aufnehmen, uns gegenüber nicht auch besondere Rechte? Und noch ein
weiterer Fall: Was, wenn die Katze uns eine verletzte, aber nicht tödlich verletzte Maus vor die Füße legt? Ich denke, dass wir hier durchaus eingreifen können (bzw. dann: sollten), weil sich u. a. aus der unmittelbaren Begegnung mit einem in Not befindlichen Tier Hilfs-
pflichten ergeben (ähnlich wie gegenüber einem Menschen), zumal
wenn der Aggressor dieses Tier nicht als Nahrung braucht. Hier
überschneiden sich dermaßen viele und von Fall zu Fall variierende
Kriterien, die moralisch relevant sein könnten, dass ich bezweifle,
dass es in solchen Fällen ein Richtig oder Falsch gibt. – Diese Frage
nach besonderen Pflichten und diversen Fällen von Verantwortung
ist das Grundthema in Clare Palmer: *Animal Ethics in Context.* Columbia University Press, New York 2010. Zu Haustieren siehe insb.
S. 91 ff. und 125 ff. Interessant ist auch Mary Midgleys Diskussion
verschiedener Modelle von moralischen Pflichten (konzentrisch oder
thematisch angeordnet) in: *Animals and Why They Matter.* The University of Georgia Press, Athens 1983. S. 28 ff.
Gerade weil die Frage nach der direkten Verantwortung in solchen
Fällen nicht klar zu beantworten ist, kommen hier meines Erachtens
vermehrt indirekte, sozusagen tugendethisch motivierte Pflichten
zum Zug. So scheint mir das passive Zusehen unangemessen im Falle
einer TV-Dokumentation, die ich kürzlich sah, bei der ein Tierfilmer
tagelang einem jungen Elefanten folgte. Dessen Mutter war verstor-
ben, die Herde akzeptierte ihn nicht. Entkräftet und dehydriert irrte
er herum, schwankte und verdurstete vor unseren Augen (bzw. der
Linse der Kamera). Es ist etwas falsch daran, dabei tatenlos zuzusehen, und sei es nur, weil wir uns dabei verhärten und die Tugend
der Anteilnahme verlernen. Allerdings muss sich, wer diesem Elefan-

tenjungen helfen würde, auch klarmachen, dass er nur diesem einen großen Säugetier geholfen hätte – zum Schaden der Geierfamilien, die sich vielleicht schon auf sein Aas freuten, und all der Kleintiere, deren Höhlen, Nester und Leiber er im Laufe seines Lebens zertreten hätte. Hätte sich der Kameramann vielleicht einfach abwenden und wenigstens nicht filmen sollen? Dann hätte er dem Sterbenden wenigstens nicht jenen minimalen Respekt versagt, sein Leid immerhin anzuerkennen, statt es bloß als Material für einen Film zu verwenden.

17 Was nicht heißt, dass wir es nicht versuchen sollten. Mal ganz abgesehen davon, dass das Elbhochwasser aufgrund der Flussbegradigungen letztlich menschengemacht ist, denke ich: Auch Naturkatastrophen, die wir nicht mitverschuldet haben, also andere Überflutungen, Erdrutsche, Brände und Vulkanausbrüche, könnten Situationen sein, in denen wir helfen sollten (vorausgesetzt, wir schädigen dabei nicht wiederum viele Tiere). Solche Ereignisse bringen riesige Mengen von Tieren in Not, ohne dass andere «etwas davon haben». Man darf sich hier nicht von einem romantischen Ökologie-Verständnis zu der Annahme verleiten lassen, irgendwie sei jeder Tod zum Überleben von etwas anderem gut: Wenn ganze Landstriche ausgelöscht bzw. von allen empfindungsfähigen Tieren geleert werden, ist das nicht so. Gewiss, auch dort kann später anderes Leben entstehen. Aber aus moralischer Perspektive zählen die Interessen der Tiere, die leben, nicht die der Wesen, die nur eventuell leben könnten.

Daher scheint sich zumindest ein wichtiger Unterschied zwischen verschiedenen Fällen der (möglichen) Hilfe abzuzeichnen: Wenn wir beabsichtigen, Tiere (derselben oder unterschiedlicher Spezies) voreinander zu beschützen, sind Rechtsverletzungen der jeweiligen Jäger meist vorprogrammiert. Anders sieht es mit Hilfeleistungen bei den genannten extremen Umweltbedingungen oder -katastrophen aus, die zumeist alle Tiere gleichzeitig schädigen und oft (nicht immer) nur potentiell später lebenden Tieren zugute kommen.

18 Manchmal erscheint mir die Debatte um *policing nature* wie ein endloses Schachspiel, in dem jeder Zug die Möglichkeit eines neuen Zugs eröffnet. Der Spekulation sind keine Grenzen gesetzt, und jedes Argument provoziert ein weiteres. Daher sei ehrlicherweise hinzugefügt: Ich könnte mir drei Situationen vorstellen, in denen – rein hypothetisch und praktisch nicht realisierbar – ein «chirurgischer Eingriff» in die natürliche Welt angebracht wäre. Erstens: Bei Spezies, die nur unerträgliches Leid über andere bringen, ohne selbst zu irgendetwas gebraucht zu werden. Auch diese Tiere dürften wir nicht töten, sie haben sich ja nicht schuldig gemacht; aber man könnte – wie gesagt: alles ganz hypothetisch – versucht sein, sie aussterben zu lassen. Zweitens: Eine Spezies, die selbst auf-

grund irgendwelcher Eigenarten zu einem schrecklichen Leben «verdammt» ist. Keine Ahnung, ob es das gibt. Nehmen wir einfach an, eine grausame Mutation verschafft den Angehörigen einer bestimmten Spezies fast andauernd starke Schmerzen, dennoch sind sie weiter «funktionstüchtig». Drittens: Es könnten Tiere in einer bestimmten Umweltsituation gefangen sein, zum Beispiel auf einer Insel, auf der die Nahrungslage immer nur durch Not bestimmt wäre, noch dazu kämen schreckliche Fluten, die die Tiere einem ständigen Kampf gegen das Ertrinken auslieferten. Auch in diesen beiden letzteren Fällen würde man wohl sagen, dass die Spielregeln dieses Lebens, die Bedingungen insgesamt dieses Leben – für die Tiere selbst – nicht oder jedenfalls so wenig lebenswert machen, dass es barmherziger wäre, sie aussterben zu lassen, als weitere Tiere dieser Art in dieser Situation solchen Qualen ausgesetzt zu wissen.

19 «So it's worth remembering that on a Kantian account, the subject matter of morality is not how we should make the world; it is how we should interact with and relate to others. Even if we can't remake the world into a place without predation, we can avoid being predators; even if we can't ensure the comfort of every rat and rabbit on the planet, we can avoid experimenting on rats and rabbits for the sake of our own comfort. What makes it worth acting in these ways is not just that it has a good result. It is worth for its own sake, as an expression of respect for, and solidarity with, the creatures of this planet who share our surprising fate – the other beings *for* whom things can be naturally good or bad.» «Interacting with Animals: A Kantian Account», in: Tom L. Beauchamp und R. G. Frey (Hrsg): *Oxford Handbook of Animal Ethics,* Oxford University Press, 2011, S. 91–118. S. 111.

20 Clare Palmer: *Animals in Context.* Columbia University, New York 2010. S. 54 ff.

21 Es gibt dazu keine offiziellen Statistiken, ich habe aber einmal eine Recherche versucht und geschildert in «Tiere auf der Fahrbahn», *Berliner Zeitung* vom 5. 10. 2012. http://www.berliner-zeitung.de/kultur/unterm-strich-tiere-auf-der-fahrbahn,10809150,20158630.html.

22 Zur Frage der Kompensation s. Clare Palmer: *Animals in Context.* Columbia University, New York 2010. S. 102 ff. und Sue Donaldson/ Will Kymlicka: *Zoopolis. Eine politische Theorie der Tierrechte.* Suhrkamp Verlag, Berlin 2013. S. 444 ff.

23 Etwas anders liegt m. E. der Fall, wenn es sich um direkte Nachkommen eines Tiers handelt. Wenn jemand zum Beispiel eine Igelmutter überfahren hat und deren Junge findet, trägt er (wegen des direkten Verschuldens) eine Fürsorgepflicht für die Jungen – diesen Jungen gegenüber, aber auch der Mutter. Warum? Meiner Meinung nach können (und sollten) wir sagen, dass das Wohlergehen ihres Nachwuch-

ses im Interesse einer Mutter liegt, zumindest wenn sich dieser Nachwuchs noch in dem Alter befindet, in dem die Mutter üblicherweise für ihn sorgen würde. Viele ihrer bewussten Handlungen, viele Objekte ihres Wollens, viele ihrer Empfindungen (Angst, Sorge, Freude, Zuneigung) sind direkt mit dem Wohl des Nachwuchses verbunden – sie hat an dessen Wohl ebenso ein Interesse wie an ihrem eigenen Überleben. Wie mehrfach gesagt: Es handelt sich um *unsere* gedankliche (Re-)Konstruktion ihres Wollens. Dennoch denke ich, dass man damit der Tiermutter nicht nur nicht Unrecht tut, sondern umgekehrt sie nur dann umfassend ernst nimmt, wenn man – zumindest in der Zeit des Bemutterns – eben auch das Wohl ihrer Kinder zu ihren zentralen Interessen zählt. Auf diesem «Umweg» über das zugegebenermaßen zunächst etwas spekulativ klingende Interesse des Tiers selbst an seinem Nachwuchs zeichnen sich auch Argumente für andere Situationen ab. In manchen Situationen könnte es in Ordnung sein, jetzt lebenden Tieren etwas wegzunehmen, wenn dadurch gewährleistet würde, dass es dadurch ihren Nachkommen deutlich besser ginge. Zum Beispiel: Wenn der Bau einer Grünbrücke die jetzt dort lebenden Tiere belasten würde, auf Dauer aber sicherstellen würde, dass ihr Rudel oder die nächste Generation wieder ungehinderter ziehen und dadurch besser und freier leben kann? Die mir selbst unklare Frage ist hier allerdings: Gilt dies lebenslang für den Nachwuchs, auch insofern die Mutter gar nicht mehr von ihm weiß, vielleicht längst den nächsten Wurf großzieht? Oder nur für die Jungtiere, mit denen sie sich gerade direkt befasst? Ich bin mir nicht sicher. – So oder so: Bezugsgröße ist hier jedenfalls nicht einfach «die Spezies», sondern der Verbund *bestimmter* Tiere und ihrer Nachkommen.

24 Tiere derselben Art bilden weder ein gemeinsames «Volk» noch eine «Nation», weil sie sich ja nicht mit anderen ihrer Art absichtsvoll zusammengeschlossen haben. Dennoch führt das kanadische Autorenteam bekanntermaßen die Idee tierischer Gemeinschaften in die politische Theorie und Tierethik ein. Dabei sind sich Donaldson und Kymlicka sehr wohl bewusst, dass sie achtgeben müssen, sich nicht die eben beschriebenen Probleme aufzuladen, die man sich einhandelt, wenn man mit dem Begriff der Art operiert. Das tun sie auch gar nicht. Zum Beispiel wenn sie argumentieren, dass Risiken zwischen menschlichen und anderen Gemeinschaften fair verteilt werden müssen. Sue Donaldson/Will Kymlicka: *Zoopolis. Eine politische Theorie der Tierrechte.* Suhrkamp Verlag, Berlin 2013. S. 437 ff. Wenn sich also zum Beispiel bei einem Verkehrsprojekt abzeichnet, dass Menschen kaum Verletzungs- und Unfallrisiken, Wildtiere hingegen ein immenses Risiko tragen werden, dann handelt es sich um eine unfaire Angelegenheit. – Das ist eine etwas vergröberte Wiedergabe von mir,

und auch die folgende Interpretation stammt von mir. Ich habe mich gefragt, ob Donaldson und Kymlicka hier nicht doch wieder mit der Bezugsgröße «Art» operieren und sich dadurch dem Vorwurf aussetzen, dass sich die jeweiligen Wildtiere nicht freiwillig zusammengetan haben. Wieso also wäre es relevant, wie viel Risiko dort ansässige Gruppen von Tieren tragen? Ich denke, es schafft Klarheit, wenn man diesen Fall mit anderen Formen von Ungleichbehandlung vergleicht, zum Beispiel von Frauen in bestimmten beruflichen Situationen oder Fällen ethnischer Diskriminierung. Auch hier liegt eine spezifische Form von Ungerechtigkeit bzw. Benachteiligung vor, wenn Nachteile Individuen einer bestimmten Gruppe signifikant häufiger treffen als andere. Es gibt Gruppendiskriminierung, selbst wo es sich um keine freiwillig, absichtsvoll oder auch nur bewusst gebildete Gruppe handelt. (Diskriminierung und Ungerechtigkeit funktionieren sogar meistens so. Genau das macht sie zur Ungerechtigkeit: Jemand wird nicht dafür «bestraft», was er oder sie tut, sondern dafür, was jemand «ist», zu welcher Gruppe er gehört oder, noch häufiger, welcher Gruppe er von anderen zugerechnet wird.)

25 Sue Donaldson/Will Kymlicka: *Zoopolis. Eine politische Theorie der Tierrechte*. Suhrkamp Verlag, Berlin 2013. S. 429.

26 In der Ökologie werden solche Phänomene unter dem Stichwort «evolutionäre Falle» beschrieben und, wenn ich es recht sehe, vor allem im Zusammenhang mit gefährdeten Tierarten diskutiert. Wenn es sich um bestimmte Tierarten handelt, lassen sich solche Gefahrenquellen auch leichter benennen: dass z. B. ein Frosch auf bestimmte LED-Lichter reagiert, weil er sie für Beute oder sexuelle Signale hält. Bruce A. Robertson, Jennifer S. Rehage, Andrew Sih: «Ecological novelty and the emergence of evolutionary traps». In: *Trends in Ecology & Evolution*, Volume 28, Issue 9, 552–560, 05 June 2013. Die tierethische Sorge gilt aber nicht der Konservierung gefährdeter Tier*arten*, sondern den fairen Lebensbedingungen für alle möglichen Tiere. Dabei ist es zugegebenermaßen nicht leicht zu sagen, welche Veränderungen für andere Tierarten «handhabbar» sind und welche nicht. Es gibt viele Adaptationen anderer Tiere an die menschliche Lebensart, die man nicht hätte vorhersehen können. Allein die Tatsache, dass Müllhalden eine hervorragende Futterquelle für viele Tierarten sind, ist dafür ein Beispiel. Andererseits: Bei bestimmten Stoffen scheinen solche Adaptionen im Rahmen der uns bekannten biologischen Chemie ausgeschlossen (und auch nicht alles, was Tiere auf Müllhalden finden, bekommt ihnen!). Es handelt sich nicht notwendigerweise um zwei klar getrennte Klassen von Stoffen oder Materialien, von denen die eine als bewältigbar gälte, die andere nicht, sondern vielleicht gibt es eher nach Wahrscheinlichkeit gestaffelte Unterschiede.

27 Das geschieht bereits erfreulich oft, zum Beispiel was die Vermeidung umstrittener Inhaltsstoffe wie des Palmöls, die Ersetzung importierten Sojas durch einheimisches Soja oder die heimische Lupine und Alternativen zu schwer abbaubaren Verpackungsmaterialien angeht.

28 In der deutschen Ausgabe von *Zoopolis. Eine politische Theorie der Tierrechte.* Suhrkamp Verlag, Berlin 2013, werden sie «Schwellenbereichs-Tiere» genannt, ich finde «Grenzgänger» treffender; diese Übersetzung ist mit den AutorInnen abgesprochen.

29 Einige Arten wie der Mauersegler sind sogar regelrecht auf die Brutplätze in menschlichen Siedlungen angewiesen, schreibt Josef H. Reichholf in *Stadtnatur. Eine neue Heimat für Tiere und Pflanzen.* oekom Verlag, München 2007. S. 83.

30 Ebd. S. 294 f.

31 Bernhard Kegel: *Tiere in der Stadt. Eine Naturgeschichte.* DuMont Buchverlag, Köln 2013. S. 374. Ein Überblick über Forschung und Diskussion zu so genannten evolutionären Fallen findet sich in Bruce A. Robertson, Jennifer S. Rehage, Andrew Sih: «Ecological novelty and the emergence of evolutionary traps». In: *Trends in Ecology & Evolution,* 05 June 2013.

32 Natürlich bietet die Stadt auch Vorteile, auf die «die Natur» genauso wenig zählen konnte, zum Beispiel die Verkehrsampeln, an denen Krähenvögel Nüsse von Autos knacken lassen. Ich denke dennoch, dass wir hier aufgrund des vorrangigen Gebots, anderen keinen Schaden zuzufügen, eine gewisse Verantwortung bei «Todesfallen» haben, die wir nicht einfach mit Vorteilen, die sich unbeabsichtigt ergeben, verrechnen können. – Dies sind nur erste Gedanken auf einem Feld, das hoffentlich von Ökologen, Umweltethikern und Stadtplanern angegangen wird, wenn sich der Gedanke, dass Tiere ein Recht darauf haben, in der Stadt zu leben, weiter verbreitet hat.

33 Josef H. Reichholf: *Stadtnatur. Eine neue Heimat für Tiere und Pflanzen.* oekom Verlag, München 2007. S. 55.

34 Wenn ich es recht verstehe, bezieht sich dies bei Wilson und auch bei Nussbaum nicht nur auf das Zusammenleben mit Tieren, sondern auch auf die Nähe mit der Flora und dem Ganzen der Natur. Auch das finde ich einleuchtend, doch sehe ich noch einen gewissen Unterschied zwischen dem Leben mit der «Natur» oder «im Grünen» etc. und dem mit Tieren, die uns auch als Individuen begegnen. Wir verlieren uns in der Beobachtung des Reihers, der Taube, des Spatzen, der Maus, des Rehs, gerade weil wir wissen, dass dies hier jemand ist, der seinem eigenen Leben nachgeht. Die Betrachtung der Tiere hat eine andere Erlebnisqualität (oder: Qualität des Mit-Erlebens) als die Betrachtung von Pflanzen oder Landschaften.

35 «Verständlicher» würde die Stadt zum Beispiel schon dadurch, dass Zäune einen Garten oder Vorgarten entweder vollständig oder gar

nicht abschließen, also nicht eine Lücke lassen, durch die ein Tier hinein, in eventueller Panik aber nicht wieder hinausfindet. Abfallstellen müssten da, wo sie keine Tiere anlocken sollen, besser gesichert werden. Schließlich könnte man auch in den Städten Tunnel oder Zäune an manchen Straßen bauen, um gefahrlose Übergänge erleichtern. Dabei denkt jeder zuerst an die zusätzlichen Mühen und Kosten. Aber immer wieder verbreiten sich im Internet Videos von hilfsbereiten Anwohnern oder Verkehrspolizisten, die eine Entenfamilie von A nach B geleiten und dafür zig Autos anhalten. Viele Menschen finden so etwas rührend. Wenn eine einzelne Entenfamilie also so viel Mühe wert ist, wieso soll dann nicht das Wohl vieler Entenfamilien auch Tunnels oder Übergänge wert sein?

36 Und natürlich können wir auch weiterhin mit domestizierten Tieren zusammenleben – wenn wir ihnen ein Leben unter nahezu freien Bedingungen ermöglichen. Also zum Beispiel ohne Käfige. Ein annähernd gleichberechtigtes Zusammensein wird am ehesten mit Hund und Katze möglich sein; ich kenne allerdings auch Menschen, die Kaninchen und Meerschweinchen (aus Tierschutzfällen) aufgenommen haben; allerdings in Gärten und Gehegen von einer Größe und mit einem entsprechenden Aufwand, die bzw. den die meisten Menschen nicht bieten könnten.

37 So schlagen Donaldson und Kymlicka vor, dass man Katzen, die nach draußen gehen, beaufsichtigen (monitoring) solle. (In der deutschen Ausgabe ist daraus geworden, dass man sie «mit Glöckchen ausstatten» solle, Sue Donaldson/Will Kymlicka: *Zoopolis. Eine politische Theorie der Tierrechte*. Suhrkamp Verlag, Berlin 2013. S. 332 bzw. in der Originalausgabe S. 152.) Ich halte solch eine Forderung für praktisch unmöglich und auch tierquälerisch gegenüber der Katze, die ja ebenfalls ein Recht auf das Ausführen ihrer Fähigkeiten und Tätigkeiten hat. Auch hier gilt natürlich der Kant'sche Grundsatz: Sollen impliziert können. Etwas, das sich schlechthin nicht kontrollieren lässt, fällt auch nicht in unsere Verantwortung. – Was jene andere Frage nach den Arten (nicht den von Katzen zweifellos getöteten Individuen) angeht: Das Vorurteil, dass ein hohes Katzenaufkommen die Singvogelwelt beeinträchtige, scheint eben genau das zu sein: ein Vorurteil ökologischer Laien. Ich danke Prof. Dr. Josef Reichholf für seine entsprechenden Erläuterungen und verweise zum Beispiel auf seine Ausführungen zu Jägern und Bejagten (Singvögeln) in: *Stadtnatur. Eine neue Heimat für Tiere und Pflanzen*. oekom Verlag, München 2007. S. 108–110.

38 Die dem zugrundeliegende Vorstellung, dass wir gegenüber besonderen anderen (wie Familienmitgliedern, uns anvertrauten Abhängigen o. ä.) noch einmal besondere Pflichten (und Rechte) haben, hat auch in unserer Alltagsmoral einen so festen Sitz, dass ich das Thema in

Kapitel 2, Abschnitt «Tierversuche und milder Speziesismus» nur kurz angerissen habe. Speziell zu Haustieren siehe dazu wiederum Clare Palmer: *Animal Ethics in Context.* Columbia University Press, New York 2010. S. 91 ff. und 125 ff. Sowie Mary Midgley: *Animals and Why they Matter.* The University of Georgia Press, Athens 1983. S. 28 ff.

39 Die Katze ist übrigens noch in einem weiteren Sinne Grenzgängerin, da sie in allen drei erwähnten Formen auftritt: als Heimtier mit besonderen Rechten uns gegenüber, als frei lebendes Tier in Wald und Wiesen sowie als frei lebendes Tier in der Stadt. Das Auftreten solcher «streunender» Katzen gilt als Tierschutzproblem; sie sind in gesundheitlich schlechterem Zustand als die meisten Hauskatzen, aber vermutlich nicht in schlechterem Zustand als ein vergleichbares Wildtier. (An dieser Stelle danke ich Dr. Bernhard Kegel und Prof. Dr. Josef H. Reichholf, die mir beide mitteilten, ihnen seien keine entsprechenden Untersuchungen bekannt.) Vielleicht irritiert uns die streunende Katze (ebenso wie natürlich der streunende Hund) daher, weil hier zwei unterschiedliche Prinzipien, mit Leben, Leid und Tod umzugehen, aufeinandertreffen: das der Natur und das moralische des Menschen. Nicht zufällig ist die Kastration der Preis, den die Katze für den Eintritt in die Zivilisation – anders gesagt: den Kreis derjenigen, die Rechte auf Versorgung haben – zahlen muss. Denn die unbekümmerte Art der Natur, ungezählte Lebewesen mit ungewissem Ausgang in die Welt zu streuen, damit einige überleben, verträgt sich nicht mit unserer Moral, die an Individuen ausgerichtet ist. Ebenso wenig wie natürlich mit unserer Zuneigung zum individuellen Tier.

Gegen die Kastration domestizierter Tiere habe ich keine grundsätzlichen Einwände. Sicherlich beschneiden wir hier eine wichtige Lebenskomponente des Tiers (dem wir übrigens weniger den Sex nehmen, der für die meisten nicht-menschlichen Tiere nur in umgrenzten Brunftzeiten wichtig wird, sondern vielmehr die Möglichkeit der Aufzucht von Nachwuchs). Doch diese Rechtsverletzungen müssen gegen die, die sonst vorherzusehen wären, abgewogen werden: Realistischerweise müssten die Jungen ja dann irgendwann getötet werden. Bekämen meine Schafe Junge, könnte ich nicht wesentlich mehr davon im Erwachsenenalter behalten; und wenn ich sie abgäbe, würden sie geschlachtet. Deutlich besser ist also, ich nehme den Müttern das Recht auf Nachwuchs, als ihren Kindern das Leben.

Zurück zu den «streunenden» Katzen: Hier bin ich persönlich etwas unsicher geworden, ob Kastration wirklich die einzig gebotene Maßnahme ist. Ist eine Population wilder Katzen denn irgendwie schlimmer als eine von Füchsen, Rehen, oder Igeln? All diese Tiere werden Opfer von Verkehr, sind parasitengeplagt und hungern in dürftigen

Zeiten. Das ist das Leben in der Natur. Sollte die Katze irgendwie kategorisch ungeeignet dafür sein, nur weil sie umgekehrt auch für ein anderes Leben geeignet ist? Ich selbst habe einmal eine streunende Katze, die in einer Hütte im Wald vier Junge geboren hatte, gemeinsam mit Freunden eingefangen und kastrieren lassen. Die Jungen wurden ins Tierheim gegeben, während ich die Katze mit einer vom Tierheim ausgeliehenen Falle nachts fing; außerdem hatte ich mir bei der Tierklinik eine große Flugbox geliehen, um die Katze umzusetzen, damit sie nicht bis zum nächsten Morgen in dieser engen Falle hocken musste. Ich ging also nachts in den Wald, holte die Katze, setzte sie in die Box und brachte sie zum Tierarzt. Sie wurde kastriert und musste noch einen Tag dort bleiben; währenddessen saß sie immer in derselben Ecke der Box, aß nicht, trank nicht und hatte jedes Mal Angst, wenn sich ein Mensch näherte. (Vermutlich auch sonst.) Außerdem machte sie sich Sorgen um ihre Jungen. Ich werde nie vergessen, mit welch großen Sprüngen sie aus der Box und in Richtung der Waldhütte floh, als ich sie wieder in die Freiheit entließ. Natürlich weiß ich nicht, was geschah, als sie die Hütte verlassen, ohne ihre Kinder, vorfand; es muss ein schrecklicher Moment gewesen sein. Und ich habe mich lange gefragt, ob das, was wir getan haben, rechtens war: ein Lebewesen anderthalb Tage lang solch intensiver Angst um sich und seinen Nachwuchs auszusetzen. Auch wenn der Katze damit letztlich geholfen wurde: Ist das nicht genau jene Unerträglichkeit, um die es in dem Kapitel über Tierversuche ging – um Qualen vergleichbar der Folter, und das anderthalb Tage lang?

40 Ich nehme an, dass Moral hier auch der Kontigenzvermeidung dient in dem Sinne, dass wir versuchen, mit ihrer Hilfe das Natürliche, Unverfügbare, das Schlicht-Geschehende und seine Schrecken zu bannen. Wir machen es handhabbarer, überschaubarer, weniger bedrohlich – nicht unbedingt realer, doch zumindest gedanklich. Auch wenn wir im moralischen Handeln nicht immer die richtige Lösung verwirklichen, tut es dem menschlichen Geist bereits gut zu wissen, dass er mit dem moralischen Urteilen immerhin weiß, was als gut und was als schlecht zu rubrizieren wäre.

41 Dieser «Schuldüberschuss» ergibt sich also aus der Differenz zwischen dem ersten moralischen Impuls: Das ist Leid! Ich muss mich verhalten! Ich möchte helfen! Und des darauf folgenden Nachdenkens, bei dem wir eben oft genug feststellen werden, dass wir nichts zu tun brauchen, nichts tun dürfen oder können. Ich habe den Eindruck, dass viele, insbesondere hilfsbereite und empathische Menschen nicht zwischen beiden Schritten unterscheiden. Viele meiner veganen, tierschützerischen und tierrechtlerischen Freunde und Bekannten sind oft geradezu verzweifelt angesichts all des Elends, das sie leider, und tragischerweise, nicht ändern und wo sie nicht helfen

können. Die Menge dieses von uns wahrgenommenen Leides vergrößert sich nämlich immens, wenn wir für Tiere und deren Verletzungen moralisch sensibler werden. Wer sich entschließt (oder so entwickelt), Anteil zu nehmen an dem Wohl und Wehe seiner nichtmenschlichen Zeitgenossen, wird Zeuge von vielem, das zu erleben nicht einfach ist. Das kann der Schweinetransporter auf der Autobahn sein, aus dem Rüssel herausragen, das kann ein halbes Dutzend Entenjunge sein, deren Mutter anscheinend der Fuchs geholt hat und die auf sich gestellt sicher auch nicht mehr lange überleben werden. Das sind Bilder von gequälten Tieren in der Lokalzeitung oder Fernsehberichte über Überschwemmungen und Waldbrände, bei denen selten einmal Tiere erwähnt werden, obwohl natürlich jedes Mal auch ungezählte wilde (und domestizierte) Tiere umkommen.

Daher denke ich, dass gerade Tierethiker sich und anderen die Entlastungsfunktion der Moral klarmachen sollten, die darin besteht, dass die Moral eben auch Grenzen ihres «Zuständigkeitsbereichs» kennt – wie das obige Korsgaard-Zitat eindringlich zeigt: Die Moral verpflichtet nicht zur Beseitigung *allen* Leides. (Was auch gar nicht geht.) Sondern dazu, dass wir unseren Umgang mit unseren direkten oder indirekten Gegenüber gut, fair, verträglich, möglichst gewaltfrei regeln. Diese Einsicht lindert nicht das Leid des anderen, auch nicht unbedingt den Schmerz beim Zuschauen, es puffert nicht die Empathie ab und soll es auch gar nicht; aber es nimmt dem Ganzen sozusagen noch die zusätzliche Spitze, dass wir meinen, zu versagen und mitschuldig zu sein.

42 Wobei es Theoretiker gibt, die auch innerhalb der Wirbeltiere noch signifikante Unterschiede zwischen vielen Tieren einerseits und Menschen plus eventuell einigen anderen Tierarten andererseits sehen; ein Beispiel dafür ist der bereits mehrfach erwähnte David DeGrazia mit *Taking Animals Seriously. Mental Life and Moral Status.* Cambridge University Press, Cambridge/New York/Melbourne 1996. Das ist ein Werk, das mir den Gedanken zumindest nahegebracht hat, warum das Leben hochintelligenter, hochreflektierter Wesen vielleicht doch noch etwas mehr wert sein könnte als das von anderen Wesen, die stärker im Moment leben. Aber sobald man diesen «Wert» ethisch zu fassen sucht, entgleitet er auch wieder den Händen: Wert für wen? Wollen wir wirklich den Begriff des Lebenswerts in die Ethik einführen? Wo beginnt er, wo endet er? Und dann frage ich mich, eventuell mit Korsgaard (siehe Kapitel 4, Anm. 65), gewiss aber auch mit einem breiten Traditionsstrang feministischer Moral(-Kritik), ob sich solche «Wertigkeiten» nicht einer Überbetonung unserer rein kognitiven Fähigkeiten verdanken: Ist es nicht eher das Leibliche und der diesem Leiblichen letztlich entspringende Wille, der zwischen «gut für uns» und «schlecht für uns» unterscheidet und damit

erst Wertigkeiten in einer ansonsten neutralen Welt hervorzubringen vermag?

43 Auch wir Menschen sind im Verkehr natürlich gewissen Risiken ausgesetzt, dulden für uns aber doch deutlich weniger Risiken als im Zusammenhang mit Tieren. Das ist übrigens ein Fall, den Donald und Kymlicka als ungerecht charakterisieren: Wenn die Risiken einer Handlung ganz ungleich zwischen verschiedenen Gruppen verteilt sind. Sue Donaldson/Will Kymlicka: *Zoopolis. Eine politische Theorie der Tierrechte.* Suhrkamp Verlag, Berlin 2013. S. 441 ff.

44 Peter M. Kappeler: *Verhaltensbiologie.* 3., korrigierte und ergänzte Auflage. Springer Verlag, Heidelberg/London/Dordrecht/New York 2012. S. 111.

45 Oft wird uns allerdings eine ganz einfache Faustregel helfen: Wenn wir uns unsicher sind, ob ein bestimmtes Verhalten einem Tier gegenüber in Ordnung wäre, können wir uns probehalber fragen, ob es einem Menschen gegenüber in Ordnung wäre – und wenn ja, warum. Bei der Diskussion um Zoos zum Beispiel: Wäre es mir recht, als «Botschafterin» meiner Art oder sozialen Gruppe gefangen gehalten zu werden, damit Schulkinder zu pädagogischen Zwecken ihre Erfahrungen an mir machen? Natürlich nicht! Würde ich Menschen, die sich mir gegenüber rüpelhaft benehmen, auf die Nase klapsen oder ihnen Wasser ins Gesicht spritzen, so wie ich es bisweilen manchen Schafböcken gegenüber tue, wenn sie einen Angriff androhen? Nein, aber mit den Menschen kann ich mich verbal darüber austauschen, während ich mich den Schafen mit einem körperlichen Verhalten mitteilen muss, das sie verstehen und auch untereinander für die Kommunikation benutzen.

46 Was die jüngere soziologische Forschung zum Thema «Gewalt an Tieren» zu sagen hat, haben Sonja Buschka, Julia Gutjahr und Marcell Sebastian in einem hervorragenden Eintrag in Metzlers aktuellem *Gewalt*-Lexikon dargestellt. Zum Begriff selbst schreiben sie: «Gängige Gewaltdefinitionen schließen Tiere als Gewaltopfer zwar nicht kategorisch aus, wurden jedoch bisher nicht auf diese angewandt. Vereinzelt werden Tiere sogar explizit als mögliche Opfer von Gewalt ausgeschlossen, etwa indem der Begriff ‹Opfer› ausschließlich für Menschen verwendet wird. Dies ist überraschend, da Gewaltdefinitionen gemein ist, dass sie die physische Verletzung oder Schädigung zum Minimalkriterium erklären … Die Tatsache, dass Tiere leidensfähige Körper haben, dass sie verletzbar sind und sich Schmerzen entziehen wollen und dass ihre je individuellen Leben durch absichtsvolle menschliche Handlungen beendet werden können, erzwingt, Gewaltdefinitionen auch auf Tiere anzuwenden.» «Gewalt gegen Tiere», in: Christian Gudehus/Michaela Christ: *Gewalt. Ein interdisziplinäres Handbuch.* Verlag J. B. Metzler, Stuttgart 2013, S. 75–83. S. 75.

47 Dies sagte Joy zum Beispiel in ihrem Vortrag auf dem Vegan Street Day in Stuttgart 2013 http://www.youtube.com/watch?v=ozrCLNQ_U1Y. Genau genommen beschäftigt Joy, wie uns der Karnismus dazu bringt, bestimmte Tiere (oder Tierarten) als «zum Essen da» und andere als nicht essbar (= Freunde) anzusehen.

48 Melanie Joy: *Warum wir Hunde lieben, Schweine essen und Kühe anziehen.* compassion media Verlag, Münster 2013. S. 36.

49 Im Sinne des staatlichen Gewaltmonopols. Letztlich wird die Einhaltung der Gesetze durch die Androhung von Gewalt gesichert, allerdings davon ausgegangen, dass das Wahrmachen der Drohung Ausnahme bleibt.

50 http://chrismon.evangelisch.de/artikel/2012/danke-einer-muss-das-ja-machen-16541?page=all

51 Harald Welzer: *Selbst denken. Eine Anleitung zum Widerstand.* S. Fischer Verlag, Frankfurt am Main 2013. S. 207. Das Autorenteam Buschka/Gutjahr/Sebastian beschreibt dies als eine doppelte Rationalisierung: Erstens ist die «konkrete Ausführung Resultat eines arbeitsteiligen Rationalisierungsprozesses, in dem Verantwortlichkeiten selbst innerhalb der Tätergruppe oftmals diffus und uneindeutig werden». «Die zweite Bedeutung der Rationalisierung betrifft die unterschiedlichen Legitimationsideologien, welche die Gewalt an Tieren rechtfertigen …». Beide Zitate auf Seite 81 in «Gewalt gegen Tiere», in: Christian Gudehus/Michaela Christ: *Gewalt. Ein interdisziplinäres Handbuch.* Verlag J. B. Metzler, Stuttgart 2013. S. 75–83.

52 Im Jahr 2012 waren es 628 Millionen geschlachtete Hühner, laut https://www.destatis.de/DE/ZahlenFakten/Wirtschaftsbereiche/LandForstwirtschaftFischerei/TiereundtierischeErzeugung/Tabellen/Gefluegelfleisch.html. Weil bei den Legerassen die männlichen Küken direkt nach dem Schlupf getötet werden, kann man im Grunde nochmals dieselbe Menge der «Suppenhühner» (=«Legehennen») addieren; ohnehin nicht eingerechnet sind die vielen Millionen Tiere, die während der Mast bereits sterben.

53 Die Zahl der Fische lässt sich schwer berechnen bzw. überschlagen, weil die Fänge in Gewicht angegeben werden und es unterschiedlich viel Beifang gibt. Die Schätzungen für Wildfische liegen bei unglaublichen 970 bis 2700 Milliarden Tieren jährlich, die für Zuchtfische bei 37 bis 120 Milliarden. http://fishcount.org.uk/fish-count-estimates#wildestimate

54 In der englischsprachigen Wikipedia findet sich eine entsprechende Auflistung, man kann das entsprechend addieren; ich habe jeweils die pessimistischere Schätzung genommen. http://en.wikipedia.org/wiki/List_of_wars_and_anthropogenic_disasters_by_death_toll

55 S. den letzten Abschnitt des Wikipedia-Eintrags http://de.wikipedia.

org/wiki/Weltbev%C3%B6lkerung#Zahl_aller_jemals_geborenen_
Menschen und die darin angegebenen Links.

56 Sue Donaldson/Will Kymlicka: *Zoopolis. Eine politische Theorie der
Tierrechte.* Suhrkamp Verlag, Berlin 2013. S. 560 f.

57 Josef Reichholf: *Stadtnatur. Eine neue Heimat für Tiere und Pflanzen.* oekom Verlag, München 2007. S. 320.

58 Anders als in der Extensivhaltung in Australien zum Beispiel, wo die
Tiere ja schier endlos viel Platz haben. Doch neben dem grausamen
Beschneiden der Hautpartien um den After, dem Mulesing, ist es ein
weiteres großes Tierschutzproblem, dass die Schafe in den australischen Weiten keinerlei Schutz vor Witterung haben, weder bei Hitze
noch bei Kälte. Die Größe des Gebiets ist also nicht allein ausschlaggebend, es zählt auch das Vorhandensein von Baumbeständen, eines
Stalls etc. – Ein wenig heikler als die Zäune sehe ich bei meinen Schafen die Kastration. Ebenso wie die Katzen haben die Schafe (ungefragt) diesen «Preis» dafür zu zahlen, dass sie in menschlicher Obhut
leben und jedes als Individuum menschliche Fürsorge für sein Leben
und Wohlergehen genießt. S. Anm. 39.

Literatur

Alle zitierten Titel sind bereits in den Anmerkungen nachgewiesen. Die folgende Auflistung beschränkt sich auf ausgewählte Titel sowie weiterführende Empfehlungen für interessierte Leserinnen und Leser.

Ach, Johann S.: Warum man Lassie nicht quälen darf. Harald Fischer Verlag, Erlangen 1999.

Bailey, Elisabeth Tova: Das Geräusch einer Schnecke beim Essen. Aus dem Englischen von Kathrin Razum. Verlag Nagel & Kimche, Zürich 2012.

Balluch, Martin: Die Kontinuität von Bewusstsein. Das naturwissenschaftliche Argument für Tierrechte. Verlag Guthmann & Peterson, Wien/Mülheim an der Ruhr 2005.

Bekoff, Marc/Allen, Colin/Burghardt, Gordon M. (Hrsg.): The Cognitive Animal. Empirical and Theoretical Perspectives on Animal Cognition. MIT Press, Cambridge/London 2002.

Benz-Schwarzburg, Judith: Verwandte im Geiste – Fremde im Recht. Soziokognitive Fähigkeiten bei Tieren und ihre Relevanz für Tierethik und Tierschutz. Harald Fischer Verlag, Erlangen 2012.

Birnbacher, Norbert: Natürlichkeit. Verlag Walter de Gruyter, Berlin 2006.

Boesch, Christophe: Wild Cultures. A Comparison between Chimpanzee and Human Cultures. Cambridge University Press, Cambridge 2012.

Clark, Stephen R.L.: Animals and Their Moral Standing. Routledge Chapman & Hall, London 1997.

Ders.: How to Think about the Earth. Philosophical and Theological Models for Ecology. Mowbray, London 1993.

DeGrazia, David: Taking Animals Seriously. Mental Life and Moral Status. Cambridge University Press, Cambridge/New York/Melbourne 1996.

DeMello, Margo: Animals and Society. An Introduction to Human-Animal Studies. Columbia University Press, New York 2012.

Descola, Philippe: Jenseits von Natur und Kultur. Aus dem Französischen von Eva Moldenhauer. Suhrkamp Verlag, Berlin 2011.

Dinzelbacher, Peter (Hrsg.): Mensch und Tier in der Geschichte Europas. Alfred Kröner Verlag, Stuttgart 2000.

Donaldson, Sue/Kymlicka, Will: Zoopolis. Eine politische Theorie der

Tierrechte. Aus dem Englischen von Joachim Schulte. Suhrkamp Verlag, Berlin 2013.

Herzog, Hal: Wir streicheln und wir essen sie. Unser paradoxes Verhältnis zu Tieren. Aus dem Amerikanischen von Heike Schlatterer und Helmut Dierlamm. Carl Hanser Verlag, München 2012.

Hoy, Steffen (Hrsg.): Nutztierethologie. Verlag Eugen Ulmer, Stuttgart 2009.

Joy, Melanie: Warum wir Hunde lieben, Schweine essen und Kühe anziehen. Karnismus – eine Einführung. Aus dem Amerikanischen von Achim Stammberger. compassion media Verlag, Münster 2013.

Kegel, Bernhard: Tiere in der Stadt. Eine Naturgeschichte. DuMont Buchverlag, Köln 2013.

Marchant-Forde, Jeremy N. (Hrsg.): The Welfare of Pigs. Springer Science + Business Media, Luxemburg/Berlin 2009.

Masson, Jeffrey M.: Wovon Schafe träumen. Das Seelenleben der Tiere. Aus dem Amerikanischen von Gabriel Stein. Heyne Verlag, München 2006.

Midgley, Mary: Animals and Why They Matter. The University of Georgia Press, Athens, Georgia 1983.

Nagel, Thomas: Letzte Fragen. Erweiterte Neuausgabe mit einem Schriftenverzeichnis. Herausgegeben von Michael Gebauer. Wissenschaftliche Buchgesellschaft, Darmstadt 1996.

Nibert, David A.: Animal Oppression and Human Violence. Domesecration, Capitalism, and Global Conflict. Columbia University Press, New York 2013.

Nussbaum, Martha C.: Die Grenzen der Gerechtigkeit. Behinderung, Nationalität und Spezieszugehörigkeit. Aus dem Amerikanischen von Robin Celikates und Eva Engels. Suhrkamp Verlag, Berlin 2010.

Dies./Sunstein, Cass R. (Hrsg.): Animal Rights. Current Debates and New Directions. Oxford University Press, Oxfod/New York 2004.

Palmer, Clare: Animals in Context. Columbia University, New York 2010.

Reichholf, Josef H.: Naturschutz. Krise und Zukunft. Suhrkamp Verlag, Berlin 2010.

Ders.: Stadtnatur. Eine neue Heimat für Tiere und Pflanzen. oekom Verlag, München 2007.

Rowlands, Mark: Animals Like Us. Verso, London/NewYork 2002.

Sapontzis, Steve F.: Morals, Reasons, and Animals. Temple University Press, Philadelphia 1987.

Schmitz, Friederike (Hrsg.): Tierethik. Grundlagentexte. Suhrkamp Verlag, Berlin. Im Erscheinen.

Stamp Dawkins, Marian/Bonney, Ronald (Hrsg): The Future of Animal Farming. Renewing the Ancient Contract. Blackwell Publishing, Malden/Oxford/Carlton 2008.

Waal, Frans de: Das Prinzip Empathie. Was wir von der Natur für eine bessere Gesellschaft lernen können. Aus dem Amerikanischen von Hainer Cober. Carl Hanser Verlag, München 2011.

Wild, Markus: Tierphilosophie zur Einführung. Junius Verlag, Hamburg 2008.

Wolf, Jean Claude: Tierethik. Neue Perspektiven für Menschen und Tiere. 2., durchgesehene Auflage. Harald Fischer Verlag, Erlangen 2005.

Wolf, Ursula (Hrsg.): Texte zur Tierethik. Reclam Verlag, Stuttgart 2008.

Ethik – Natur – Gesellschaft

Otfried Höffe
Ethik
Eine Einführung
2013. 128 Seiten. Paperback
C.H.Beck Wissen Band 2800

Norbert Hoerster
Haben Tiere eine Würde?
Grundfragen der Tierethik
2004. 108 Seiten. Paperback
Beck'sche Reihe Band 1583

Wolfgang Huber
Ethik
Die Grundfragen unseres Lebens von der Geburt bis zum Tod
2013. 310 Seiten. Gebunden

Josef H. Reichholf
Der Ursprung der Schönheit
Darwins größtes Dilemma
2011. 302 Seiten mit 23 Abbildungen, davon 22 in Farbe. Gebunden

Albert Schweitzer
Ehrfurcht vor den Tieren
Herausgegeben von Erich Gräßer
2., durchgesehene Auflage. 2011. 160 Seiten mit 10 Abbildungen.
Paperback
Beck'sche Reihe Band 1714

Edward O. Wilson
Die soziale Eroberung der Erde
Eine biologische Geschichte des Menschen
Aus dem Englischen von Elsbeth Ranke
2013. 384 Seiten mit 55 Abbildungen und 3 Tabellen. Gebunden

Verlag C.H.Beck München